LOCUS

LOCUS

LOCUS

LOCUS

Smile, please

獻給凱倫與凱倫，

這兩位女性從來都不是濫用特權的勢利眼。

* (譯註) Karen (凱倫) 這個原本普通的女性名字，近年來因為種種因素，成為種族主義與白人特權的代名詞。

smile 202

圖解真相戰 How to Win the War on Truth

全方位圖像解析偽真相的推銷大法、為何假訊息會在腦中揮之不去，以及如何找回真相
An Illustrated Guide to How Mistruths Are Sold, Why They Stick, and How to Reclaim Reality

作者：薩繆爾・C・斯皮塔爾 (Samuel C. Spitale)
繪者：亞倫・溫卡帕 (Allan Whincup)
譯者：史碩怡
編輯：林盈志　校對：呂佳真
封面設計：簡廷昇　內頁排版：林家琪、何萍萍
出版者：大塊文化出版股份有限公司
105022台北市松山區南京東路四段25號11樓
www.locuspublishing.com　locus@locuspublishing.com
服務專線：0800-006-689
電話：02-87123898　傳真：02-87123897
郵政劃撥帳號：18955675　戶名：大塊文化出版股份有限公司
法律顧問：董安丹律師、顧慕堯律師
版權所有 侵權必究

總經銷：大和書報圖書股份有限公司　新北市新莊區五工五路2號
電話：02-89902588　傳真：02-22901658

初版一刷：2024年1月
初版二刷：2024年4月
定價：520元
ISBN：978-626-7388-21-1
Printed in Taiwan.

國家圖書館出版品預行編目 (CIP) 資料
圖解真相戰：全方位圖像解析偽真相的推銷大法、為何假訊息會在腦中揮之不去，以及如何找回真相 / 薩繆爾 .C. 斯皮塔爾 (Samuel C. Spitale) 著；
史碩怡譯 . -- 初版 . -- 臺北市：大塊文化出版股份有限公司，2024.01
面；　公分 . -- (Smile；202)
譯自：How to win the war on truth : an illustrated guide to how mistruths are sold, why they stick, and how to reclaim reality.
ISBN 978-626-7388-21-1 (平裝)
1.CST:宣傳 2.CST: 謬誤 3.CST: 傳播策略 4.CST: 傳播研究
541.83　　　112020419

圖解 真相戰

全方位圖像解析

偽真相的推銷大法、
為何假訊息會在腦中揮之不去，
以及如何找回真相

SAMUEL C. SPITALE

薩繆爾・C・斯皮塔爾　著

ALLAN WHINCUP

亞倫・溫卡帕　繪

史碩怡　譯

HOW TO WIN THE WAR ON TRUTH

An Illustrated Guide to How Mistruths Are Sold, Why They Stick, and How to Reclaim Reality

目錄

後真相國家

「反駁廢話所需的氣力在量級上遠遠大於製造廢話。」
——布蘭多利尼定律（Brandolini's Law）

一九九二年，一名高齡七十九歲的老婦人史黛拉·里貝克（Stella Liebeck）在麥當勞的得來速窗口點了一杯熱咖啡，後來她想在咖啡中加糖，結果塑膠杯在腿上打翻了，導致她腿部灼傷。里貝克決定向麥當勞提出損害賠償訴訟。

此案在一九九四年開庭，引發媒體瘋狂討論。夜間節目主持人大衛·賴特曼（David Letterman）、傑·雷諾（Jay Leno）、克雷格·費格森（Craig Ferguson）都曾拿她開玩笑；《歡樂單身派對》和《飛出個未來》兩部影集相繼製作了相關內容嘲諷這起事件。甚至連哥倫比亞廣播公司新聞網（CBS News）的安迪·魯尼（Andy Rooney）也加入戰局，發表了相關評論。

「我考慮辭職，然後靠控告大型企業賺錢就好。」

「訴訟變成美國人最愛的消遣活動，我也想參一腳，賺點輕鬆錢。」

HONORING THE YEAR'S MOST
致敬年度之最

COFFEE
咖啡

CONTENTS HOT
溫溫小心

STELLA AWARDS.COM

OUTLANDISH LAWSUITS
最扯絃案

里貝克很快成為無謂訴訟濫用法律制度的代表人物，而可憐的麥當勞成了真正的受害者。

當陪審團裁定里貝克獲賠二百七十萬美元的懲罰性損害賠償金（約莫等於麥當勞賣咖啡二天就能賺到的收益），美國國家廣播公司（NBC）新聞主播珍·寶莉（Jane Pauley）還做了不實報導，表示里貝克打翻咖啡時正在開車，暗指根本就是她自己的錯。

實際情況是老太太的孫子在開車，而且是在車子**停好後**，老太太才打開杯蓋要加奶精和糖。

因為咖啡真的太燙，所以整個杯子「像融掉一樣」，導致咖啡直接灑在她的大腿上，並滲進寬鬆的運動長褲中。

里貝克奶奶痛到休克，她孫子趕緊帶她去急診室，後來在醫院整整住了八天。

那杯咖啡不只是燙，而是跟汽車的散熱水箱一樣高溫。

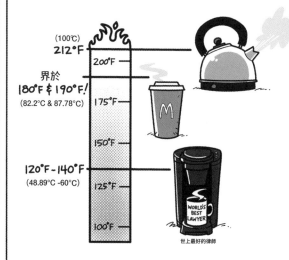

(100℃)
212°F
200°F

界於
180°F & 190°F!
(82.2°C & 87.78°C)
175°F

150°F

120°F - 140°F
(48.89°C -60°C)
125°F

100°F

世上最好的律師

咖啡翻倒後三秒內，里貝克奶奶就受到最嚴重的三度灼傷，深及皮下脂肪、肌肉和骨骼 *，全身有 16% 的表面積遭到燙傷，後續有二年的時間不良於行，而且留下了永久疤痕。

* 任何液體只要超過 130° F (54° C) 就能造成三度燒燙傷。

里貝克最初僅要求麥當勞負擔一萬一千美元的醫療費用，因為這筆開支不在美國醫療保險的給付範圍內。

麥當勞
只願意支付
八百美元。

✚ 醫院

她甚至兩度試著庭外和解，但皆遭到麥當勞拒絕。

麥當勞在過去十年間已因滾燙的咖啡，接到了超過七百件的賠償請求，並支付了相關賠償金，卻依然沒打算調整咖啡溫度。

但這個事實大眾並不了解，所以里貝克在二○○四年過世時，仍背負著輿論的惡名。

為什麼沒幾個人知道熱咖啡事件背後的真相？為什麼這麼多人認定是里貝克的錯？為什麼我們願意「姑且相信」麥當勞的清白，然後去怪罪年邁的受害者？

答案很簡單：

宣傳戰。

這樣想！

這樣想！

每日亂報

這樣想

還有這樣　還有這樣　還有這樣

宣傳戰是為了鼓吹特定想法或觀點，通常是為了使大型企業得利或推動政治議程。熱咖啡事件就是最好的案例：數間企業聯合發起的公關宣傳活動，成功宰制了整個公眾論述的方向。

這些大企業在美國各地成立了不同團體，例如「抵制濫用訴訟公民組織」（Citizens Against Lawsuit Abuse）看起來像是民間團體，實際上卻是由菲利普莫里斯菸草公司（Philip Morris）、雷諾菸草公司（R.J. Reynolds）以及其他有害產品製造商所出資贊助的。

像里貝克這類的受害者根本無力刊登廣告去反駁這些不實資訊，反觀大型企業則可透過宣傳戰來說服大眾相信，這些消費者提起的無謂訴訟，全都是來自於貪得無厭的律師和投機取巧的原告。

為什麼這些企業想利用大眾對這起熱咖啡事件的反對聲浪？　　他們的目標是侵權法修正（tort reform）。

民眾若因有缺陷的產品和服務而受傷，侵權法可保障受害者獲得補償。

侵權法修正則是一項倡議提案，旨在壓低大型企業於產品致傷訴訟中的賠償金額。

結果成效斐然。各州的立法人員開始推行侵權法修正。在德州，當時的州長小布希（George W. Bush）針對所有非經濟損害賠償制定了二十五萬美元的上限，其他各州亦群起效尤。*

也就是說，如有民眾因工斷了手腳，即便此工傷可能造成他這輩子五百到一千萬美元的損失，州政府可以將賠償金額壓至二十五萬美元，其餘費用就落在納稅人頭上，透過如美國醫療保險和聯邦醫療補助等方式支付。

* 非經濟損害賠償包括非金錢損失的賠償，像是身體疼痛或精神折磨。

正因如此，法官後來將判給里貝克的懲罰性損害賠償金從二百七十萬美元降至四十八萬美元，換算起來不過是麥當勞賣咖啡約八小時的收益。

由此可見出色宣傳的力量之大：居然能夠說服大眾相信會讓自己生活品質下滑的想法。

成功的宣傳所需的五大關鍵步驟：

1 將錯綜複雜的故事簡化成非黑即白的說法…………

> 有人在濫用法律制度。

2 這個說法靠的是隱性偏誤………………

> 總是有人想靠詐騙商家來賺輕鬆錢！*

3 隱性偏誤激發負面情緒………………

> 真是噁心透頂的騙局，我超看不起占制度便宜的人。

4 負面情緒將民眾分化為內群與外群，因此開始產生「我們」對上「他們」的心態………………

> 因為滿腦子都是對受害者的負面情緒，我居然不自覺的和做壞事的人站在同一邊。

5 全都是為了讓有權階級獲得經濟利益。

> 相信這個故事只會讓大企業獲利，代價卻是消費者要付。

* 儘管這類訴案通常都會被駁回。

好家在，過去幾年已有數州裁定部分侵權法限制條款違法，但宣傳戰的謊言與偽真相並未就此休止，而且影響範圍不僅限於侵權法修正和熱咖啡事件。

科學全是專家一手操控的騙局！

在當代社會中，宣傳戰一直在故意扭曲諸多盤根錯節的複雜議題。企業利益團體將這些偽真相販售給我們，為的是提高自身的經濟獲利，並讓民眾全程被騙得心甘情願。

於是乎我們在眾多議題上都只能接觸到錯誤資訊，雖然這不是什麼新鮮事，但問題是現今宣傳戰已氾濫到無所不在的程度了。

從約瑟夫・麥卡錫（Joseph McCarthy）到珍妮・麥卡錫（Jenny McCarthy），美國人向來喜愛擺明不可能是真的事情，不管是共產主義者被害妄想症、對疫苗毫無理由的恐懼，甚至是深信登陸月球是場騙局。

幹得好，尼爾！現在我們只要讓參與造假的所有人員簽下保密協議，包括製作人、劇照師、編劇、攝影師、燈光師、場務人員、服飾設計師、髮型設計師以及化妝師……

如今美國充斥著宣傳戰，主要是因為我們相信所謂**言論思想之自由市場**的概念，也就是以言論自由為基礎，主張在與謬論、謊言或假消息的攻防戰中，真相遲早會勝出。

也就是說，產品可以做出不實宣稱、新聞主播可以播報假新聞，沒有根據的個人意見也能和科學實證平起平坐，消費者反而要靠自己決定何者為真。老實說，我們判斷能力差勁透了！

因為我們誤以為**媒體消費**就等於**媒體識讀**。

美國人每天接收的媒體資訊量大到難以想像，等於每天被四千到一萬則媒體訊息轟炸，相較於五十年前一天大概不到一千六百則。

我們能夠接觸到的資訊量從來沒有像現在一樣龐大，但沒幾個人可以分辨**新聞**和**噪音**的差別。而且現在的噪音真的多到不可思議。

這大都要歸因於網際網路導致資訊（與不實資訊）的分享更加普及。現在這些噪音多到足以壓過真實新聞。

政治學家稱此現象為**噪音審查制度**。只要透過大量宣傳手法去轟炸民眾，就能達到掩蓋真相的目的，而人民也會因為太過錯亂而無法分辨真假。

教宗支持川普

來自奈及利亞王子的商業提案
點擊

《夢幻島》演員是黃道十二宮殺手！

數不清的粉紅知己柯林頓身亡！

我們相信的事有太多都不是真的了，《牛津辭典》在二〇一六年甚至將**後真相**選為年度代表字。

到了二〇一七年，偽真相氾濫，導致《柯林斯辭典》和「美國方言學會」皆將**假新聞**選為年度代表字，使用頻率比二〇一六年高出了 365%。

Post-Truth 後真相
circumstances in which objective facts are less influential in shaping public opinion than appeals to emotion and personal belief.

形容在公共輿論的形塑上，情感訴求與個人信念勝過於客觀事實的現象。

alternative facts.

假新聞 Fake News
false, often sensational, information disseminated under the guise of news reporting.

打著新聞報導的名號，傳播不實且通常是危言聳聽的資訊。

真相是疫苗不會造成自閉症。

但，我覺得會啊！

然後就會得小兒麻痺

真相

後真相

假新聞如此盛行，我們現在就像活在後真相社會，如同查爾斯·P·皮爾斯（Charles P. Pierce）在其二〇〇九年的著作《白痴美國》（*Idiot America*）中提到的觀察：「只要有夠多人買單的就是事實，而真相則是取決於他們信得多虔誠。」

問題出在，只有最廣為流傳且令人印象深刻的內容才能在言論思想之自由市場中勝出，而這些內容基本上都是噪音。真相或許太過複雜，無法在一則推特貼文中道盡，但對惡意中傷和行銷口號來說就易如反掌了。

- 史上觀眾最多的就職典禮！
- 泰德·克魯茲的爸爸殺了約翰·甘迺迪！
- 新冠肺炎根本是騙局！
- 沒有勾結！

讓美國再次
偉大

這些噪音是由大企業一手推動的，因為他們有足夠的資金和資源去宣揚有利於己的想法，然後代價由其他人去承擔。在此引用作家麥可·古德溫（Michael Goodwin）的話：「在『言論思想之自由市場』中，某些想法擁有大量的金援。」

政治人物對此欣然接受，因為他們仰賴這些企業巨擘贊助選舉活動，而通過有利於大公司的法案就是他們投桃報李的方式。

減稅
紓困
補貼
放鬆管制
私有化

因此，底層 90% 的美國人對國會沒有任何影響力。我們透過納稅來支付這些國會代表的薪水，但無法捐獻幾百萬美元幫他們贏得選舉。事實上，前 1% 的政治獻金金額大於後 75% 政治獻金的合計總額。

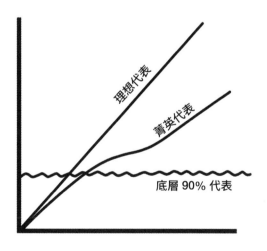

理想代表
菁英代表
底層 90% 代表

與服務民眾相比，說服民眾跟大企業站在同一陣線容易多了。宣傳就是在這時大展身手，透過影響公共輿論來形成公共政策。

後真相國家就此誕生，身在其中的我們相信那些聽起來煞有其事的說法，儘管事實並非如此。民主因此岌岌可危。

尤利西斯・S・格蘭特（Ulysses S. Grant）將軍曾預言了這個緊急事態。他告誡大家，如果美國再次遇到如內戰般嚴重的存在威脅，畫分兩邊的那條界線絕不是南北，而是充分了解實情與遭到誤導的兩種人。歸根究柢，在真相和後真相之間，我們是因為不實的信念才無法看清事實。

由於資訊生態系統充斥著大量的假新聞、謬論及明擺著的謊言，因此對抗美國的後真相瘟疫是目前的當務之急，而本生存手冊就是要告訴各位該如何執行。接下來的章節會說明什麼是精心規劃的宣傳戰、為何此戰術的效果奇佳，以及該如何察覺與對抗這些洗腦手段。

第一章

傳教式宣傳

「宣傳是門藝術，專門用來說服他人相信連你自己都不信的東西。」

——阿巴・埃班（Abba Eban），以色列外交官

佛洛伊德是精神分析之父，他將一生貢獻給人類行為和潛意識欲望的相關研究。

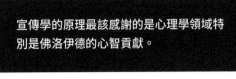

我就說什麼事都跟性有關。

醜聞論壇報
ME TOO
到此為止
還有更多！

佛洛伊德的外甥愛德華・伯內斯（Edward Bernays）根據其舅舅的獨到見解，透過大眾媒體（電視、廣播、印刷品或任何用來向大眾傳播資訊的媒介）來操弄公共輿論。在此過程中，伯內斯一手催生出當代的宣傳產業。

我想想……有什麼理由可以讓女人想抽菸呢？

陰莖嫉妒？

有了！讓菸成為權力和女權的象徵！

宣傳的傳統定義是散播帶有偏見或誤導之嫌的資訊，目的是推廣特定觀點。簡單來說：**宣傳就是打算賣某樣東西給我們**——不管是胃藥還是反猶主義。

救贖保證！

「propaganda」（宣傳學）一詞來自羅馬天主教會，字面上的意思就是：「傳播信仰」。字根「propagere」來自拉丁文，意思是「傳播或播種」，目的是讓信仰更為普及。

一六二二年，教宗額我略十五世（Pope Gregory XV）成立了傳布信仰部（Congregatio de propaganda fide），其使命是打擊那些危及天主教的資訊，簡單說就是要對抗新教。

結果我們都知道，教會是數一數二的**王牌銷售員**。

愛德華·伯內斯也是不簡單的推銷高手。

「如果我們可以了解群眾的心理機制和動機，那在大家毫無所覺的情況下去控制和指揮所有人，也不是不可能的事吧？」

他在其一九三八年的知名著作《宣傳學》中，將操弄的力量稱之為「製造同意」，並列出相關的策略戰術。

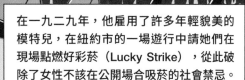

「製造同意是民主程序的本質，意即可以自由的去說服別人和提供建議……」

伯內斯將說服和建議的效力發揮到最大。女性過去是不抽菸的，直到伯內斯將抽菸與自由解放畫上等號，並將香菸貼上「自由的火炬」的標籤，全是在搭當時女權運動的順風車。

哇塞！看看那些美麗的腳踝！

在一九二九年，他雇用了許多年輕貌美的模特兒，在紐約市的一場遊行中請她們在現場點燃好彩菸（Lucky Strike），從此破除了女性不該在公開場合吸菸的社會禁忌。

為了讓女性消費者上鉤，伯內斯利用了女人對身體形象的不安全感，並以此為主題，推出一系列以女性為目標的廣告。

好彩菸的銷售額在一年內成長了三倍，而香菸的銷量沒多久也跟著翻倍。然後自一九二〇年代開始，連肺癌也開始實現男女平等了。

順帶一提，伯內斯的舅舅佛洛伊德抽了一輩子雪茄，因口腔癌在一九三九年過世。

應該只是流感啦！

HACK! 咳咳咳！

WHEEZE! 咳到喘不過氣

追求好彩勝於甜美

REACH FOR A LUCKY INSTEAD OF A SWEET

伯內斯也改變了美國人的早餐習慣。以前美國人每天的第一餐才不是培根和雞蛋，是伯內斯將這個觀念植入了民眾的腦袋中。

以前我們也不會使用可拋式迪克西紙杯，直到伯內斯嚇唬大家，讓我們以為玻璃水杯超級不衛生。

用紙杯比較乾淨喔！

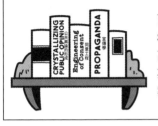

西蒙與舒斯特（Simon & Schuster）出版社想要提高書籍銷售量，於是伯內斯便說服建築師在蓋新建案時加入書櫃設計。

伯內斯甚至還成功讓男人開始戴原本只有女人才會戴的腕錶。在一戰期間，士兵如果想看懷錶就必須點燃火柴，等於向敵人暴露自己的行蹤。伯內斯建議在錶盤加上發光裝置，於是美國戰爭部（the War Department）便配發了發光腕錶給戰場上的所有軍人，就此去除了腕錶是女性珠寶的標籤。

在一九二〇年代，女性開始把頭髮剪成鮑伯頭的長度，然後就不再購買髮網了，於是伯內斯說服衛生單位的官員，要求所有食品從業人員皆必須戴髮網，藉此提高髮網銷量。

伯內斯還為凱文・柯立芝（Calvin Coolidge）的連任選舉造勢舉辦了獨一無二的鬆餅早餐會，後來成為政治見面會的一大主題。

伯內斯把宣傳學運用的淋漓盡致，連美國聯合果品公司（United Fruit Company，後更名為金吉達〔Chiquita〕）都聘請他執行宣傳活動，目標是想辦法推翻民選出來的瓜地馬拉總統。這就是**香蕉共和國**一詞的由來，影響力不是蓋的吧？

「那些在社會中掌控這種操縱機制的人會成為隱形統治者，而這些人就是我們國家背後真正的統治力量。」

難怪有多本雜誌曾把伯內斯稱為馬基維利主義者。

伯內斯的宣傳學原理太過成功，全球各地都看見此門道的潛力。
希特勒更將信念傳播帶到了全新境界。

「宣傳戰訴求的對象是誰？
是那些科學知識分子？還是教育
程度不高的普羅大眾？記住，
目標永遠是針對一般民眾！」

不得不說這傢伙真
掌握了宣傳信念的
精髓！而他的宣
傳部長約瑟夫·
戈培爾（Joseph
Goebbels）也是箇
中好手。

「有效的宣傳戰
必須限縮在少數幾個最基本的
要素，而且必須以……口號……
的形式表達，直到所有人都能
掌握那個概念為止。」

他們相信謊言只要反覆訴
說到一定程度，就會成為
事實。

「監督公眾輿論的形成
是政府的絕對權利。」

在納粹的征途中，戈培爾將伯內斯的著作《公共
輿論的形成》（Crystallizing Public Opinion）當
作他在誹謗抹黑猶太人時的指導手冊。

戈培爾非常熟悉操弄之術，連納粹的敬禮手勢都
是他親自設計的。這個萬分費力的動作會導致身
體疲憊，進而使軍人更容易受到宣傳的影響。

我們還要這樣
舉多久？

不行！
不行！

德國歷史學家班傑明·卡特·海特（Benjamin Carter Hett）曾寫道：「如要了
解為什麼有如此多德國人支持（希特勒），關鍵在於納粹完全摒棄了真實合理的
世界……威瑪共和國存在著許多致命的缺陷，其中包括了數以百萬計的民眾深信
明顯荒誕不經的事物。」

這就是宣傳的力量。

「現代宣傳學是透過一套持續穩定的政策來建立或規劃活動，爲的是影響特定企業與大眾的關係。」

「或許公共關係會比宣傳一詞來得精確。」

公共關係

~~宣傳~~

·行銷
·廣告
·公開活動
·品牌形象塑造
·政治傳播

就如同其舅舅佛洛伊德是精神分析之父，伯內斯後來也成了公共關係之父（主要是因為他這麼稱呼自己啦）。

佛洛伊德是幫助患者了解潛意識中的欲望，而伯內斯則是透過操弄潛意識來實現客戶的渴望。一九五八年的一位作家根據其觀察寫道，伯內斯認為自己就像是「為苦惱不安的企業服務的精神分析師」。

所有現代形式的公共關係本質上都是宣傳學：行銷、廣告、公開活動及品牌形象塑造。
而所有宣傳都是為了販售某種東西，即便沒有任何金錢上的交換，
只要有人接受宣傳內容，就一定有人從中獲得財務利益。
現在讓我們來看看日常生活中俯拾即是的案例吧。

慶祝情人節

買鑽戒求婚

休息時間喝咖啡

開始擔心口臭

猜猜看
這幾件事
的共通之處
是什麼？

全都是成功的行銷宣傳活動

從盒子大小我就知道你有多愛我。

慶祝情人節

這個節日大獲成功要歸功於兩大影響力十足的公司：吉百利（Cadbury）和合瑪克（Hallmark）。在維多利亞時代的英格蘭，吉百利做了一項革命性的創舉，直接從整顆可可豆中萃取出可可脂，讓巧克力變得更加美味。吉百利將巧克力做成一口大小，擺在極其精美的心型包裝盒中販售，並將之行銷為保存浪漫回憶的紀念品。這項傳統流傳到了美國，並因工業革命之故，合瑪克得以大量生產個人賀卡，和慶祝情人節的巧克力一起行銷。賣的是什麼？**糖果**。

同樣的，復活節送巧克力的傳統也是由糖果製造商發起，因為春季通常是銷售淡季，所以他們想要創造買氣。在吉百利的復活節巧克力蛋推出不久後，傳統的復活節巧克力兔也跟著上市。

休息時間喝咖啡

咖啡銷量在二十世紀前半期開始下滑，麥斯威爾咖啡（Maxwell House）和其他咖啡公司組織了一個名為「泛美咖啡局」（Pan American Bureau）的特殊利益團體。當時工廠已開始在八小時的工作日安排休息時間，所以咖啡局推出了系列廣告，杜撰出咖啡休息時間（coffee break）這個新詞，讓員工忽略掉茶或汽水等其他咖啡因來源。賣的是什麼？**咖啡**。

買鑽戒求婚

這項傳統始於一九三八年,當時南非的鑽石開採商戴比爾斯(De Beers)同業聯盟發起了一項行銷宣傳活動,希望年輕男性認為自己的愛和鑽石一樣罕見,而且只能用他們送給愛人的寶石大小來衡量。事實上,鑽石沒那麼稀有,只不過是戴比爾斯壟斷了全球的鑽礦。藉由說服大眾相信鑽石應當作傳家寶傳承、不可任意買賣,戴比爾斯得以牢牢掌握住鑽石的供應量,成功哄抬價格。如果有人想變賣鑽戒,便只能拿到原本價格的五分之一。賣的是什麼?**鑽石**。

那鑽戒應該花上二個月薪水的觀念是哪來的呢?只是戴比爾斯在另一場行銷宣傳活動中隨便決定的數字。

開始擔心口臭

要怎麼賣出沒人需要的產品?說服大眾相信自己得了從未聽過的病,也就是「halitosis」(口臭),這個拉丁文指的是嘴巴氣味不佳,李施德霖利用大家對衛生習慣的不安創了此詞。李施德霖在一九二〇年代推出的行銷活動效果卓越,從此成為美國人不可省略的早晨儀式。對先前用來清潔地板和治療淋病的產品來說,這個轉型挺不賴的。賣的是什麼?**漱口水**。

這些行銷計畫太過成功,以至於我們到現在都認為一切是理所當然的。幾乎沒人會懷疑推出這些宣傳活動的唯一目的,是為了讓我們願意為根本不需要的東西買單。

行銷和廣告這兩個術語經常交叉使用，但行銷指的其實是更廣泛的商業策略，用來推廣產品的所有創意傳播形式都要以其為依據去設計。這些形式包括廣告、公共關係、公開活動、品牌形象塑造以及其他促銷方式。

行銷宣傳活動是一連串協調一致的媒體訊息，從廣告、新聞稿到公開出席，結合在一起便可提高知名度與銷售產品，或是製造出原本不存在的產品需求。

多數人一眼便可看出什麼是行銷，但行銷有時也可以非常隱晦，例如一名萬人迷演員在人潮洶湧的酒吧裡，分送一杯杯新推出的烈酒，但其實他是有收報酬；或是一位超時尚的朋友狂讚某個新上市的美妝系列產品，而化妝品公司其實有給回扣。這就是所謂的**祕密行銷**。隨著消費者愈來愈熟悉各種行銷策略，市面上也開始出現更多的欺騙戰術。

大規模毀滅武器

「看不出來的行銷才是最好的行銷。」

──湯姆・費許朋（Tom Fishburne），內容行銷推手

我們對伊拉克擁有大規模毀滅武器的看法，其實也是小布希政府在連任後縝密安排的行銷宣傳活動，為的是向美國人販賣伊拉克戰爭。當時的白宮明知薩達姆・海珊（Saddam Hussein）根本沒有任何武器──連中央情報局都這麼說──但誰也阻止不了副總統迪克・錢尼（Dick Cheney）向《紐約時報》洩漏不實情報，一切都是為了在上《與媒體見面》節目時引用。

此宣傳戰術奏效了，民眾給予大力支持，也因此得以名正言順地入侵伊拉克；也就是說，戰爭像消費產品一樣被賣給美國大眾。白宮幕僚長安迪・卡爾德（Andy Card）在二〇〇二年九月對準備發動戰爭一事發表了評論：「從行銷角度來看，你不會在八月推出新產品。」比較聰明的策略是以九一一週年紀念日與對恐怖主義的恐懼為養分，一路從期中大選發酵到隔年，最後將產品發表日訂在二〇〇三年三月三十日。

這場宣傳活動究竟有多成功？二〇〇三年九月，《華盛頓郵報》發現，近70%的美國人相信海珊與二〇〇一年九月十一日的恐怖攻擊有關──而且至今仍有許多人深信不疑，就算事實上海珊的世俗政權根本就是蓋達組織（Al-Qaeda）基本教義派的敵人。

白宮資深顧問兼副幕僚長卡爾・羅夫（Karl Rove）甚至在二〇〇四年吹噓過小布希政府竄改事實的技巧有多高超：「我們現在就是帝國，只要我們願意，就可憑空捏造事實；當各位還在研究事實的真

「《紐約時報》今早有篇報導……現在大家都知道，事實上（海珊）一直試圖取得……這類導管是打造離心機的必要零件……目標是製造炸彈。」

MEET THE PRESS
與媒體見面

The New York Times
紐約時報

達斯・錢尼*就是有辦法讓大家相信他創造出來的事實，一群蠢蛋！

* 譯註：原文是 Darth Cheney，也就是將錢尼比喻成《星際大戰》中的反派角色黑武士達斯・維達（Darth Vader）。

偽時——相信各位肯定會非常明智且謹慎——我們就已再次採取行動、創造其他新事實。」

而他們真的創造了各種另類現實。入侵伊拉克實際上是以軍事力量去打下新市場，為的是剝削當地的自然資源，而且得利的都是美國企業。在這場入侵行動中，美國拿下了全球第二大的石油儲量——此目標最早可回溯至一九九七年，由保守派智庫「新美國世紀計畫」（The Project for the New American Century）的成員所規劃，其中不少成員後來都在白宮為小布希政府效力，比方說國防部部長唐納‧倫斯斐（Donald Rumsfeld）。雖然美國國防部還在為九一一事件時美國航空的飛機撞上五角大廈一事憤怒不已，但倫斯斐已在筆記本上用潦草的筆跡寫下，看能不能在報復行動中「打擊ＳＨ」——即薩達姆‧海珊。

美國企業買了伊拉克資產，並從伊拉克撈走不少錢。本應讓伊拉克當地公司一同競爭建設合約，但美國反而將這些工程私有化，然後發包給關係良好、捐很多錢給政府金庫的美國企業。這些公司中幾位八面玲瓏的代表也在小布希政府中任職，例如哈利伯頓（Halliburton）的前執行長迪克‧錢尼。當上美國副總統後，錢尼持有十八萬九千張哈利伯頓的股票，接著把伊拉克的獨家國防合約發包給這間石油公司，然後該公司的股價就翻了四倍。

高達一點七兆美元的戰爭花費完全沒用在脫離對國外石油的依賴（恐怖分子的資金來源），也沒用在追蹤恐怖分子的海外資金流向（會拿去資助恐怖分子的活動）。美國軍隊更沒有想辦法保護伊拉克的博物館不被洗劫，反而是忙著保護石油儲藏量，美國的頭號任務不言自明了。

我們不僅沒有優先推行能夠穩定伊克拉局勢的社會措施，像是修路、恢復電力網以及維護供水與下水道系統，甚至還開除了十萬名伊拉克的公部門人員（醫生、教師、工程師）與整個伊拉克軍隊的四十萬名軍人。這些人因無法維持家庭生計，其中許多人出於報復心態，協助組織了伊斯蘭國（ISIS）。

在與伊克拉、阿富汗和巴基斯坦的戰爭中，超過六千名美國人死於戰場，另有二千名退休軍人選擇以自殺結束生命。總計有超過四萬七千名軍隊人員受傷，而失去生命的平民更高達十三萬二千人。

如果不是因為極其成功的大規模殺傷性武器行銷宣傳活動，上述這些事都不可能發生，所以布希政府才故意誘導媒體隨之起舞。莎拉‧肯齊爾（Sarah Kendzior）曾表示：「在伊拉克戰爭中，最可惡的不是那些傢伙靠說謊脫身，而是他們連說謊都不屑，然後也沒人在意。」

賣的是什麼？**戰爭。**

梅西百貨的
感恩節遊行

環法自行車賽

猜猜看
這幾件事
的共通之處
是什麼？

好萊塢看板

A·高爾

喬治·W·布希

總統候選人
啤酒挑戰賽

全都是成功的宣傳噱頭

嗯⋯⋯不如就從梅西百貨網站展開我的黑色星期五血拼吧。

梅西百貨的感恩節遊行

梅西百貨每年都會舉辦橫跨整個曼哈頓市區的遊行，讓眾多家庭把梅西百貨當成佳節血拼的第一站，這項傳統已持續了八十五年。時間點挑得無懈可擊：遊行吸引超過五千萬家戶，差不多是大家等著吃午餐的時間，而且就在每年最大購物日的前一天。賣的是什麼？**梅西百貨**。

好萊塢看板

這個高五十英尺的地標是房地產開發商在一九二三年立起的，為的是宣傳以種族隔離為賣點的新開發土地，取名為「好萊塢之地」，跟電影產業一點關係也沒有。這項開發案在一九二九年因股市崩盤而付諸流水，但其經典地標如遺跡般保留了下來，成為全世界最知名的標誌之一。賣的是什麼？**房地產**。

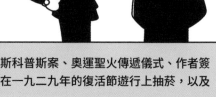

誰都能在這個社區買房？

對，只要是白人都行！

其他宣傳噱頭包括有「猴子審判」之稱的斯科普斯案、奧運聖火傳遞儀式、作者簽書會、愛德華・伯內斯聘雇性感年輕女模在一九二九年的復活節遊行上抽菸，以及幾乎每場媒體記者會皆是如此。

環法自行車賽

這項在法國各地舉辦的年度自行車賽事始於百年以前，是由記者兼自行車手亨利·戴斯格朗（Henri Desgrange）所創辦，當初是為了提高報紙銷量。當時體育報紙《L'Auto》的發行量因此翻倍，最終成功讓競爭對手關門大吉。現在此賽事已成為法國的終極觀光指南。賣的是什麼？**報紙**。

總統候選人啤酒挑戰賽

山繆爾·亞當斯（Samuel Adams）啤酒公司於二〇〇〇年精心策劃了這場宣傳噱頭。為了利用總統候選人辯論會的媒體報導聲量，他們向民眾發問：「你們比較想跟哪位候選人坐下來喝啤酒、聊聊天：布希或高爾？」

艾爾·高爾以三個百分點略輸一籌。因為選民考慮的是比較希望誰是他們心目中假想的酒友，所以反而忽略了候選人實際的資格條件。研究顯示，在辯論會期間僅 10% 的新聞報導把焦點放在候選人的政策差異。賣的是什麼？**山繆爾·亞當斯啤酒**。

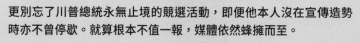

更別忘了川普總統永無止境的競選活動，即便他本人沒在宣傳造勢時亦不曾停歇。就算根本不值一報，媒體依然蜂擁而至。

呃，抓到賓拉登的不是歐巴馬總統嗎？

公開活動專指擺明是為了吸引大眾目光的任何活動，其唯一目的就是創造媒體聲量來推廣某事。

影視業史上最舉世聞名的宣傳噱頭發生在一九五四年，為的是宣傳比利‧懷德（Billy Wilder）執導的電影《七年之癢》。當時瑪麗蓮‧夢露站在紐約地鐵的網格通風口上，突然一陣風吹起她的洋裝，讓現場至少上百位攝影師與上千名目擊者為之瘋狂。現在知道這部經典電影的觀眾可能不多了，但幾乎所有人都認得這部電影的宣傳照。

現今的宣傳噱頭愈來愈精緻複雜。在二〇〇六年，肯德基製作出全世界最大的廣告，占地超過八萬七千五百平方英尺，可惜要在外太空才能看得到（或是至少要透過 Google 衛星在 Google 地圖上觀看）。

可惡，害我想吃炸雞了⋯⋯

而到了二〇一八年，伊隆‧馬斯克（Elon Musk）成功將名為「Roadster」的特斯拉跑車送上外太空，該宣傳噱頭是為了替其私人航太公司「SpaceX」打廣告。這台跑車由名為「Starman」的假人駕駛（它轉頭應該就能看到地球上的肯德基廣告）。

尼斯湖水怪

「大家不願公開的真相才是新聞，其他的一切不過是宣傳。」

——比爾·莫耶斯（Bill Moyers），美國記者

世界知名的蘇格蘭尼斯湖水怪傳說始於一九三四年的一個黑白敘事——呃，正確來說是一張黑白照片——在《每日郵報》（Daily Mail）刊登後，才開始為眾人所知。雖然該影像至今從未經過驗證或複製，但每年仍吸引了數以百萬計的觀光客造訪尼斯湖，創造出五千四百萬美元的年收益。

但仔細一瞧就會發現，那隻水怪看起來有夠平凡無奇，跟浮出水面的象鼻差不多。

難不成真的有隻獨一無二的恐龍在湖中游泳，而且旁邊就是新蓋好的高速公路，但自從被拍到一次畫質粗糙的照片後，就躲得天衣無縫、再也沒被發現過，你想有可能嗎？還是照片中的物體其實是隻大象，大概是從附近的伯特倫·米爾斯（Bertram Mills）巡迴馬戲團跑出來，剛好在湖裡洗完澡準備離開，這個可能性會不會比較高？

這張照片被拍到後，馬戲團團長米爾斯懸賞二萬英鎊給任何能證明尼斯湖水怪存在的人——獎金數額之龐大，他絕對付不起。* 在如此大張旗鼓的昭告天下後，當地的觀光量暴增，直接帶動了馬戲團門票的銷量；也就是說，尋找尼斯湖水怪很可能根本只是宣傳噱頭，再也沒人看到過水怪就是最好的證明。對米爾斯來說真是萬幸，因為只有馬戲團團長才知道在水中洗澡的大象長怎樣。

諸如斐濟美人魚（Feejee Mermaid）——P·T·巴納姆（P.T. Barnum）一手策劃的騙局——等馬戲團賣點與其他類似的騙人詭計，長久以來就是有辦法讓民眾自願暫時放下疑心。所以說，P·T·巴納姆曾在美國第一大廣告代理商當過廣告文案寫手也不令人意外。難怪人家會說，排泄物是最好的肥料。

賣的是什麼？**馬戲團門票。**

* 換算成現在貨幣價值超過二百萬美元。

茶黨示威抗議

「宣傳這門技藝是黑魔法，但眾人已不以為意，而且其效力年年都在增長。」

——湯瑪斯·潘恩（Thomas Paine）

主張財政保守的茶黨運動始於二〇〇九年，對二〇一〇年的美國期中選舉造成了莫大影響，而且在當時看起來像是某場臨時起意的草根運動（某種程度上確實如此）。但該運動之所以能順利展開，要歸功於共和黨建制派妥當的安排調度、福斯新聞網為其合法化所助的一臂之力，以及科氏兄弟（Koch brothers）的資金贊助（自二〇〇八年共和黨總統候選人約翰·馬侃〔John McCain〕輸給巴拉克·歐巴馬〔Barack Obama〕後開始）。

「茶黨快車」（Tea Party Express）是由共和黨顧問於二〇〇九年在加州創立，為的是支持茶黨運動。與此同時，科氏兄弟早在二〇〇二年就開始規劃以茶黨為主的反抗勢力，當時他們透過掩護機構「穩健經濟公民組織」（Citizens for a Sound Economy）——同樣也是受到大菸草業（Big Tobacco）的金援——設立了 usteaparty.com 網站（菸草製造商菲利普莫里斯國際公司甚至在一九九〇年代就用了類似於茶黨的戰術，作為推動降低政府管制的手段）。

在福斯新聞的推波助瀾之下，茶黨在攝影機前的曝光度極高，不斷表示反對美國持續上升的債務、《平價健保法案》（Affordable Care Act，又被稱為「歐巴馬健保」），以及在二〇〇八年金融大崩盤後，花數十億美元為金融與汽車產業紓困。然而，在前總統小布希舉債近四兆美元，或是米特·羅姆尼（Mitt Romney）在麻州實施「羅姆尼健保」（Romneycare）——正是歐巴馬健保的前身——又或者是保守派「美國傳統基金會」（Heritage Foundation）在一九九〇年代為反對比爾·柯林頓的健保計畫而提出了類似提案時，他們全都沒有發表任何反對意見。小布希總統剛開始執行這些紓困方案時，也沒人示威抗議，而歐巴馬不過是接著執行而已——實際上還省了近二千五百億美元。而川普總統在任職的四年間，花了納稅人的錢一億四千二百萬美元打了二百八十五次的高爾夫，也沒聽他們哀過半聲。當茶黨成員在那哭說希望國家回到二〇〇九年的榮景時，沒幾個人質疑過這些帶有種族色彩的宣傳噱頭，似乎都出現在相對中間路線的政府執政時期。

賣的是什麼？**反對歐巴馬。**

啤酒之王

智利海鱸

猜猜看
這幾件事
的共通之處
是什麼？

守護
家庭價值的候選人

抽萬寶路的男人

家庭價值

全都是實際的品牌形象塑造案例

如果你認為《權力遊戲》很血腥暴力，那你一定不知道跟古羅馬人比根本小菜一碟！

啤酒之王

百威（Budweiser）的這個標語來自捷克共和國一個名叫「Budweis」的小鎮，最初羅馬帝國便在此處釀造國王的啤酒（Beer of Kings）。啤酒釀造公司安海斯－布希（Anheuser-Busch）重新調整了原本的廣告標語，好顯出自家品牌與其他競爭對手的不同之處。百威現在擁有「King of Beers」和「Beer of Kings」的商標──很可能還包括含有這兩個字詞的任何其他片語。賣的是什麼？**百威啤酒。**

抽萬寶路的男人

菲利普莫里斯旗下的萬寶路香菸一開始是針對女性打造的品牌，紅色菸嘴是為了隱藏口紅痕跡。當銷量下滑時，該公司決定用「抽萬寶路的男人」這個充滿粗獷男子氣魄的經典形象，將品牌重塑為男性導向。結果銷量爆增了 3,000%，助菲利普莫里斯拿下菸草市場的最大市占率。賣的是什麼？**萬寶路香菸。**

智利海鱸

你吃過犬牙南極魚嗎？在被重新包裝成**智利海鱸**前，你可能根本不會去吃。新名字聽起來十分美味可口，但完全是誤導用詞；犬牙南極魚大都來自於南極洲和巴塔哥尼亞一帶（不是智利）、幾乎都是在人工漁場養殖（不是野生捕撈），而且其實是鱈魚的一種（不是鱸魚）。賣的是什麼？**犬牙南極魚**。

其他經過品牌形象重塑的魚類包括海膽（重新命名為「uni」），和大西洋胸棘鯛（更名為深海橘鱸）。

家庭價值

當政治候選人使用**家庭價值**一詞時，他們不僅僅是在說自己愛家，也是在把不重視家庭價值的罪名安在對手頭上。當然，他們有時純粹是想轉移話題。美國眾議院議長紐特・金瑞契（Newt Gingrich）彼時與一位員工（先前是實習生）搞外遇，但就算自己的家庭價值不過是裝出來的，他還是把矛頭指向因莫妮卡・陸文斯基醜聞而遭到彈劾的柯林頓總統。更別提這不是他第一次犯錯了；他也背著第一任和第二任老婆亂搞，而且外遇時第一任正在對抗子宮癌，第二任則是在對抗多發性硬化症。

家庭價值起源於一九七〇年代，為的是反對當時的女權運動，基本上是宗教團體希望透過主張傳統家庭模式來打擊女性主義。政客繼承此衣鉢，將單親視為敗德，像是美國前副總統丹・奎爾（Dan Quayle）一九九二年的所作所為，試圖攻擊《風雲女郎》的主要角色墨菲・布朗（Murphy Brown）未婚懷孕。賣的是什麼？**政治候選人**。

守護
家庭價值的候選人

呃……不相信家庭價值的究竟是誰？

品牌形象塑造是指精心形塑的聲望，而且就跟其他消費者產品一樣是製造出來的，方法是透過情緒、而非證據，讓消費者產生正負面感受。大家對品牌的忠誠度是出自於**主觀**、而非**客觀**理由。

你不覺得奇怪嗎?那個叫馬拉基*的男孩講的故事後來被證實都在胡扯。還有那個安東尼·韋納**居然因為露鳥而出名。

不會啊，表示品牌形象塑造做得好！

品牌形象塑造讓產品有別於其他競爭對手。吉列（Gillette）刮鬍刀或許是男人可以找到的最棒產品，但「Dollar Shave Club」卻能讓你「刮鬍子也能省錢省時」。《紐約時報》或許能刊登值得上報的所有新聞，但「有線電視新聞網」（CNN）才是新聞界最受信賴的名字。

* （譯註）艾雷克斯・馬拉基（Alex Malarkey）是《從天堂回來的男孩》（The Boy Who Came Back from Heaven）一書的作者，後來承認自己其實從未到過天堂，當年他只是希望得到人們關注才撒謊。剛好 malarkey 在英文中也有胡扯的意思。
** （譯註）議員安東尼・韋納（Anthony Weiner）因傳露鳥照而身陷醜聞風波，剛好他的姓氏跟英文字 wiener（小雞雞）很像。

品牌是經過縝密建構的產品形象，使其有別於其他競爭產品。品牌就像是產品的人格，包括名稱、標誌、定位、核心價值以及對消費者的承諾。品牌基本上就是大眾看見或聽到品牌名稱時會想到的所有特質，從感知價值到商譽。

如果是高知名度的成功品牌，當消費者聽到其名稱或看見其標誌，就會不由自主的產生好感。就像一提到星巴克、Apple、迪士尼或樂高等品牌，馬上就知道我們能獲得什麼樣的服務。

Have it your way.
愛怎樣就怎樣

It's everywhere you want to be.
想去哪就去哪

Betcha can't eat just one.
吃一口就停不下來

L'ORÉAL

What can brown do for you?
褐色制服可以為你做什麼？

Because you're worth it.
因為你值得

The ultimate driving machine.
終極座駕

品牌經常以**標語**來定義自家形象——通常是難忘的單字或片語，簡單歸納出產品特徵。標語必須傳達出品牌最不可或缺的正面特質，才能顯現出自身與競爭同業的差異。

各位對品牌形象塑造應該都不陌生，甚至光看到下列標語就能寫出品牌名稱。*

Kellogg's 家樂氏 _____ : Snap, Crackle, Pop

Bounty Paper Towel _____ : The quicker Picker Upper

Red Bull 紅牛 _____ gives you wings.

Verizon 威訊無線 _____ : Can you hear me now?

Like a good neighbor, __State Farm Insurance 州立農業保險公司__ is there.

The few. The proud. The __Marines 美國海軍陸戰隊__ .

* （譯註）這些都是美國人耳熟能詳的廣告，譯成中文對讀者可能不具太大意義，因此僅附上原文與答案。以台灣廣告為例的話，就是像「全家就是你家」、「沒事多喝水、多喝水沒事」或是「請支援收銀」，一聽到就能讓人聯想到背後代表的品牌。

有些標語完全融入了美國人的日常生活。在一九三〇年代，「美國天然氣協會」展開一場公關宣傳活動，其標語是「現在大家都能用天然氣煮飯了！」（Now you're cooking with gas. 後來演變得「做得很好、進展良好」的意思）。此標語的作者想辦法在廣播節目的台詞中加入該片語，並請鮑伯・霍伯（Bob Hope）這類名人不斷反覆講述。沒多久，這句話就變成另一個全美通用的表達方式了。

「目前進展不錯喔！」

三個英文字以內的標語最能讓人留下深刻印象，這是行銷界熟知的「三原則」（rule of three），許多政治標語皆是如此。

「法律秩序（law and order）」和「打擊罪犯（tough on crime）」多年來一直深受大家喜愛。就跟家庭價值一樣，政治人物使用以上這兩個標籤時，就是在暗示競爭對手不在意民眾安全與否。

理察·尼克森（Richard Nixon）在一九六〇年代發表了十七場以法律秩序為主題的演說，效果好得不得了。他重新定義了這句來自南方種族隔離主義者的標語，為的是迎合那些抗拒種族融合、擔心受怕的白人選民。他將這些市民包裝成「沉默的多數」。

尼克森的廣告還將非裔美國人的民權示威抗議行動描繪成犯罪行為。他誓言打擊犯罪，暗示自己不會容忍社會變革或隨之而來的混亂，儘管這些亂象幾乎都來自於當權的白人，比方說執法機關。

尼克森是第一位看出行銷潛力的總統候選人，所以才把競選活動當成行銷宣傳活動在策畫。*

* 尼克森在一九五〇年代邀請愛德華·伯內斯幫忙競選，但即便是這位協助推翻了瓜地馬拉政府的傳奇人物，也是有底線的。

「想要阻止拿槍的壞人，唯一辦法就是好人也要拿槍。」

「把從未受過嚴格檢視的標語當成信念的人，最容易被洗腦。」

——艾略特·亞隆森（Elliot Aronson），《社會性動物》（The Social Animal）

■○一二年，美國全國步槍協會（National Rifle Association，簡稱 NRA）的執行副總裁韋恩·拉皮耶爾（Wayne LaPierre）在記者會上發表了演說，其中一句話很快成為 NRA 最為著名的標語：「想要阻止拿槍的壞人，唯一辦法就是好人也要拿槍。」這個新標語是由 NRA 的廣告代理商 Ackerman McQueen 聘請的行銷專家精心編撰，經常被拿來反對槍枝相關限制與提升槍枝銷量。天知道效果有多驚人：在二〇一二年桑迪胡克小學發生重大槍擊案後，NRA 的收益飆升了一億美元，會員人數增加了幾十萬人，而且當週的槍枝銷量高達近百萬把，創下史上新高。*

我們對於槍枝的認識幾乎全是來自槍枝說客的宣傳技倆。來福槍原是農用工具和戰爭武器。然而，在軍事合約到期後，槍枝製造商便將目標轉向消費者，意圖擴大市占率。

大多數的國家都嚴格禁止槍枝販售，但不包括美國，因為過去一直仰賴槍枝開疆闢土和經營牧場。時至今日，美國還是唯一一個把槍枝當消費產品在販賣的工業化國家。把槍枝當成麵包或奶油在賣，實際上就是將資本主義置於消費者保護之上。

在一九〇〇年代，槍枝製造商編織出蠻荒西部的文化神話作為行銷策略，接著再加上配槍的英雄與壞透的惡人，最後搭配來自麥迪遜大道（意指廣告業）和好萊塢的讚美，一舉將農場工具成功昇華成男子氣概的象徵。西部神話就像蘋果派一樣，成為了美國的象徵；到一九五九年為止，共有二十六部西部片在電視上放送。然而，美國西部的槍枝暴力其實根本沒有那麼氾濫——就算有，也不是為了擊退兇狠好鬥的美國原住民，而是美國人想要偷走原住民的土地。

雖然槍枝說客經常主張美國憲法第二條修正案賦予人民自衛的權利，但事實上那是因為當時美國缺乏中央軍隊，所以編製了該條文好建立國防與武裝平民。更精準的來說，第二條修正案提及的國民軍是「白人用以消滅原住民部落的手段，為的是奪取他們的土地，以及讓奴隸巡邏員可以控制黑人，」歷史學家羅克珊·鄧巴－奧爾蒂斯（Roxanne Dunbar-Ortiz）如此寫道。

* 此記錄在二〇二〇年三月被打破，在新冠肺炎期間，每月的槍枝銷量創下二百四十萬把的新高，將近是前年三月的兩倍。

美國每年因槍枝死亡的人數	
謀殺	2,000
意外	11,000
自殺	20,000

NRA 最初創立是為了支持美國軍隊，而不是為了提倡平民武裝。該協會曾經也支持槍枝執照和全國槍枝註冊系統；在發現李·哈維·奧斯瓦爾德（Lee Harvey Oswald）用來射殺約翰·甘迺迪總統的槍枝，是因為看到 NRA 雜誌背面的廣告而去買的後，甚至還表示支持全國性的一九六八年《槍枝管制法》（Gun Control Act of 1968）。一九七四年，該組織改登記為遊說團體，然後立場瞬間從宣導槍枝安全變成推廣槍枝權利。自此以後，該團體的利益就跟槍枝製造商別無二致了。

由於現今取得槍枝太過容易，導致平均每星期都會發生一起校園槍擊案，而大規模槍擊事件則是每天約一起。現今校園槍擊的發生頻率誇張到，光是二十一世紀頭二十年的槍擊案，就比二十世紀整整一百年加起來還多。

美國人口占全世界的 4.4%，但擁有的槍枝數量占比高達 50%。在美國遭竊的槍枝數量居然高於其他國家的槍枝擁有者人數，而且在美國槍店的數量比麥當勞餐廳還多。

美國的犯罪活動沒比其他國家多，但因槍枝數量多上不少，所以罪行通常更為致命。事實上，和所有富裕國家（與大多數的貧窮國家）相比，美國的槍枝致死率最高。那些國家一樣有暴力電子遊戲，心理

疾病的盛行率也差不多，唯一不同的是民眾無法輕易取得槍枝，而這也是非必要因槍枝死亡人數的單一最大預測因子。

在一九九〇年代，NRA 甚至透過施壓讓國會禁止美國疾病管制暨預防中心（Centers for Disease Control and Prevention，簡稱 CDC）研究槍枝暴力。不僅如此，國會還通過了一條法律，讓槍枝製造商免於承擔責任，簡言之就是讓這些組織不用對任何大規模槍擊事件負責。

其他國家都沒有像美國一樣的問題。以日本為例，只有 0.06% 的民眾擁槍，而且這些人必須參加安全課程，還要通過背景查核與心智健康評量。澳洲實施槍枝管制後，在過去二十五年間從未發生任何大規模槍擊事件。簡單來說，這些國家不像美國隨處可見槍枝遊說團體的行銷標語。記者愛德華·R·默羅（Edward R. Murrow）曾說過，這些標語很容易被誤以為是解方。

賣的是什麼？**槍枝。**

多希望我們擁有價值高達六千億美元的軍事工業複合體，這樣我就不需要槍枝了！

預防森林大火 操之在你

我愛紐約

猜猜看 **這幾件事** 的共通之處 **是什麼？**

永保美國美麗

自閉症和疫苗有關

全都是成功的公關宣傳活動

預防森林大火操之在你

公共關係經常以公共服務公告（或簡稱 PSA）的形式，吸引大眾注意重要議題。PSA 不是為了銷售產品，而是要試圖改變公眾認知和提高對某議題的認識。圖中的 PSA 是由美國國家森林局於一九四四年設計，是美國史上至今為止執行最久的宣傳活動。賣的是什麼？**預防火災。**

其他知名的 PSA 包括美國運輸部推出的「真朋友就不會讓朋友酒駕」宣傳活動，和以撞擊測試假人為主角的系列廣告，旨在鼓勵大家繫好安全帶。

永保美國美麗

這個非營利組織是由拋棄式寶特瓶與鐵鋁罐製造商於一九五三年成立，為的是應付環保法規。他們並不打算和監管機構合作，想辦法解決美國的掩埋場問題，或是開發可生物降解的包裝，反而是推出了公關宣傳活動，直截了當的把責任怪罪到消費者頭上。他們成功說服大眾，問題出在使用者身上，把責任甩得乾乾淨淨。在他們的廣告中，亂丟垃圾的民眾才是害美國原住民流淚的罪魁禍首，絕不是因為製造商污染空氣、毒害地下水和製造出一堆絕對會比人類文明還長命的物質。* 結果：亂丟垃圾的是罪犯，但製造污染的卻沒事。「奧杜邦學會」（Audubon Society）與「塞拉俱樂部」（Sierra Club）等環保團體最初都願意支持此宣傳活動，但後來發現這只是飲料產業的公關手段後，就決定與之保持距離了。賣的是什麼？**個人責任。**

* 我們每年丟棄二百五十億個塑膠杯，沒有一個是可生物分解的。

我愛紐約

此公關宣傳活動是由紐約州經濟發展部（New York State Department of Economic Development）委外辦理，首次於一九七七年推出，當時一九七〇年代的財政危機剛結束，所以紐約希望藉此推廣觀光。圖像藝術家米爾頓・葛雷瑟（Milton Glaser，同時也是 DC 漫畫標誌的操刀者）設計出這個極簡圖像，從此在世界各地受到眾人模仿。賣的是什麼？**紐約市**。

自閉症和疫苗有關

這個觀念可追溯到一份漏洞百出、長度僅一頁的科學報告，由前醫生安德魯・威克菲爾（Andrew Wakefield）所撰寫。一九九五年，威克菲爾聲稱麻疹、腮腺炎、德國麻疹三合一疫苗（MMR）會導致發炎性腸道疾病，但並未引起任何注意。後來威克菲爾在一九九八年又宣稱疫苗和自閉症有關，但該關聯性根本不存在。而且威克菲爾本人就有多項利益衝突：收了律師約五十萬英鎊的錢，透過集體訴訟管道去告疫苗製造商，並申請了專利要自行製造疫苗（更別提威克菲爾是腸胃專科，而非神經專科醫師）。

威克菲爾的研究甚至不具有任何科學效力，樣本數只有十二名兒童，有些是取樣自法律事務所的客戶，有些則是由反疫苗團體提供，其中有三名兒童甚至連自閉症都沒有。該研究的十位共同作者後來集體撤銷掛名，威克菲爾最後也失去了醫生執照，但他造成的傷害已不可挽回。賣的是什麼？**對 MMR 三合一疫苗的懷疑**。

當代的公共關係（簡稱 PR）是指塑造品牌或公司形象的行為，以在大眾眼中維持討喜的形象。

**致力於找出更乾淨、
更安全、更好的能源！**

二〇一〇年，英國石油公司（BP oil company）在墨西哥灣造成了一起工業災難，還試圖挽救自家臉面，再三提及自己對乾淨能源和環境的承諾。

然而，這是企業十分常見的做法，花大錢行銷自己的善行而非慈善本身。舉例來說，菲利普莫里斯某年花了六千萬美元執行一項慈善計畫，但花了一億八百萬美元去廣告這件事。

在一九八〇年代，嬌生公司（Johnson and Johnson）的特強效止痛藥泰諾（Tylenol）遭人以利物刺穿的方式加入氰化物，導致七人死亡。雖然致死案件僅限於芝加哥，但該製藥公司試圖挽回聲譽，召回全美國內生產線超過三千萬瓶的產品。公司重新推出該產品時，加入了新的防偽封條，並提供二點五美元的折價券。在正面公關行銷的幫助下，泰諾的銷量馬上回到正常水平。

公關事務包山包海，從媒體資料袋與新聞稿、推持貼文與電視訪問，一直到損害控制，或是在爆出醜聞後拯救名人的聲譽。

嗯……雖然我不想被毒死，但可以省二點五美元誒。

誠摯歉意 省下 $2.50

不要慌張，我們會把你送去康復中心、領養一隻小狗，然後找一位網紅一起拍片。可以請你聽我的指示掉幾滴眼淚嗎？

一九七〇年代，虎克化學公司（Hooker Chemical）在紐約尼加拉瀑布城（Niagara Falls）的愛渠（Love Canal）傾倒了四千三百六十萬磅的工業廢棄物。這些毒物滲透進住宅區、草皮和學校土地中，導致無數兒童的手臉部灼傷、新生兒出生即有先天缺陷，以及癲癇和流產病例飆升，後來才開始撤離當地居民。

正當媒體大幅報導當地的慘況，虎克公司不僅假裝沒事，還推出公關宣傳活動，聲稱「不會有人比虎克化學公司更在乎尼加拉瀑布城的環境和經濟健全發展」。但民眾並不買單，所以虎克公司就改名為西方化學公司（Occidental Chemical），也就是現在的OxyChem。

當薩達姆·海珊在一九九〇年入侵科威特時，老布希（George H. W. Bush）政府需要大眾的支持，才能出兵支援美國主要的石油供應國。科威特政府匯出大量資金給位於美國的二十間企業，請他們幫忙向美國人推銷戰爭。負責整個宣傳行動的便是偉達公共關係顧問公司（Hill & Knowlton）（偉達在華盛頓辦公室的負責人是老布希的好友兼顧問）。

解放科威特

偉達公關透過一個名為「解放科威特公民組織」（Citizens for a Free Kuwait）的掩護機構，安排了多場與科威特人的媒體訪談，送出了上萬件「解放科威特」的T恤與保險桿貼紙，並寄送宣傳影片給各媒體播送管道，再以新聞報導的形式放送。偉達公關甚至請一位十五歲、名為奈伊拉（Nayirah）的科威特人在國會上作證伊拉克的虐待行徑，但後來被證實她是訪美科威特大使的女兒與科威特的皇家成員，其證詞完全是偉達公關捏造出來的。正因這個宣傳活動，一九九二年才有作家在《國家》（The Nation）雜誌上首次發明了「後真相」一詞。

從表面來看，毒品戰爭聽起來是要採取行動因應日漸攀升的犯罪率，儘管沒什麼證據顯示犯罪行為和毒品使用有關。但毒品戰爭的真正目標其實與政治有關：尼克森在以法律秩序當作宣傳造勢平台後，接下來必須展現他打擊犯罪的誠意。

問題在於，大多數的犯罪都是由州政府處理，所以尼克森政府必須找出得以邀功的立法機會。由於毒品會在州界間流通，因此毒品犯罪成了尼克森政府法律秩序訊息的載體。這也成了當時執政黨的利器，因為他們鎖定了最主要反對政府的民眾：嬉皮、黑人和反戰人士。「由於新左翼（New Left）的成員很常吸食大麻和其他麻醉類毒品，因此各位要把握機會，叫地方當局以毒品罪名逮捕相關人士，」這是胡佛（John Edgar Hoover）當時下達的指令，後來他還當上了聯邦調查局（FBI）局長。

想要打壓反對尼克森政府的勢力，毒品戰爭是最簡單的辦法，所以他們決定把大學校園的騷亂與市中心的種族暴動畫上等號。由於兩邊的示威抗議團體都有毒品問題，因此尼克森可以把他們描述成蔑視法律的罪犯，如此一來就不用回應這些反對聲浪對越戰和種族歧視提出的合理擔憂了。

尼克森於一九七一年宣布了「毒品戰爭」行動，就算當時從樓梯上摔下來的死亡人數遠高於吸毒致死的人數。事實上，不到 1% 的學生每天抽大麻，但有 33% 的學生每天抽菸。到了一九七三年，尼克森成立了美國緝毒局（Drug Enforcement Administration，簡稱 DEA），專門執行其新毒品政策。為爭取民眾支持，其幕僚招攬了各大電視台的大牌製作人，集思廣益提出和毒品有關的劇本。不到幾個月的時間，以藥物濫用為主題的電視節目紛紛上映，包括《掃蕩三人組》（*Mod Squad*）、《杏林春暖》（*General Hospital*）、《愛情，美國式》（*Love,*

1971	
因合法與非法藥物死亡的人數	2,313
因槍枝意外死亡的人數	2,360
因食物噎住死亡的人數	2,227
因自殺死亡的人數	24,097

American Style）等等。

在尼克森執政時期本是紙上談兵的毒品戰爭，到了雷根執政時期就演變成真切的現實了，儘管當時全國只有不到 2% 的人民認為那是眼前最迫切的問題。雷根大幅動員警力、廢止專家小組康復計畫，並授命聯邦調查局協助美國緝毒局一起緝毒，徹底改變了毒品政策的走向。

為了集結國會的支持，雷根的幕僚成功遊說新聞媒體想辦法讓大眾以為，古柯鹼在美國年輕人間氾濫成災。結果光是《新聞週刊》和《時代》雜誌在十二個月內就出版了十個以此為主題的封面故事，而在其他報章雜誌上更有近千篇關於快克的故事。然而，僅有 4% 的高中生表示曾吸過毒。在此之前，毒品吸食和毒品犯罪整體來說已連續幾年都有下降的趨勢。

儘管如此，這些新聞報導仍舊強化了種族刻板印象，而雷根政府則是藉此機會讓俗稱「一百比一」的量刑法更具正當性；也就是持有快克的刑期會比持有古柯鹼高上一百倍，即便兩者的化學效應一模一樣。這表示持有五克快克的黑人會被判五年刑期，而白人要持有五百克的古柯鹼才會遭判同等刑期，因而導致過去五十年間的監獄人口數爆增了 943%。

美國的人口總數占全球總人口不到

5%，但在監獄服刑的人數卻占全球囚犯的 25% ——大概是其他工業化國家的六到十倍，唯一能與之匹敵的只有俄國。綜觀全球歷史，沒有任何國家有這麼多人民受到監禁，而這二百二十萬的美國囚犯，讓國家每年付出約八百億美元的資金在監獄工業複合體上。

近半數遭監禁的美國人都是因毒品罪名入獄服刑，其中有 90% 是非裔與拉丁美裔男性。儘管黑人只占吸毒人口的 15%，但目前在刑事司法體系中遭判刑的黑人總數是美國南北戰爭前被奴役黑人數量的兩倍。

然而，若依數據資料來看，白人實際上吸食毒品的比例遠高於黑人，在部分研究中比例高達八比一，而且事實上年輕白人參與毒品犯罪的機率較高，因毒品相關理由進急診室的機率更是高出三倍。

在民權運動展開後，尼克森和雷根政府非但沒將男性黑人納入經濟體系中，反而選擇把都市中的黑人男性視為眼中釘，想盡辦法讓他們家庭破碎、所屬社區不得安寧，進而拖累社會的進步。各位，這才叫成功的公關啊。

賣的是什麼？**讓少數族群大規模入獄，特別是黑人男性。**

1989	
因菸草死亡的人數	495,000
因酒精死亡的人數	23,000
因酒駕死亡的人數	22,400
與古柯鹼相關的死亡人數	3,618
因鴉片類藥物死亡的人數	2,743

1989	
餓著肚子睡覺的孩童人數	5,250,000
無家可歸的人數	17,500,000
沒有保險的人數	35,000,000

全都是成功的廣告宣傳活動

（譯註）NIKE 的廣告。

（譯註）1993 年加州鼓勵牛奶消費的廣告。

（譯註）絕對伏特加的廣告。

（譯註）可口可樂的廣告。

（譯註）Calvin Klein 內衣的廣告。

（譯註）麥當勞的廣告招牌

（譯註）第二次世界大戰期間的美國宣傳海報「我們辦得到！

廣告是行銷學中最常見的形式，涵蓋所有用以銷售產品的付費訊息。

*穀片是由主張禁欲的約翰‧哈維‧家樂醫生（Dr. John Harvey Kellogg）所發明，他相信「簡單純淨、不含刺激的飲食」能抑制手淫。想也知道不可能。

廣告過去只侷限在電視、廣播電台、雜誌和看板中，但現已滲入美國人生活中的每個角落，從小便斗到電梯，再從飛機空中書寫到摩天大樓。廣告的觸手無所不及，而廣告產業在美國平均每人每年的支出超過五百美元，包括成人和兒童。

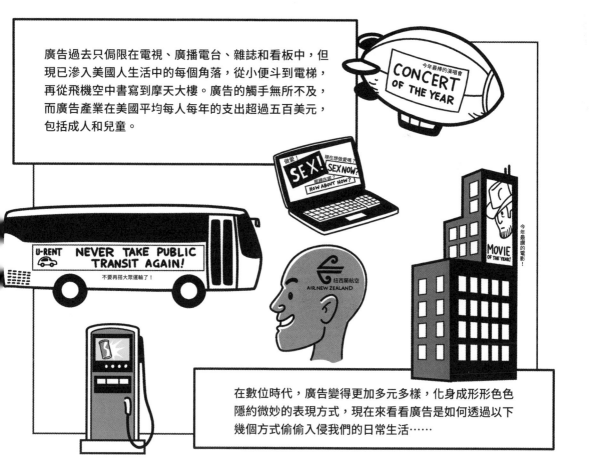

在數位時代，廣告變得更加多元多樣，化身成形形色色隱約微妙的表現方式，現在來看看廣告是如何透過以下幾個方式偷偷入侵我們的日常生活……

產品置入是指在電視節目或電影中使用品牌產品。簡單舉幾個例子：《美國偶像》的評審喝可口可樂；《河谷鎮》裡的學生使用約會應用程式「Bumble」；《減肥達人》（The Biggest Loser）的贏家大啖賽百味（Subway）；湯姆・克魯斯在《捍衛戰士》中戴著雷朋眼鏡；外星人吃著 Reese's Pieces 糖果；以及 007 在最新一集龐德電影中開的每輛車。

卡瑪洛

勞力士

REESE'S PIECES

奧斯頓：馬丁

我覺得又搖又晃。＊

在二〇一四年上映的《變形金剛：絕跡重生》中，共有高達五十五個知名品牌的置入性行銷。別忘了，大黃蜂本人就是一輛會走路、會說話的雪佛蘭卡瑪洛（Chevrolet Camaro）！

＊（譯註）原文是 shaken and stirred，故意學龐德在點馬丁尼調酒時的經典台詞：Shaken and not stirred（搖勻不要攪）。

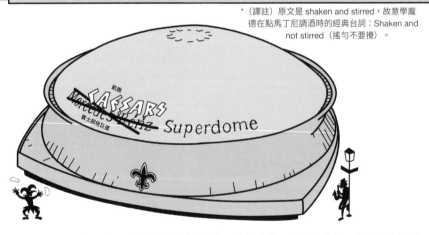

贊助商是另一種付費廣告形式，適合希望與特殊活動建立關聯的企業，像是百事公司贊助國家美式足球聯盟（NFL）超級盃、殼牌石油贊助紐奧良爵士傳承音樂節（New Orleans Jazz & Heritage Festival）、美國銀行（Bank of America）贊助蘇珊科曼健行籌款活動（Susan G. Komen Race for the Cure），超無限公司（Xfinity）贊助納斯卡盃（NASCAR），勞力士贊助 TED 演講（TED Talks），以及 VISA、麥當勞和 Adidas 贊助二〇二二年世界盃。

贊助內容專指看起來像內容本身的廣告，經常又稱作**原生廣告**（native advertising），很容易讓人以為是編輯內容，但其實是經過精心設計的廣告。想想那些莫名其妙出現在社交媒體動態、還故意讓你以為是追蹤帳戶貼文的廣告吧。不只如此，像是網紅在 YouTube 上介紹產品的影片、網站上的清單文章，以及雜誌上的業配文（這個概念是由愛德華・伯內斯率先提出）。還有更多真假難辨的案例，包括醫學雜誌上的文字內容其實是由藥廠或菸草公司付費撰寫，以及石油公司為了推廣用瓦斯爐煮飯、付費請人撰寫 Instagram 貼文。

名人代言是品牌和知名藝人間的付費關係，同樣也是愛德華・伯內斯首創的概念。舉例來說，大衛・貝克漢為 Adidas 代言、麥可・布雷為 Bubly 氣泡水代言、馬修・麥康納為林肯汽車（Lincoln）代言、莎莉・賽隆為克里斯汀・迪奧（Christian Dior）代言、小威廉絲為 Nike 代言、泰勒絲為健怡可樂（Diet Coke）代言、凱薩琳・麗塔・瓊絲為美國電信 T-Mobile 代言、史努比狗狗（Snoop Dogg）為微波食品 Hot Packet 代言、歐普拉・溫芙蕾為健康手錶 Weight Watchers 代言，以及金・卡戴珊為 Charmin 公廁代言。

還有更多……

無所不在的廣告：

冰箱磁鐵

鑰匙圈

政治草坪標誌
讓美國再次偉大

保險桿貼紙

貨架插卡
新品上市

便利貼

傳單

優待券
免費 試用品
每位消費者限用一張

銷售點展示
限時特賣！

棒球帽
路易斯安那州立大學

免費原子筆
第一國民銀行

冰箱磁鐵

資訊型廣告

書衣
此系列的其他書籍

T 恤

「廣告的目標不是要叫觀眾馬上購買產品，而是要在不知不覺間、
用潛移默化的方式影響民眾對品牌的觀感。」
——《亞當毀三觀》（*Adam Ruins Everything*）影集中的亞當・康諾佛（Adam Conover）

威利・霍爾頓

「在政治宣傳活動中，謊言只要有足夠金錢支撐就能成為真相。」

——喬・科納森（Joe Conason），美國政治記者

一九八八年推出的威利・霍爾頓（Willie Horton）廣告，目的是要攻擊麥可・斯坦利・杜卡基斯（Michael Stanley Dukakis），應該可說是史上最惡名昭彰的政治攻擊事件。老布希的競選幕僚在廣告中將總統候選人麥可・杜卡基斯形容成「對犯罪手軟」的人。

該廣告是一張名為威利・霍爾頓的黑人男子嫌犯大頭照。當時杜卡斯基是麻州州長，這位霍爾頓在取得返家探視許可後離開了監獄，結果在外出期間強暴了一名白人女性並刺傷了她男友。該廣告宣稱：「布希支持一級謀殺判死刑。杜卡基斯不只反對死刑，甚至允許一級謀殺犯可以在週末離開監獄放假。」

跟尼克森的「法律秩序」廣告一樣，「霍爾頓」廣告主訴種族刻板印象，並利用了白人對黑人罪犯的恐懼。但廣告沒說的是，那個週末共有五名定罪的謀殺犯在週末放行期間逃跑，霍爾頓只是其中一名，另外沒提到的四個都是白人。更別說霍爾頓的名字根本不是威利，而是威廉，只是威利這個名字更符合對黑人的種族刻板印象而已。

廣告沒提的事不止於此，監獄返家探視計畫是為了幫助囚犯在刑期屆滿前重新適應社會，該政策在杜卡基斯成為州長前就已實施，還是由前任的共和黨州長所推動。在那位前任州長任職的三年間，逃獄的人數跟杜卡基斯任職的十年間相差無幾，而且杜卡基斯不像前任州長一樣毫無作為，他有著手限縮申請該計畫的資格，努力避免同樣悲劇再次發生。該計畫當時的成功率高達 99%。

加州後來也採用了類似的返家探視計畫，但也發生了類似悲劇，當時的州長是羅納德・雷根——後來當上美國總統，而老布希則是雷根的副總統。在雷根擔任州長的期間，共發生兩起返家探視的犯人犯下謀殺罪行，而雷根的回應是：「沒有十全十美的事。」返家探視計畫後來在四十四州推行過，而且在老布希的總統任期內甚至在聯邦層級實施過，表示他根本沒打算改變這個制度。

儘管虛偽至此，該廣告還是達到出奇制勝的效果。該廣告播出前，杜卡基斯看起來勢不可擋，但後來老布希以壓倒性的差距勝出。《時代》雜誌將這場勝利歸功於「喬治・布希最為寶貴的打者」：威利・霍爾頓。

讓我們用一個消費者友善的案例來複習截至目前為止學到的所有宣傳形式吧。

以《星際大戰》（Star Wars）為例，它不只是系列電影、電視節目、玩具產品，更是一個**品牌**。

《星際大戰》的電影海報或預告片都是**廣告**。

《星際大戰》的速食促銷活動是**行銷宣傳**的一環。

「星戰永存」（Star Wars is forever）是**品牌標語**。

達斯・維達在八千名粉絲的見證下，在好萊塢中國戲院（Mann's Chinese Theatre）前印下水泥足跡，這是**公開活動**。

WWW.SIDESHOWCOLLECTIBLES.COM

歡慶 May the Fourth（五月四日）是因為與 May the Force be with you（願原力與你同在）的發音相似，是很棒的**公關操作**。

我的工作就是欺騙媒體，再任由媒體來欺騙你。

我也爲知名人士策畫「小花招」……我爲他們製造一些有利的新聞。一切只不過是一種賺錢的手段而已。有人付錢，我就替他們捏造故事，小如部落格……大至報章雜誌、有線新聞電視台，一直重複著這個循環，直到虛構的故事終於變成「事實」。

我用的方法有很多，例如：捏造一個虛構的故事、直接發一篇新聞稿、要求朋友修改、重寫部落格上的文章、「不小

心」將文件外流等等，有時候就連那份文件也都由我自己編造。實際上，有許許多多方法可以用，像是修改維基百科的頁面，或花錢作一段影片讓它病毒式地在網路上流傳開來。然而，不管這齣戲從哪裡開始，結果都相同：利用網際網路的效應，改變大眾的看法。當然，商品也就順利的售出了。

這些不實媒體訊息編造得一絲不苟，多數人都不會發現根本是萊恩 · 霍利得這類廣告狂人捏造出來的，而且都是來自K 街 *、麥迪遜大道，有時甚至是賓夕法尼亞大道 **。

宣傳之所以如此有效，並不只是因為它的說服力極強或能扭曲事實，也不只是因為這些噪音會淹沒真實的新聞和資訊，最可怕的是它會讓我們的批判思考能力消耗殆盡。

「虛幻的真相」

「許多微不足道的小事，只要用對方式廣告，就能變成了不得的大事。」

——馬克·吐溫

多年以來，我們一直擔心自己會在無所察覺的狀況下受到潛意識廣告的操縱。**潛意識廣告**（subliminal advertising）指的是快速閃現某個圖像（例如軟性飲料），快到連觀眾都沒發現自己有看到。這個概念是利用廣告向潛意識暗示該飲品的存在，就會使觀眾很想喝喝看那個飲料，進而達到推升銷量的目的。但研究已證實，在意識之外下出現的建議，對行為的影響力小到幾乎等於沒有。

在一九九九年上映的電影《鬥陣俱樂部》（Fight Club）中，導演大衛·芬奇（David Fincher）在艾德華·諾頓（Edward Norton）的角色生氣時都會閃過布萊德·彼特（Brad Pitt）的畫面——暗示主角的雙重人格。這些潛意識的閃現畫面並沒有激起觀眾想帶布萊德·彼特回家的渴望。真要說有，那也要歸功於布萊德·彼特沒穿上衣、露出精實身材、大打出手的鮮明畫面。而這就是廣告發揮作用的方式，不是趁觀眾不注意時偷偷摸摸在潛意識中埋下訊息，而是讓這些訊息大量曝光，直到成為重要場景的一部分為止。當我們十分熟悉這些訊息後，就不會覺得有什麼特別值得注意的了，而這才是宣傳神不知鬼不覺在潛意識發揮力量之處。

我們大都以為自己不太會受到不實媒體訊息的影響，即便這些令人厭煩的廣告不斷重複亦同。但這些謊言遲早會成為全國討論的話題之一，然後滲透進公共意識中，成為我們記憶的一部分，就算有人證實這些訊息全是假的也沒用。

二〇〇九年的 ACORN 醜聞就是最好證明。「社區組織立即改革協會」（Association of Community Organizations for Reform Now，簡稱 ACORN）是美國最大的社區組織，專門幫助低收入戶處理住所、健保、就學與社會正義等面向的事宜。

該組織另一個極重要的工作就是協助少數族裔選民登記造冊——光是二〇〇八年就有一百三十萬名選民——進而成了歐巴馬勝選的助力。結果該組織也因此成了保守派作家安德魯·巴布萊特（Andrew Breitbart）和煽動者詹姆士·奧基夫（James O'Keefe）的箭靶。

奧基夫假裝自己是皮條客，然後故意引誘 ACORN 員工提供與逃漏稅有關的建議，並密錄下了整個過程。奧基夫接下來把竄改過的訪談影片片段洩漏給多個保守派的媒體管道，從部落客、廣播電台到有線電視台都沒漏掉。這些媒體管道大篇幅報導此故事，完全沒經過任何查證（在短短的一年間，福斯新聞台的格林·貝克〔Glenn Beck〕播放了超過一千次有關 ACORN 的影片片段）。而且還譴責主流媒體沒有報導此事。後來這個故事不攻自破，但一切都已太遲，再一次造成了不可挽回的傷害。

雖然最終聯邦、州、市政府都證實 ACORN 沒有犯下任何罪行，但沒幾家媒體做出澄清報導。此次爭議的傷害極大，致使該組織不得不在二〇一〇年解散。現在沒多少人記得 ACORN 是無辜的受害者，也不知道司法已證明該團體無罪，我們只記得爭議事件本身，就跟史黛拉·里貝克的熱咖啡案件一樣。

這就是所謂的**睡眠者效應**（sleeper effect），我們會忘記不實資訊的源頭，卻不會忘記不實資訊本身，也不會記得不實資訊是否為真，或是資訊來源是否可靠。

這就是為何政治抹黑廣告的效果之好：無需正確、只要令人印象深刻，大腦就會補足其他部分。政治攻擊廣告就像槍枝一樣，全球大多數的民主國家都不允許，理由十分充分：大量的不實廣告會使候選人的支持度下降，即便事後改正也於事無補，聲名狼藉

的威利·霍爾頓廣告便是如此。

希特勒的宣傳部部長戈培爾相信，謊言只要重複夠多次就會成為真相——數據也證明了此事。謊話每說一次，其可信度就增加一分，而且會隨著時間不斷增加，基本上就成了我們所知的「虛幻真相」。這就是**虛幻真相效應**（illusory truth effect）：會相信我們熟知的事物，原因不過是重複聽到太多次了。

死亡委員會（death panels）、ACORN醜聞、對「美國計畫生育聯盟」（Planned Parenthood）的攻擊、約翰·凱瑞（John Kerry）的快艇廣告、因班加西（Benghazi）事件而對希拉蕊·柯林頓發起的調查、雪莉·謝羅德（Shirley Sherrod）被踢出美國農業部……這些事件後來被證實都是捏造出來的醜聞，幾乎沒有任何事實根據。儘管如此，在睡眠者效應和虛幻真相效應的影響下，大家都聰明不到哪去。

這些效應發揮作用的方式很簡單，重複聽聞目標訊息七次即可。行銷領域稱之為「七次規則」，因為聽到第七次我們的大腦就會記住訊息本身，但不會記得內容全是鬼扯，這證明真正的潛意識力量不是來自於我們沒注意到的地方，反而是我們不斷注意到的事物。

布魯斯·賀森松（Bruce Herschensohn）是電視評論家和尼克森總統的前任助理，他也同意此說法。在一份說明如何操弄有線電視觀眾的報告中，他寫說「重複」是「最古老且有效的宣傳技倆」。

第二章

過度簡化

「思考很難，所以大部分的人選擇批評。」

——卡爾‧榮格（Carl Jung），分析心理學創始人

人類之所以能生存上萬年，是因為我們的祖先可以迅速應對危險。在受到威脅時，他們必須馬上決定要戰鬥或逃跑，也就是所謂的**戰或逃反應**。

喔不，是老虎！

這個反應漸漸成了自動反應，因為恐懼會觸發「快思」。

一旦他們確定可以存活，不需擔心該戰鬥或是逃跑時，才會開始使用邏輯去解決問題。像是發明輪子有助於旅行，發現火可以煮熟食物，或是使用彈弓射瞎別人。

這部分屬於「慢想」，是經過深思熟慮且受到控制的行為。

我們的大腦至今仍是如此運作，在「快思」和「慢想」之間不斷切換。這個發現讓認知科學家丹尼爾・康納曼（Daniel Kahneman）贏得了諾貝爾獎。

喔不，我把充電器忘在車上了！

快思

快速
- 無意識
- 自動反應
- 例行公事
- 但容易犯錯

「快思」是**反射動作**，也就是當下的反應，像是荷馬·辛普森、彼得潘或或科學怪人——這些角色都是憑藉著衝動本能去做反應，並未經過有意識的思考。

慢想

緩慢
- 有意識
- 付出努力
- 複雜多變
- 值得信賴

「慢想」是經過**沉思的動作**，需要謹慎思考和邏輯推理，像是莉莎·辛普森、愛因斯坦或福爾摩斯——全都是以深思熟慮聞名。

「快思」的例子如下：

· 紅燈要停。

· 火災警報響了快跑。

· 看到鯊魚鰭快游上岸。

· 看到閃電快跳出泳池。

· 看到 Kar4Kids 的廣告歌要馬上轉台。

「慢想」的例子如下：

· 在餐廳計算該給多少小費。

· 回想鑰匙放去哪了。

· 羅列日常用品採購清單。

· 決定要提撥多少薪水到退休金儲蓄帳戶。

· 試著理解大衛·林區的電影。

「快思」十分簡單快速，或許可為生活帶來不少便利，但節省時間的同時也失去了準確度。

而「慢想」雖然極為消耗時間與精力，但準確度往往高出不少。

思考一下這個常見情境：你在路上開車，約會已經遲到了，然後發現前面擋了一輛開超慢的車。你會認定是老人在開車？還是青少年邊開車邊講電話？或是更糟：和種族刻板印象有關？

這就是「快思」在作用。為了讓日常生活順利進行，我們習慣直接下結論，例如「肯定是年輕人在邊傳訊息邊開車，都沒在看路」。這個結論正不正確沒有很重要，重點是為「快思」腦提供了合理說法。

「每個人對他信念所持的信心，大部分來自他們對親眼所見所編故事的品質，即使他們所見到的非常少也沒有關係。」

來自認知科學家丹尼爾・康納曼的《快思慢想》

真相通常更加複雜多變，需要靠「慢想」才能解開。或許是家長在教小孩開車、車子故障了、駕駛沒有駕照所以怕被攔下來開單，或是駕駛沒有保險所以不希望有意外發生，甚或是駕駛只是特別在意行人安全而已。當然，也有可能是這位駕駛前面有輛開更慢的車，甚至是大家都開在速限內，只有你沒發現自己超速了。

我們思考得太快，很少停下來考慮其他解釋，所以才會直接斷定是年輕人開車講電話，這全是為了讓事情簡單化而捨棄其他錯綜複雜的可能。

這就是「快思」的危險之處：過度簡化複雜的議題，直接以非黑即白的方式下判斷，要嘛是年輕人開車講手機，要嘛不是。而實際情況就跟前面舉的例子一樣，其實還有無數的可能解釋。

把世間事簡化成二分法就是我們常聽到的**非黑即白思維**，意即把整個世界劃分成黑或白、正或負、不是這樣就一定是那樣：

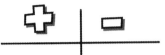

對／錯
左／右
是／否
好／壞

這是我們從孩提時期養成的習慣，那時大腦尚未發育完全，無法理解混亂費解的花花世界，所以會用「這個」或「那個」非常簡單的黑白類別去處理資訊。

好的：

・玩具

・糖果

・卡通

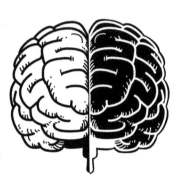

壞的：

・功課

・牙醫

・整理房間

這種二分法的組織方式讓我們可以輕鬆消化新事物並做出結論，進而使自己感到安心。身為人類，我們超愛安全感，因此才會如此頻繁的運用二元思維。

隨著年紀增長，我們發展出批判性思維技巧：「慢想」。讓我們得以處理微妙、複雜與相互衝突的訊息。仔細想想，幫助我們保持牙齒乾淨健康的牙醫真有這麼壞嗎？害我們容易蛀牙的糖果真有這麼好嗎？

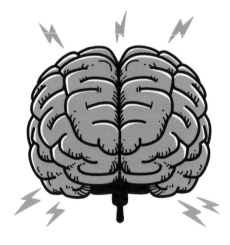

因為二元思維快又方便（也就是「快思」），所以常常是預設的思維模式，特別是在我們感到煩躁、壓力山大、累歪或撐不下去的時候。有時單純只是頻寬不夠了，沒辦法進行批判性思考（也就是「慢想」）。

人生很少是輕鬆如意的。而世界更不是平的，無法用一條線一分為二，它擁有多重維度與多種面向。要將二元思維轉換成批判性思維，就需要放慢腳步，將種種層面納入考量——盡己所能的探索世上一切的可能性與令人惱火不已的複雜性。

與其用非黑即白、這個那個、好的壞的這種分類方式思考，不如停下來想想兩者之間的所有灰色地帶，如同下圖的四個象限所示。

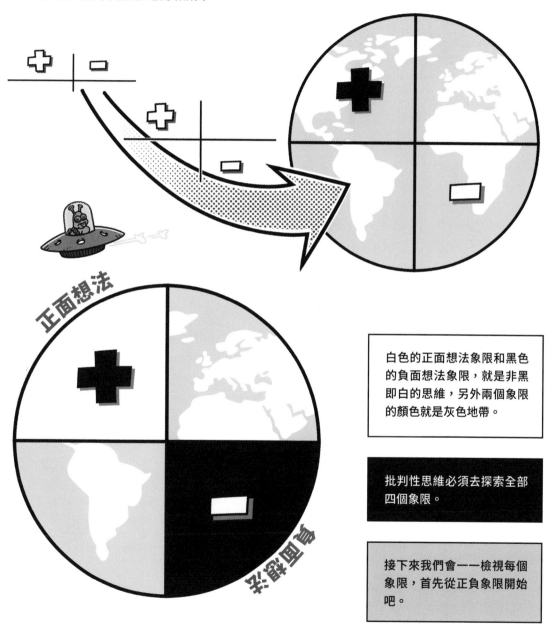

白色的正面想法象限和黑色的負面想法象限，就是非黑即白的思維，另外兩個象限的顏色就是灰色地帶。

批判性思維必須去探索全部四個象限。

接下來我們會一一檢視每個象限，首先從正負象限開始吧。

讓我們用圖表來說明塞車的案例,看看如何在這個情境中運用批判性思維。

想想可能導致車速太慢且對駕駛不利的負面原因。

此處列舉出來的理由都在暗示是駕駛的疏忽,包括沒有專心看路和違規。

想想對駕駛有利的正面原因。

這些理由都在暗示對方是優良駕駛。(或優秀的家長──雖然開在新手駕駛後面真的超煩!)

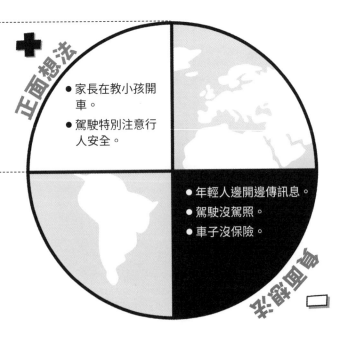

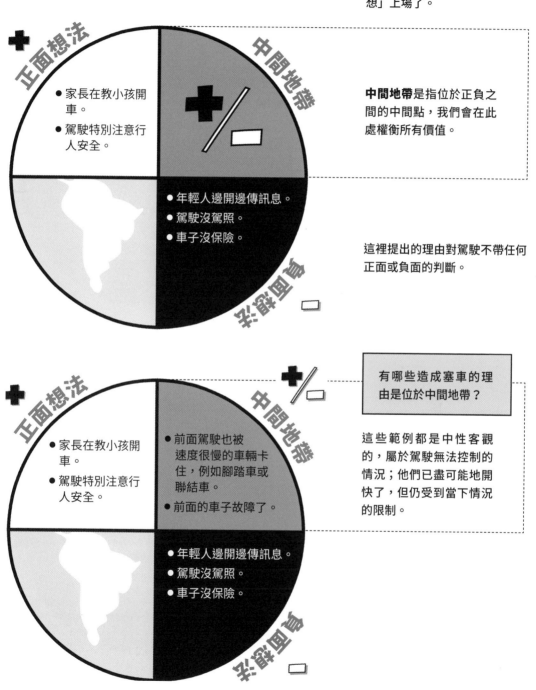

現在來看看夾在正面和負面兩個極端之間的灰色地帶，輪到「慢想」上場了。

中間地帶是指位於正負之間的中間點，我們會在此處權衡所有價值。

正面想法
- 家長在教小孩開車。
- 駕駛特別注意行人安全。

中間地帶
- 年輕人邊開邊傳訊息。
- 駕駛沒駕照。
- 車子沒保險。

這裡提出的理由對駕駛不帶任何正面或負面的判斷。

負面想法

有哪些造成塞車的理由是位於中間地帶？

這些範例都是中性客觀的，屬於駕駛無法控制的情況；他們已盡可能地開快了，但仍受到當下情況的限制。

正面想法
- 家長在教小孩開車。
- 駕駛特別注意行人安全。

中間地帶
- 前面駕駛也被速度很慢的車輛卡住，例如腳踏車或聯結車。
- 前面的車子故障了。

負面想法
- 年輕人邊開邊傳訊息。
- 駕駛沒駕照。
- 車子沒保險。

最後一個象限還可進行更深刻的思考，這經常是最難想通的。

如果中間地帶是正面想法和負面想法之間的空間，那麼這個象限則可幫助我們了解，在何種情況下我們可能會把一件事完全搞錯成別件事，並在不經意間騙過自己，然後成為**自我欺騙**的受害者。

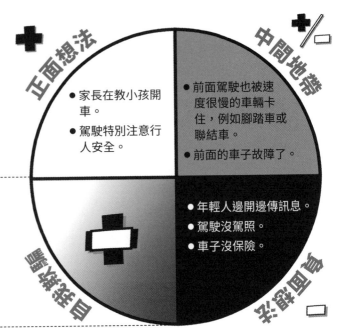

正面想法
- 家長在教小孩開車。
- 駕駛特別注意行人安全。

中間地帶
- 前面駕駛也被速度很慢的車輛卡住，例如腳踏車或聯結車。
- 前面的車子故障了。

負面想法
- 年輕人邊開邊傳訊息。
- 駕駛沒駕照。
- 車子沒保險。

所以在塞車的情境下我們會如何欺騙自己？

因為我們忙著找理由解釋為什麼錯的是那台烏龜車，所以忘了反省自己在其中扮演的角色。我們怪罪其他駕駛，結果真正的魯莽駕駛可能根本是自己。

正面想法
- 家長在教小孩開車。
- 駕駛特別注意行人安全。

中間地帶
- 前面駕駛也被速度很慢的車輛卡住，例如腳踏車或聯結車。
- 前面的車子故障了。

- 我們以為那輛車開太慢，但其實是因為自己超速才會覺得別人慢。

負面想法
- 年輕人邊開邊傳訊息。
- 駕駛沒駕照。
- 車子沒保險。

我們欺騙自己的方式是訴諸對自己最有利的解釋：**都是另一台車的錯**。直接下結論是對方的問題，就能繼續認為自己有理。

只要我們「慢下來」思考完整的光譜和可能性，就能輕鬆察覺其實有千萬種可能性。

批判性思維（慢想）

然而，宣傳就是以過度簡化的方式在扼殺批判性思維。
宣傳訴諸的是「快思」衝動，專心對付受眾的二元思維，
只留下非黑即白的思考方式在運作，根本沒意識到自己沒在動腦。

非黑即白思維（快思）

讓我們透過實際案例來解釋這個概念吧。以第一章提
到的尼克森總統提出的毒品戰爭為例，該主張將所有
毒品歸類為有害之物——這就是徹底的非黑即白思維。

大麻曾是毒品戰爭
的重點管制物質。
此毒品／藥物在近
一世紀前被宣布為
非法，而美國現今
已有過半數的州將
特定形式的大麻植
物合法化。

現在來看看一些
為什麼大麻應合法
或不應合法的
世紀之爭。

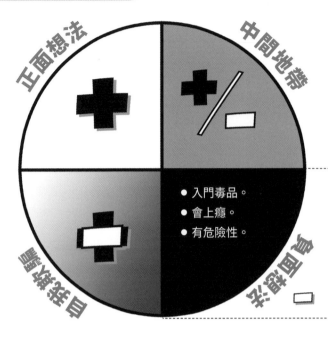

一直以來，反對大麻合法化的論據是什麼呢？

反對大麻最古老的理由是具成癮性，會使人想要吸食如海洛因等更強力的毒品。美國仍有好幾個州認為大麻有害，包括愛達荷州、懷俄明州、堪薩斯州、阿拉巴馬州、田納西州和南卡羅萊納州——只有這些州認定大麻完全非法，意即使用大麻仍屬違法，也不允許任何合法用途。

現在來看看支持大麻合法化的論點。

在這個象限中，包括了華盛頓州、加州、科羅拉多州、伊利諾伊州、紐約州和密西根州——大概有十八個州已將大麻完全合法化與除罪化，意即在這些州當中，不管是醫療或娛樂用大麻都屬合法。*

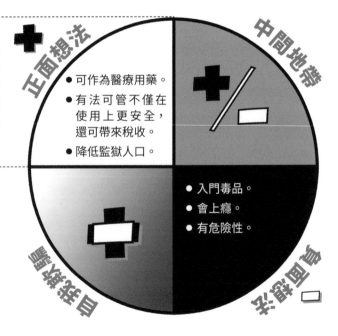

* 光是二〇二〇年，加州因銷售大麻獲得的稅收就高達十億美元，伊利諾伊州則是大賺超過二億五千萬美元，科羅拉多州更是超過四億四千萬美元。

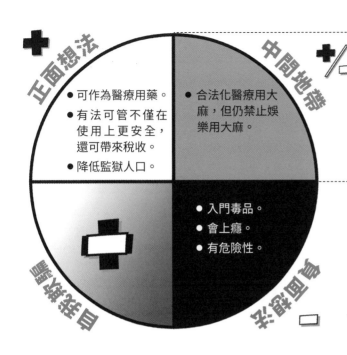

正面想法
- 可作為醫療用藥。
- 有法可管不僅在使用上更安全，還可帶來稅收。
- 降低監獄人口。

中間地帶
- 合法化醫療用大麻，但仍禁止娛樂用大麻。

- 入門毒品。
- 會上癮。
- 有危險性。

接下來看看這個主題可能的灰色地帶。正面想法和負面想法間的灰色地帶會是什麼？除了反對與贊成合法化的論點外，還有什麼折衷做法？

包括猶它州、明尼蘇達州、俄亥俄州、賓州、佛羅里達州和馬里蘭州等州都是採取折衷做法，允許醫療用大麻，但禁止娛樂用大麻，意即有限制的合法化。

現在來看自我欺騙象限吧。每次講到大麻合法化，在什麼情況下是騙自己看起來好像是站在某個象限，但其實根本是站在對面那邊？

這個象限是許多美國人對大麻議題的看法。如果我們相信大麻是入門毒品，可能就不會發現自己其實是被長達一世紀的宣傳所騙了，而且其中大都是來自毒品戰爭時代的宣傳遺毒。

這就是宣傳的作用：**驅使我們進入自我欺騙象限。**

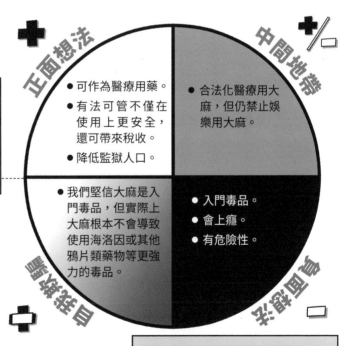

正面想法
- 可作為醫療用藥。
- 有法可管不僅在使用上更安全，還可帶來稅收。
- 降低監獄人口。

中間地帶
- 合法化醫療用大麻，但仍禁止娛樂用大麻。

- 我們堅信大麻是入門毒品，但實際上大麻根本不會導致使用海洛因或其他鴉片類藥物等更強力的毒品。

- 入門毒品。
- 會上癮。
- 有危險性。

是時候來仔細檢視為什麼我們會落到這個象限了。

在一六〇〇年代，一種名為火麻（hemp）的大麻植物開始被種來製造繩索、衣服和紙。而到了一八〇〇年代，大麻則是在藥房公開販售，屬於非處方的治療藥物。

不建議孩童使用

色欲
犯罪
悲傷

仇恨
羞恥
絕望

吸大麻使青少年迷茫！

MARIHUANA
WEED with ROOTS in HELL
深入地獄的大麻

大麻

What Happens at Marihuana Parties???
大麻派對中會發生什麼事？？？

MISERY
悲慘

WEIRD ORGIES WILD PARTIES
詭異縱欲 瘋狂派對

再快轉到一九〇〇年代初期，墨西哥移民在墨西哥革命結束後湧入美國，加速了娛樂用大麻的普遍化。隨著美國人對這些外來移民的疑慮漸生，對烈性大麻的偏見也漸長，並因此激起名為「大麻威脅」的宣傳活動。相關反對人士甚至將大麻的拼音從 marihuana 改為 marijuana，就是為了讓民眾聯想到墨西哥移民。

到了一九三〇年代，美國半數以上的州已立法禁止此毒品。禁止主義者還將大麻與「撒旦音樂」爵士樂和演奏此類音樂的黑人做連結。反毒人士聲稱，「瘋麻」（locoweed）會讓吸食者陷入極度瘋狂，一九三六年拍的宣傳影片《大麻狂熱》（*Reefer Madness*）便多有著墨相關場景。

在一九四〇年代，美國聯邦麻醉藥品管制局的局長哈里・J・安斯林格（Harry J. Anslinger）是禁酒主義者，他故意透過威嚇方式，讓民眾以為「惡魔大麻」是入門毒品，最終會演變成海洛因上癮、甚至是死亡。

「大麻讓那些黑仔以為自己跟白人一樣好……

撒旦音樂的靈感來源就是大麻，而白人女性只要吸了大麻就會想和黑鬼發生性關係。」

哈里・J・安斯林格

在一九六〇年代，大麻成了缺乏性抑制能力、頹廢消極、衣衫不整、以及服從度低下的代名詞——這些特質都跟當時的反主流文化有關。

到了一九七〇年代，尼克森總統委任專家小組釐清大麻爭議的真相。而該報告的結論是大麻應除罪化，因為研究顯示大麻無害，也不會導致犯罪。事實上，吸食大麻反而可以抑制犯罪行為——這也是日後大多數科學研究的共識。該份報告甚至在標題就強調了此發現：「大麻，誤解的警訊」。

該份報告雖然破除了大麻是入門毒品的迷思，但政府實際上的作為卻背道而馳：在尼克森執政時期，國防部開始對部署在越南的軍隊嚴格取締大麻使用，軍人只好轉而吸食唯一能取得的物質：海洛因。

最後至少有 15% 的軍隊人員對海洛因上癮，跟在戰場上陣亡的人數相差無幾。然而，海洛因跟大麻完全不同，不僅極具成癮性，而且危險並致命。

現已證實錯誤的「入門毒品」理論，一直以來都是以散播恐懼為手段。雖然大麻使用者的數量在過去半個世紀不斷飆高，但強力毒品使用者的數量依然維持相對穩定的狀態。

在娛樂用大麻不合法的地方，年輕人就跟那些軍人的反應一樣，轉而吸食可以取得的任何物質，包括從浴鹽到合成大麻——此物質完全算不上是大麻，而是實驗室做出來的有毒化學合成物，甚至比海洛因還致命。

但尼克森否絕了那份大麻報告，因為於其個人政治目標無益。結果他反其道而行，將大麻分類為一級毒品，即沒有任何醫療價值（不是真的）、具高成癮性（不是真的），而且比古柯鹼或甲基安非他命還危險（同樣不是真的）。

除了海洛因，一級毒品還包括 LSD 迷幻藥、迷幻蘑菇和快樂丸。它們的共通之處是什麼？幾乎都是只在反主流文化族群中使用，而這些人正是尼克森最為鄙視的族群。

美國毒品分級方式		
第一級	無醫療用途、高程度的濫用與成癮性	海洛因（Heroin）、麥角二乙胺（LSD）、快樂丸（ecstacy）、大麻（marijuana）、配有特（Peyote）
第二級	高程度的濫用與成癮性	古柯鹼（Cocaine）、甲基安非他命（meth）、嗎啡（morphine）、吩坦尼（fentanyl）、羥可酮（Oxycodone）、阿德拉／聰明藥（adderall）
第三級	中低程度的濫用與成癮性	愷他命（ketamine）、同化類固醇（Anabolic steroids）、睪固酮（Testosterone）
第四級	低程度的濫用與成癮性	贊安諾（Xanax）、舒肌痛（Soma）、煩寧（Valium）、安定文（Ativan）、安必恩（Ambien）
第五級	低程度的濫用	含可待因（Codeine）的咳嗽藥物、含乙醯胺酚的諾比舒（Robitussin AC）、利瑞卡（Lyrica）、Parepectolin*

較低等級的第二級藥物包括古柯鹼、鴉片和吩坦尼，但這幾種藥物絕對比大麻或迷幻蘑菇來得令人擔心。

*（譯註）通常用於治療腹瀉和消化不良引起的腹部不適的藥物，引發成癮或濫用的風險不大，目前沒有正式的中譯名。

醫療界被禁止研究大麻的醫用屬性好多年，純粹是因為尼克森出於個人政治利益考量，決定最好把大麻和所有其他毒品混為一談。

大麻現在已可用來治療多種症狀，包括青光眼、癲癇到癌症，還可用來控制慢性疼痛、創傷後壓力症候群（PTSD）、注意力不足過動症（ADHD）、多發性硬化症、焦慮症、憂鬱症、糖尿病、關節炎，以及發炎性腸道疾病。

現今大麻迷思的最大擁護者已不再是州政府、聯邦政府或禁酒主義者，而是酒業（保護自家娛樂用藥的地盤）、製藥公司（保護自家產品的市占率）以及營利性監獄（保護自家的商業模式）。

雖然大家都在討論毒品使用有多危險，但酒精每年害死的人數高達九萬五千人，每年死於鴉片類藥物的則有五萬人；而每年約有五千人死在監獄，其中許多人甚至從未被定罪。

與此同時，因吸食大麻致死的記錄依然是零。

至於毒品戰爭，研究顯示反毒品廣告可能造成了反效果。在向毒品說不（Just Say No）宣傳廣告期間蒐集到的資料發現，孩童愈常接觸到反毒公共服務公告，反而愈容易吸食大麻。研究人員鮑伯·霍爾尼克（Bob Hornik）解釋道：「孩子愈常看到這些廣告，就益發深信其他孩子都在使用大麻，所以反而更想以身試法。」顯然，這些廣告讓大家覺得吸食毒品比實際情況來得普遍且公開，進而導致了更多吸食毒品的狀況。

如你所見，自我欺騙象限充滿各種複雜元素。我們能夠欺騙自己的方式——以及他人可以欺騙我們的方式——多到數不清，所以電影和文學才充滿這類故事：就是為了幫助我們辨別人生中的這些情境。

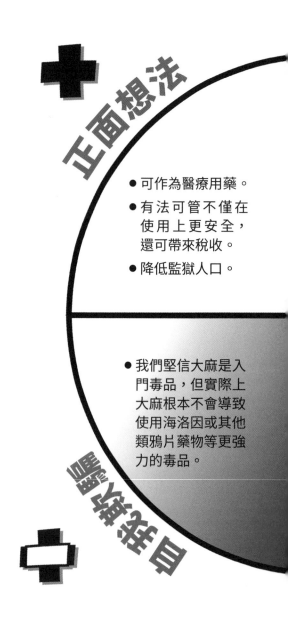

正面想法

- 可作為醫療用藥。
- 有法可管不僅在使用上更安全，還可帶來稅收。
- 降低監獄人口。

- 我們堅信大麻是入門毒品，但實際上大麻根本不會導致使用海洛因或其他類鴉片藥物等更強力的毒品。

驕傲注目

四個象限合在一起，完整說明了大麻合法化代表的意義是什麼，包括其中的自相矛盾、模稜兩可與豐富細節，值得讓人多家思考。

然而，宣傳的目的是要告訴民眾要**怎麼認定**。宣傳家不希望大家去細想世界充滿各種可能性，因為這會啟動批判性思維。

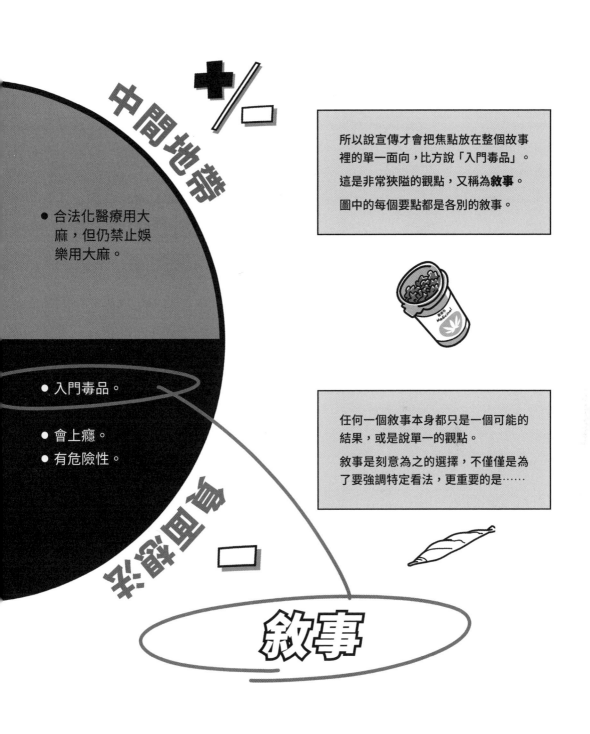

中間地帶

+/−

● 合法化醫療用大麻，但仍禁止娛樂用大麻。

所以說宣傳才會把焦點放在整個故事裡的單一面向，比方說「入門毒品」。

這是非常狹隘的觀點，又稱為**敘事**。

圖中的每個要點都是各別的敘事。

● 入門毒品。

● 會上癮。
● 有危險性。

任何一個敘事本身都只是一個可能的結果，或是說單一的觀點。

敘事是刻意為之的選擇，不僅僅是為了要強調特定看法，更重要的是……

合法化

敘事

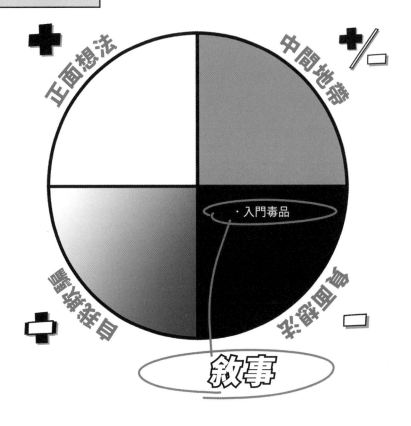

……蓄意省略不提的部分。

正面想法

中間地帶

負面想法

多管閒事

·入門毒品

敘事

如此一來即可創造出**敘事謬誤**，也就是將我們對複雜故事的了解限縮成單一敘事。以熱咖啡的案子為例，史黛拉‧里貝克的故事被簡化成有關無謂訴訟的單一敘事。

單一敘事將複雜議題簡化成錯誤的非黑即白信念，當所有盤根錯節的細節都被省略後，批評性思維便被二元思維取而代之，與其說是思考，不如說是**相信**而已。

這就是宣傳想要我們做的事：相信單一訊息或敘事，無視一切其他細節。**根本就是無謂訴訟！大麻是入門毒品！**我們對信念的忠誠度並非取決於任何證據；反之，我們信得如此之深是因為它提供簡單、一致、令人滿意的解釋，這靠的全是根深柢固的認知捷徑。

宣傳專家不只深知此傾向，更懂得如何作為己用。透過精挑細選出最為有利的單一敘事並不斷重複，就有機會變成主流觀點，或是形成在下一章會介紹的**偏誤**。

第三章

偏誤與大腦

「面對想辦法改變思維模式與證明根本沒必要改變這兩個選項時，
幾乎所有人都選擇拚命找證據。」

——羅伯特・泰弗士（Robert Trivers），《蠢人幹蠢事》（*THE FOLLY OF FOOLS*）

近 98% 的大腦活動都是在無意識間進行的。政治宣傳就是要利用我們沒意識到的認知程序，訴諸人類的「求快」衝動，也就是認知科學家所稱的**捷思**（heuristics）。

捷思是大腦的心智捷徑，可以簡化決策過程。不妨將捷思想成是大腦的超級高速公路，得以盡可能地加快思考速度。但想得愈快，相對也愈容易犯錯，所以捷思並不一定能帶我們抵達正確目的地。換句話說，捷思可以為了便利與熟悉度去犧牲正確性。

舉個例子好了，看到美國聯邦旗幟、生鏽的皮卡車和散彈槍，大腦思考後得出的「目的地」是南部鄉下紅脖子農夫。

看到紮染 T 恤、老舊的福斯廂型車、和平標誌，大腦就會判定「目的地」是嬉皮。

愈常聽從大腦指令選擇這些出口，導航路徑就會形成得愈快，用不了多久，就算我們沒有主動輸入目的地，大腦也會開始自動導航。下次看到和平標誌時，大腦會直接前往嬉皮城，即便拿著標誌的是南部鄉下紅脖子農夫。愈常選擇捷思高速公路，就愈容易被導向同個目的地，而且就算那條路是錯的，我們也不太會注意到明明就有其他出口。

就跟我們依賴非黑即白思維去認識世界一樣，捷思在生命的早期便已形成，通常是一些非常基本的關聯，像是糖果、玩具、卡通等好東西會把我們導向「開心城」的快速道路，而學校、作業、牙醫等壞東西就會導向「不太開心城」。

隨著年紀漸長，大腦會蓋出一堆縱橫交錯的快速道路。每次看到水牛城狂野雞翅（Buffalo Wild Wings）、紅酒和格紋襯衫，我們可能就會看到「白人」道路號誌；看到大力水手炸雞（Popeye's）、麥芽酒和帽T，就會看到通往「黑人」的交流道出口。就算這些目的地根本不正確、不適當、甚至是赤裸裸的冒犯，大腦還是無時無刻不在做出這些錯誤判斷！

在神經緊繃、過度疲勞、身心無法招架、壓力過大、接收到過多資訊，或單純想發懶的情況下，我們會更依賴捷思來迅速下決定。這些求快決策慢慢也演化成非黑即白的思維模式，確實能為生活省下不少時間和力氣，但也因為過度簡化，有時反而會幫倒忙。

我們在無意間會根據這些隱性偏誤去解讀這個世界與自身的行為決策。比方說，看到開很慢的車就認為駕駛一定是在講電話的青少年。

隱性偏誤常常來自於刻板印象，不論是正面（亞洲人數學很好）或負面（白人不會跳舞）的皆然。

隱性偏誤完美解釋了在卡崔娜颶風期間，為什麼記者總認為黑人倖存者是靠洗劫他人的可恥行為才得以保命，而白人倖存者一定是光明正大的找到食物、勇敢的存活了下來。

AFP

兩位居民在當地雜貨店找到麵包和汽水後，拚命穿越水深及胸的災區。

AP Associated Press

在紐奧良，一位年輕男性洗劫了雜貨店後企圖逃離深及胸口的洪水。

洪水和場景都一樣，唯一的變因是種族，這就是隱性偏誤在作怪——而這也是政治宣傳成功的關鍵。

我們都犯過隱性偏誤的錯，特別是在種族議題上。如果想要評估自己下意識的偏見有多嚴重，不妨試試下面幾頁的測驗題目。

如果是**黑人臉孔**和**負面詞彙**,請勾選**左方**空格,如果是**白人臉孔**和**正面詞彙**,請勾選**右方**空格。
請憑直覺盡快作答,並在下方記錄耗費的時間與答錯的題數。

黑人臉孔 或 負面詞彙		白人臉孔 或 正面詞彙
◯	**厭惡**	◯
◯		◯
◯	**噁心**	◯
◯		◯
◯	**惱怒**	◯
◯		◯
◯	**友善**	◯
◯		◯
◯	**開心**	◯
◯		◯
◯	**失敗**	◯
◯		◯
◯	**嚇人**	◯
◯		◯

黑人臉孔 或 負面詞彙		白人臉孔 或 正面詞彙
◯	**憎惡**	◯
◯		◯
◯	**仇恨**	◯
◯		◯
◯	**平靜**	◯
◯		◯
◯	**苦惱**	◯
◯		◯
◯	**微笑**	◯
◯		◯
◯	**醜陋**	◯
◯		◯
◯	**誠實**	◯
◯		◯

秒數:＿＿＿＿＿＿＿＿＿＿＿＿

錯誤數:＿＿＿＿＿＿＿＿＿＿＿＿

©Project Implicit. 改編自瑪札琳・貝納基博士(Dr. Mahzarin Banajo)與安東尼・格林華德博士(Dr. Tony Greenwald)著作《好人怎麼會幹壞事?》(*Blindspot*)一書中的隱性偏誤測驗,以及隱性專案(Project Implicit,網址 implicit.harvard.edu)的種族內隱關聯測驗(Race Implicit Association Test)。

如果是**白人臉孔**和**負面詞彙**，請勾選**左方**空格，如果是**黑人臉孔**和**正面詞彙**，請勾選**右方**空格
請憑直覺盡快作答，並在下方記錄耗費的時間與答錯的題數。

白人臉孔 或 負面詞彙		黑人臉孔 或 正面詞彙		白人臉孔 或 負面詞彙		黑人臉孔 或 正面詞彙
○	厭惡	○		○	憎惡	○
○		○		○		○
○	噁心	○		○	仇恨	○
○		○		○		○
○	惱怒	○		○	平靜	○
○		○		○		○
○	友善	○		○	苦惱	○
○		○		○		○
○	開心	○		○	微笑	○
○		○		○		○
○	失敗	○		○	醜陋	○
○		○		○		○
○	嚇人	○		○	誠實	○
○		○		○		○

秒數：＿＿＿＿＿＿＿＿＿＿

錯誤數：＿＿＿＿＿＿＿＿＿＿

©Project Implicit. 改編自瑪札琳‧貝納基博士（Dr. Mahzarin Banajo）與安東尼‧格林華德博士（Dr. Tony Greenwald）著作《好人怎麼會幹壞事？》（*Blindspot*）一書中的隱性偏誤測驗，以及隱性專案（Project Implicit，網址 implicit.harvard.edu）的種族內隱關聯測驗（Race Implicit Association Test）。

你在隱性偏誤測驗的表現如何？第一頁的完成速度是不是比第二頁快？近 75% 的人皆是如此！這就是受到隱性偏誤的影響，我們的「快思」腦就像被制約了一樣，總是把黑人臉孔與負面事物做連結，我們必須靠「慢想」才能修正這些衝動。

隱性偏誤就是為什麼兩位旗鼓相當的人應徵同份工作，但白人應徵者接到面試電話的機率硬是比黑人高——即使履歷根本一模一樣。

就連醫生在看病時也會犯下隱性偏誤的毛病。一份調查三百一十家醫療體系的研究發現，九成的醫生開給黑人患者的止痛藥劑量都比開給白人患者的低。*

隱性偏誤的影響範圍最早可能在學齡前就會出現。不管是學齡前、國小、國中或高中，任何年齡層的黑人學生遭到停學的機率都是白人學生的四倍。

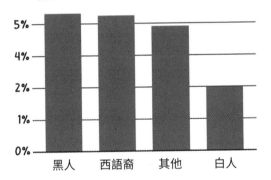

警方對有色人種動用武力的機率是兩倍

隱性偏誤在司法體系的影響力就更無遠弗屆了。相較於白人駕駛，黑人駕駛被警察攔查的機率高出 31%，被搜身的機率更是高出 200%（而且沒有任何理由就被攔檢的機率也是兩倍）。

黑人遭警察逮捕的機率是白人的三倍，被判刑期也多出 10%；如果是同樣罪名，黑人被告遭裁定最低強制判決的機率也比白人被告高出 21%。

十四到二十四歲的黑人與西語裔男性僅占紐約人口的 4.7%，但警察臨檢盤查的對象中有四成都是這些族群的人，而且其中高達九成都未發現任何犯罪事由。

與警察應對時，有色人種申訴種族歧視的機率較高

黑人遭警察擊殺的機率是白種美國人的三倍，但這些黑人在被殺害時沒有任何武裝的機率也高於任何其他種族或族裔。隱性偏誤是致命的。

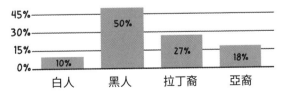

白人 10% 　黑人 50% 　拉丁裔 27% 　亞裔 18%

* 由白人醫師接生的黑人寶寶，死亡率是由黑人醫師接生的兩倍。

隱性偏誤是媒體操弄者最擅長搬弄的偏見類型，而我們通常都不會注意到，但實際案例多到不勝枚舉。

記憶

- 我們會在事發過後重寫記憶。
- 我們會為了泛泛空談而忽略特定細節。
- 我們會把事件簡化成關鍵要素。

記憶
心不在焉
舌尖效應
Google效應
依次失真效應
測試效應
處理層次效應
序位效應
後綴效應
近因效應
初始效應
記憶抑制
形式效應
忽視持續時間
序列回憶
錯誤資訊效應
列表長度效應
鈍化與銳化
峰終法則
負面偏誤
刻板印象偏誤
隱性刻板印象
隱性聯結
間隔效應
可暗示性
虛假記憶
來源混淆
記憶錯認
情感衰退偏誤
偏見
潛抑記憶
注意力
少即是好效應
奧卡姆剃刀理論
合取謬誤
信念偏誤
資訊偏誤
不明確性偏誤
德爾莫效應
瑣碎定律
自行車棚效應
韻律當理由效應
安於現狀偏誤
社會比較偏誤
誘餌效應
抗拒心理
反向心理
系統正當化
逆火效應
稟賦效應
處置效應
零風險偏誤
損失趨避
生成效應
承諾升級
不理性增值
沉沒成本謬誤
處理難度效應
可辨識受害者效應
訴諸新潮
雙曲折現
風險代償
努力辯證
防衛歸因
基本歸因錯誤
錯覺的優越感
控制的錯覺
自利偏誤
樂觀偏誤
自我中心偏誤
井蛙效應
烏比岡湖效應
錯誤共識效應
第三人效應
社會期許偏誤
過度自信效應
佩茲曼效應
性格歸屬偏誤
行為者－觀察者偏誤
佛瑞效應
巴納姆效應

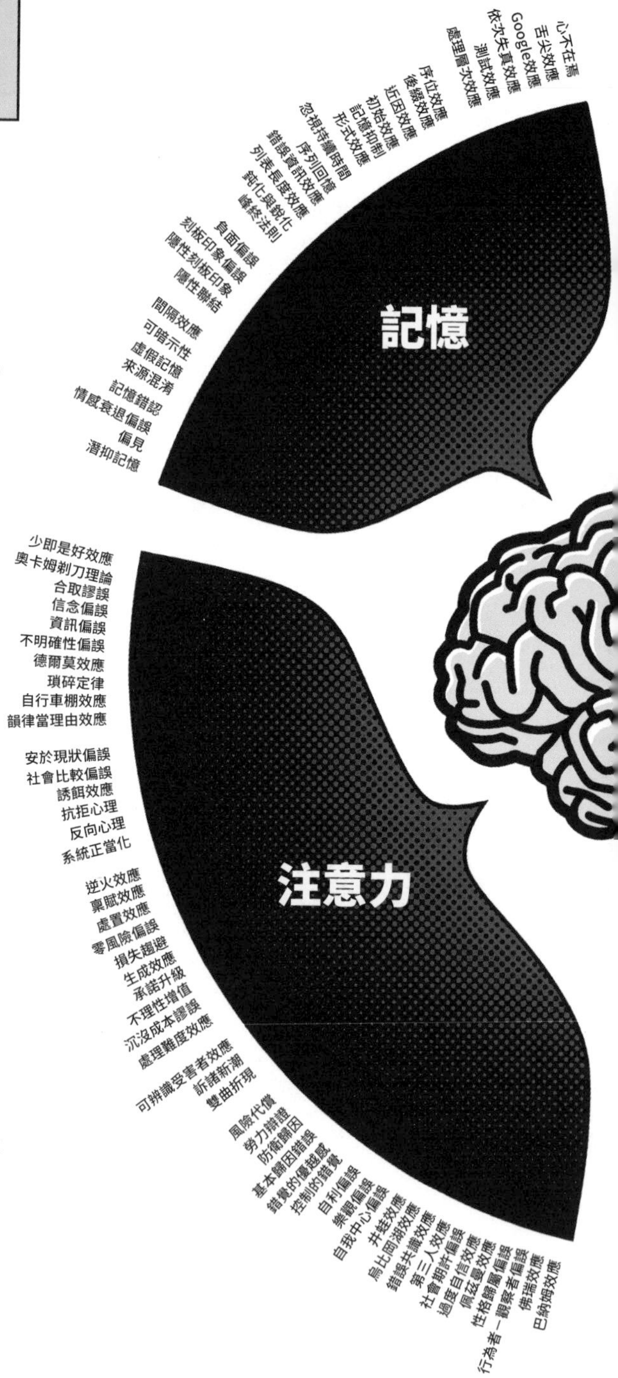

注意力

- 我們偏好簡單而非複雜。
- 我們會把心力放在自己已投入資源的事物上。
- 我們需要對自己的作為有自信。

資訊處理

- 我們會注意一開始就看到且不斷出現的資訊。
- 我們會注意到獨特或出現變化的資訊。
- 我們會想要印證現有的信念。

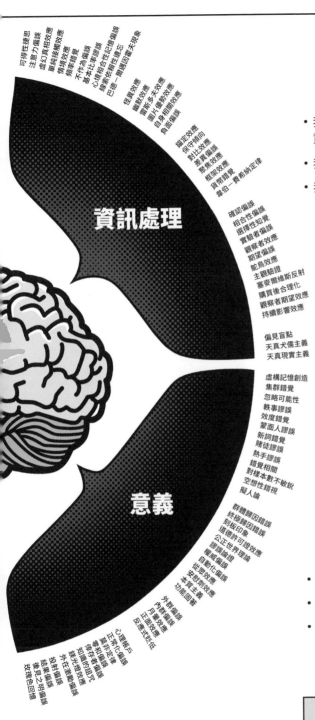

資訊處理

意義

（環繞圖示的偏誤名稱）

可得性捷思
注意力偏誤
虛幻真相效應
單純接觸效應
頻率錯覺
不作為偏誤
基本比率謬誤
心境相合性記憶偏誤
線索依賴性遺忘
巴德－邁納因霍夫現象
怪異效應
幽默效應
蔡斯多夫效應
圖片優於文字效應
自身相關效應
負面偏誤
錨定效應
保守傾向
對比效應
差異偏誤
焦點效應
框架錯覺
貨幣錯覺
韋伯－費希納定律
確認偏誤
相合性偏誤
選擇性知覺
實驗者偏誤
觀察者效應
期望偏誤
鴕鳥效應
主觀驗證
塞麥爾維斯反射
購買後合理化
觀察者期望效應
持續影響效應
偏見盲點
天真犬儒主義
天真現實主義
虛構記憶創造
集群錯覺
忽略可能性
軼事謬誤
效度錯覺
蒙面人謬誤
新詞錯覺
賭徒謬誤
熱手謬誤
錯覺相關
對樣本數不敏銳
空想性錯視
擬人論
群體歸因錯誤
終極歸因錯誤
刻板印象
道德許可證效應
公正世界理論
權威論證
自動化偏誤
從眾效應
安慰劑效應
本質主義
功能固著
外群體偏誤
正義偏誤
月暈效應
心理抗拒偏誤
特徵替代
剩餘規則偏誤
正常化偏誤
知覺的組片
時光漸近效應
外在激勵偏誤
投射偏誤
結果偏誤
後見之明偏誤
玫瑰色回憶

意義

- 我們會尋求固定模式與編造故事。
- 我們會仰賴刻板印象與過往經驗。
- 我們會將當下的心態投射至過去和未來。

先來討論最常被拿來利用的偏誤吧。

首先要看的是**促發效應**。
在開始說明前，先玩個填空遊戲吧。
你知道這是什麼字嗎？

BEA＿

（譯註）光看圖會想到梁、桁、吊桿，也就是英文的 BEAM。

如果給你一些提示呢：
PANDA, POLAR, GRIZZLY
（貓熊、北極熊、灰熊）

BEA＿

（譯註）英文的提示都是不同的熊類，所以這格會填 BEAR。

如果提示是：
FAVA, PINTO, KIDNEY
（蠶豆、花豆、四季豆）

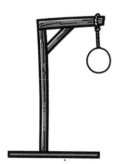

BEA＿

（譯註）英文的提示都是不同的豆類，所以這格會是英文的 BEAN。

那換個提示呢：
PEARL, CRYSTAL, SHELL
（珍珠、水晶、貝殼）

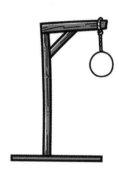

BEA＿

（譯註）英文的提示是不同材質的珠子，所以這格是 BEAD。

促發效應指的是讓目標對象接觸到特定事物、並在毫無所察的情況下影響其行為。促發效應是大腦為捷思快速道路打地基的方式。

> 促發效應無時無刻都在悄悄發揮作用……

在商店

如果商家希望顧客購買庫存太多的便宜法國紅酒，便可在店裡播放法國音樂和中提琴音樂：肯定馬上賣光光。如果庫存很多的是高價紅酒，便可選擇播放古典樂，效果一樣顯著。

在公司

如果雇主希望員工在使用完休息室後打掃乾淨，便可在水槽上方貼張海報，上頭畫著一雙盯得大大的眼睛。如果在會議室貼上激勵人心的海報，也可提醒員工加倍努力工作。

在家裡

如果青少年想要爸媽幫個忙，開口前不妨先端杯熱飲給媽媽，媽媽的回答通常會變得比較溫和。如果不小心端成冷飲，可能就會得到比較冷酷的答覆。

促發效應會讓我們注意到本來可能不會發現的事物，所以我們才會一讀到新型疾病，就開始以為自己可能生病了——這個現象又稱為**醫學生症候群**。

我偶爾會背痛，不時也會頭痛和噁心想吐。哦不！我一定是得了萊姆病！

牛津 教科書
神經外科

神經學家伊蓮・福克斯（Elaine Fox）在其著作《陰晴不定的大腦》（*Rainy Brain, Sunny Brain*）中如此解釋：「我們注意到和記得的資訊對形塑自身信念的影響力大到不可思議。如果一個人認定女性駕駛的開車技術比男性差，就會一直留意女人亂開車的狀況，全是為了證明自己的想法無誤。他不會去看開車技術超差的男人或駕車技術超好的女人。他不會留意任何不符合核心信念的事物。大腦的信念系統主宰了我們會留意到周遭世界的哪些資訊，但同時我們的信念絕大部分又是取決於一開始看見的是哪些事物。」

促發效應會將我們的注意力引導至任何不管值不值得注意的事物上頭。當我們聚焦於這些引人注目的人事物時，其他東西就無法進入眼簾，因為人腦一次只能專注於一件事上。

如果我們受到尼斯湖水怪故事的促發，之後每次看見那個湖，就會不自覺想尋找尼斯水怪，因此不管是鰻魚或漂流木，在你眼裡看起來都像是水怪。就算捷思高速公路兩旁有一堆海洋生物和垃圾殘骸，我們都會視而不見。

在小學就被貼上**聰明**的標籤，也是促發效應的案例。每次有人說你聰明，或是你拿到好成績，就會強化這個想法。

這種強化效果就是所謂的**確認偏誤**（confirmation bias）：這是無意識的認知偏誤，讓我們傾向於支持現有的信念和資訊，就算是錯的也沒關係。

THINGS YOU AGREE WITH
你認同的事

如果說促發效應是捷思高速公路的地基，確認偏誤負責完成剩下的工程。每確認一次，大腦就會把高速公路建構得更完整，直到這條只有單一交流道出口的公路大功告成為止。

確認偏誤就是為什麼每當我們學到一個新字，就會無時無刻不看見或聽到那個字——因為我們受到促發效應的影響。之後每次發生都是確認偏誤。

你知道嗎，自從我學到「無所不在」（ubiquitous）這個詞，才發現這個詞無所不在！

在確認偏誤的作用下，我們只會留心符合現有信念的訊息，就像是認定前方開超慢的車一定是年輕人在邊開車邊玩手機。這也是為什麼我們在看星座命盤時（促發效應），會尋找支持這些預言的例子（確認偏誤），而不是持相反意見的任何實例。

這就是促發效應和確認偏誤的力量：一旦接收到假消息的促發影響，只要愈常聽到相關資訊，就愈容易被制約而深信不疑。

這個現象又稱作**可得性捷思**：我們傾向於更加看重自己可以輕鬆想起的事物，就算是並不正確也沒關係。因此重複是宣傳學中不可或缺的關鍵技巧，重複的頻率愈高、想法愈容易「取得」，受眾也愈容易相信這個想法。

新聞報導的內容

真實世界中發生的事

確認偏誤的步驟如下：

1 受到某件事的促發。

做得好！你好聰明喔！

2 開始留意相關資訊，每次注意到相關資訊，就再次確認該信念。

這次也做得很好喔！

3 開始更加重視印證該信念的訊息。

我數學拿到A！

但科學是C誒。

八年級成績單

數學	A
科學	C
藝術	B

4 開始無視與貶低任何與之牴觸的資訊。

你要認真點讀書。

是老師太爛，他們看不慣我比他們聰明才想當掉我。

偏誤的力量過於強大，所以當不實信念遇到相衝突的資訊時，會使我們打從心底無法接受，而因此導致的精神困擾就是所謂的**認知失調**（cognitive dissonance）。

認知失調是種令人不悅的精神狀態，會出現在我們對世界的看法與現實產生矛盾之時。為求內在和諧，我們下意識決定要無視新出現的證據，以保護既有信念，就算錯得離譜也在所不惜。

> 爛學校，反正我也不想去那讀書。

XX 大學

很抱歉，特此來信通知……

> 我是說6！

如果大腦中的理性同時有兩種看法，而宣傳保證只有單一觀點，認知失調就會確保第二個想法永遠無法重見天日。

為了讓各位更了解認知失調的運作方式，請看著下表說出每個字的顏色，而不是本身的字義。

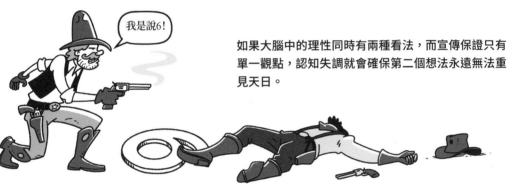

白 紅 藍 灰
黑 灰 棕 紅
黑 棕 藍 白

抵抗大腦的捷思並不容易，對吧？

認知失調正是許多人明知肺癌風險仍繼續抽菸的原因。這也是為什麼政治人物會原諒同黨人士的不當行為，或是不願承認支持者的不法行動，例如二〇二一年一月六日在美國國會大廈發生的暴亂。而這也是為什麼意圖警告大家的吹哨者通常沒人要信、甚至會身敗名裂。在眾人還沒準備好時就把真相說出來，是非常冒險的行為。

所以才有這個諺語：講出真相的人會被九個村莊趕出去。

人類擁有想要理解所處世界的強烈衝動，所以會想盡辦法找出其中秩序。但因為大腦的處理能力有限，無法吸收所有資訊，因此我們會憑感覺選擇要接受的訊息，然後排除任何不確定或不明確的資訊。

認知失調使我們在真相最終浮現時，反而因為太過痛苦而拒絕接受現實，尤其是當這些真相會威脅到自身的安全感或生計時。作家厄普頓・辛克萊（Upton Sinclair）曾寫道：「一個人的薪水如果取決於不去理解某件事，他就很難去理解那件事。」或是像凱文・艾希頓（Kevin Ashton）所說：「假象撫慰真相造成的傷害。」

所以我們才會轉而尋求**動機性推理**（motivated reasoning）：努力搜尋可以強化現有信念的資訊，此行為通常是為了滿足心理需求。這是自保本能中固有的防衛機制。當信念受到挑戰，會讓我們感覺幾乎像是本人受到攻擊，所以必須開始自保。而在數位時代，要找到「資訊」來緩解認知失調的不適感並非難事，即便是宣傳內容也沒關係。

持續放送的宣傳致使我們無法接受尖銳的真相，並相信撫慰人心的謊言，進而形成**蓄意忽視**（willful blindness）的現象：忽略新出現的資訊，並否認太難以直視的真相，比方說承認錯誤，或是辨識出自己犯下的錯。

「許多（甚至是大多數）最可怕的犯罪都不是在沒人看見的幽密黑暗中發生，而是赤裸裸的在眾人面前上演，只是大家選擇視而不見、不去質問。不論是天主教堂、美國證交會（SEC）、納粹德國、馬多夫基金、英國石油公司煉油廠爆炸事件的餘燼、派遣至伊拉克的軍隊，或是次級房貸放款人狗咬狗一嘴毛，以上這些個案帶來的關鍵挑戰並不是看不見的傷害，而是太多人選擇對這些傷害視若無睹。」

——瑪格麗特・赫弗南（Margaret Heffernan），
《蓄意忽視：為什麼我們忽視顯而易見的危險》（*Willful Blindness: Why We Ignore the Obvious at Our Peril*）

只要向「快思」衝動投降並無視新資訊，就不需要改變看法或修正信念；反之，慢下來思考並消化新資訊，則需耗上不少時間與精力。

人類本性保守，傾向於把問題放著不管，除非特殊情勢所逼，不得不接受改變或改變自身看法——這又稱為**慣性定律**（Law of inertia）

作家兼故事寫作顧問羅伯特・麥基（Robert McKee）解釋道：「我們從不做分外之事，也不會把力氣花在沒必要的地方，最重要的是我們絕不冒不必要的險。如果能輕鬆得到想要的東西，何必大費周章？」

正因如此，只要媒體訊息告訴我們無須改變或調整，我們便欣然接受，這是最輕鬆的做法。只要自己的生活還算輕鬆寫意，就假定他人跟我們一樣。在這種情況下仍然蓄意忽視就是我們熟知的**特權**，也就是可以為了自我寬慰的信念而不予理會現實情況的奢侈。換句話說：無視認知失調的存在。

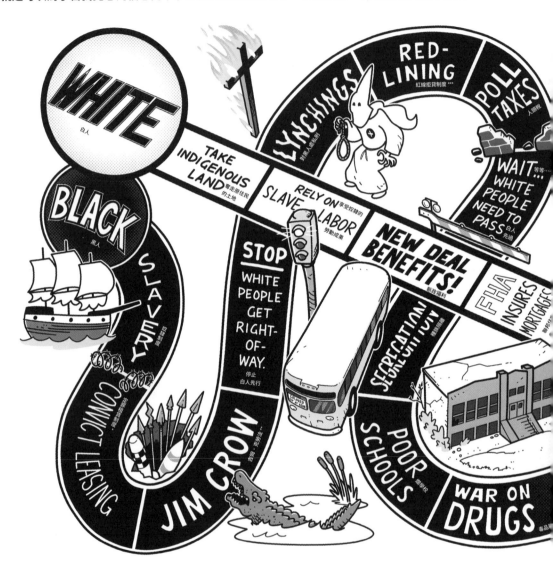

特權就是為什麼女性對性別歧視特別有感、少數族群主張種族歧視的存在，以及黑人提出「黑人的命也是命」訴求的原因。除非親身經歷過同樣的苦難，否則我們都能輕易相信這一切不是真的，安穩的窩在既有的世界觀當中。

所以在 COVID-19 大流行期間，才會有如此多美國人覺得戴口罩侵犯了他們的人身自由，還把這麼簡單的預防措施與納粹對猶太人的迫害畫上等號。當你習慣了特權，平等——即使是以普世皆然的安全準則形式——也會感覺像是壓迫。

為了評估我們擁有多少理所當然的特權，不妨來看看下列陳述有幾項適用在自己身上：

☐ 我從未因膚色、年紀、性別、信仰或性偏好而受到歧視。

☐ 我從不需要隱藏或謊稱自己的族裔、國籍、信仰或性取向。

☐ 從來沒有人用具有種族或性別歧視的綽號叫過我。

☐ 我從未因種族、信仰或性取向而遭到霸凌或受到威脅。

☐ 我是白人、異性戀，而且收入在貧窮線以上。

☐ 我上的是貴族私校或大學畢業。

☐ 我從問未被診斷過有學習障礙、生理缺陷或心智障礙。

☐ 我從未想過自殺。

☐ 我從未因體重或其他生理特徵而被羞辱。

☐ 我不擔心下個月要如何付房租或貸款。

☐ 我的雙親幫我支付所有或部分帳單。

打勾的陳述愈多，就愈可能在沒有察覺的情況下享有某種特權。

---

* （譯註）Convict Leasing，這是出自於美國第十三條修正案，即「奴隸制和非自願性的勞役均不得存在於美國境內或受美國管轄之地，但依法被定罪之人對其懲罰不在此限」，這使得莊園主得以利用此漏洞再次使用免費的黑人勞動力。

** （譯註）Jim Crow，1876 年至 1965 年間美國南部各州以及邊境各州對有色人種實行種族隔離制度的法律。

*** （譯註）Red-Lining，羅斯福政府於 1935 年在 239 個都市繪製了「居住安全地圖」，以紅、黃、藍、綠不同顏色分區，代表抵押借錢給不同分區居民的風險程度，而這些分區就是根據種族、弱勢人口比例以及信用評分來劃分的。
完整測試請見珮姬‧麥金塔（Peggy McIntosh）的論文〈白人特權：打開隱形背包〉（White Privilege: Unpacking the Invisible Knapsack）。

正是出自於對自身偏誤（及特權）的依戀，宣傳內容才能夠深深烙印在大眾腦中，因為我們很少憑理智下判斷，大都是依賴**情緒**。

科學記者克里斯·穆尼（Chris Mooney）寫道：「思考和推理的過程其實充滿了情緒。我們對外界刺激與資訊的反應既不是經過深思熟慮、更談不上冷靜客觀，反倒是情緒化的自然反射，而且早在我們有意識的思考前就啟動了（然後常常就放棄思考了）。」

如何思考不重要，**感覺**如何比較重要。

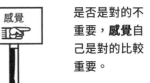

是否是對的不重要，**感覺**自己是對的比較重要。

成功的宣傳會從情感層面訴諸這些偏誤，因為情緒勝過邏輯。希特勒曾寫道：「宣傳這門藝術可以精準地透過情感訴求來喚醒大眾的想像力，還能找出最適合的心理學方式來奪取注意力。」

覺察自己的神經偏誤，並主動想辦法重新訓練大腦連結，這便是認知治療的基礎，意即心理學。

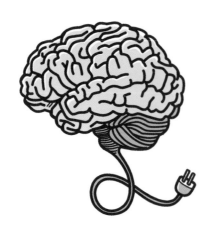

繼續對這些心智模式無感，就等於是在為宣傳鋪路，因為情緒覺察能力的高低和是否容易受到操縱，剛好呈現負相關。

塞麥爾維斯反射

「人類需要不斷努力才能看見眼皮子底下正在發生的事。」

——喬治·歐威爾

十九世紀的德國哲學家叔本華（Arthur Schopenhauer）發現，真相會經過三個明顯有別的階段：「首先，被當作笑話奚落；接著，受到猛烈反對；最後，不證自明並為眾人接受。」

否認、認知失調、直到最終接受的模式，在人類歷史中反覆上演，從接受地球是圓的、太陽是宇宙的中心，到承認香菸與癌症的關聯以及全球暖化，比比皆是。

抗拒新觀念是直覺反應，這不是什麼新鮮事了，甚至在科學界也是如此。一八四六年，有位名叫伊格納茲·塞麥爾維斯（Ignaz Semmelweis）的匈牙利醫生，在維也納總醫院發現一個奇怪現象。醫院共有兩間產房，其中一間的死亡率特別高，約有一至二成的婦女在此生產會面臨死亡的威脅，遠高於另一間產房，甚至比來不及去醫院、直接在街上生小孩的死亡率還高。待產婦如果知道自己要去那間詭異的產房生產，通常會要求醫師把她們轉至由助產士接生的其他門診。

塞麥爾維斯被該數據嚇到了，開始思考死亡率是否和診所的醫師有關。肯定不是經驗不足的關係；恰恰相反，正因經歷十分豐富，所以他們才看不見正在眼皮子底下發生的事。

不像助產士，產科醫師會在醫院的太平間進行屍體解剖，帶著住院實習醫師一步步解剖大體，然後緊接著就會去產房接生寶寶。看起來好像有恐怖的死亡盤旋在這些醫生的頭上，雖然實際上並沒有任何超自然現象，但確實有肉眼看不見的東西在作怪。塞麥爾維斯得出的結論是，罪魁禍首應該是來自屍體上的某種殘留物，在無意間感染到毫無戒心的產婦身上。他提出的解決方案很簡單：接生嬰兒前，醫生應

先洗手。塞麥爾維斯針對該理論進行了實驗，結果死亡率馬上降為 1%。

然而，塞麥爾維斯的洗手建議被嗤之以鼻、甚至還被同仁大大奚落了一番。醫療界覺得這個提案十分荒謬可笑，而且幾乎醫院的所有醫生都大力反對。畢竟他們都是上流階級的紳士，所以他們的手肯定是乾淨且值得尊敬的。當時完全沒有細菌理論的概念。

因此，洗手建議很快就被拋諸九霄雲外，結果診間的死亡率馬上攀升至 600%，顯然有異。

可憐的塞麥爾維斯下場也沒好到哪去，被解雇後陷入了嚴重憂鬱，最後死於精神病院。

現在看起來是常識的概念，實際上卻與數千年持相反意見的醫學信念打了一場硬仗。一直到一八六一年，法國科學家路易斯・巴斯德（Louis Pasteur）發表了細菌理論，證明細菌會使人生病，洗手才終於獲得應有的公道。在醫療界，洗手的觀念終於廣為接受，因為它是不證自明的真相。

一世紀後，同樣的模式又再度於產科領域上演。住院實習醫師愛莉絲・史都華（Alice Stewart）想不透，為什麼英格蘭有這麼多二到四歲的小孩得到白血病。史都華發現，孕婦因照 X 光而暴露到的輻射量會導致孩童罹患白血病。暴露在診斷用 X 光的胚胎罹癌的機率是兩倍，導致每週約有一個胚胎死亡。史都華於一九五六年發表這項發現時，受到了惡意批評者的嘲笑；她在一九五八年證實了她的發現時，又再次遭到反對。醫生無法接受自己是罪人，而 X 光則是兒童癌症的肇因。這個認知失調持續到一九八〇年，醫療機構——經過了二十五年——終於捨棄讓孕婦照 X 光的有害做法，並接受史都華的研究成果才是真相。

拒絕接受任何質疑舊典範的新資訊，此傾向至今仍深植我們的骨髓。確認偏誤讓我們堅守長久以來的信念，屈服於塞麥爾維斯反射，否定一切與之相反的資訊，即使置己身於險境亦不顧。

第四章

操弄情緒

「對多數人我只談情緒，對少數人我才講道理。」

——阿道夫・希特勒

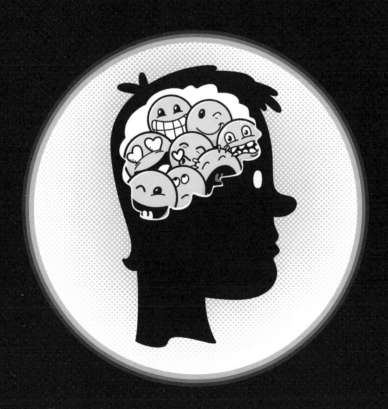

不管我們有沒有發覺，情緒是所有想法和行動的潛在動機。而情緒的拉丁文是exmovere，意思是「行動起來」。

情緒是我們開上捷思高速公路的動力來源。

文學學者強納森‧歌德夏（Jonathan Gottschall）寫道：「強烈的情緒感受會使人想要採取行動。情緒是人類決策的關鍵環節。」

愉快
驅使我們
想要慶祝

厭惡
驅使我們
想要撤退

恐懼
驅使我們
想要逃跑

悲傷
驅使我們
想要哭泣

內疚
驅使我們
想要道歉

好奇
驅使我們
想要探究

> 如果缺乏刺激行動的情緒，宣傳就無法發揮效果。廣告商經常利用此特性，透過讓觀眾對自己感到**不滿**來達成目的；如果賣的是政治蛇油*，廣告商就會想辦法讓觀眾對某人感到**憤怒**。
>
> *（編註）蛇油意指成效誇大的商品。

身為人類，我們喜歡自認理性、有能力做出合理決策，但其實我們的情緒遠勝過理智。事實上，情緒啟動人腦的速度比邏輯推理快上三千倍。

研究顯示，在情緒被觸發的情況下，消費者願意付兩倍的錢，不管賣的是給消費者產品還是商品化的信念都可以。所以成功的宣傳戰靠的是感性訴求，因為此做法向來遠比訴諸邏輯來得有效。

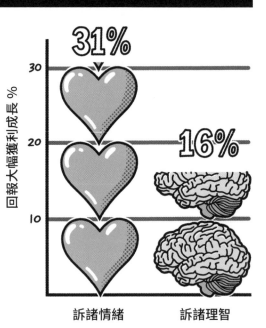

心理學家羅伯特 · 普魯契克（Robert Plutchik）認為情緒是演化先天內建在大腦的機制，類似於戰或逃反應。他指出人類的八大情緒：

- ·愉悅
- ·信任
- ·恐懼
- ·驚訝

- ·悲傷
- ·厭惡
- ·憤怒
- ·期待

每種情緒都有不同的強度，像是比悲傷更強烈的是悲痛、惱怒是較輕微的憤怒。

情緒可以同時出現，結合成更複雜的情緒，像是愉悅＋期待＝樂觀，或是憤怒＋厭惡＝蔑視。

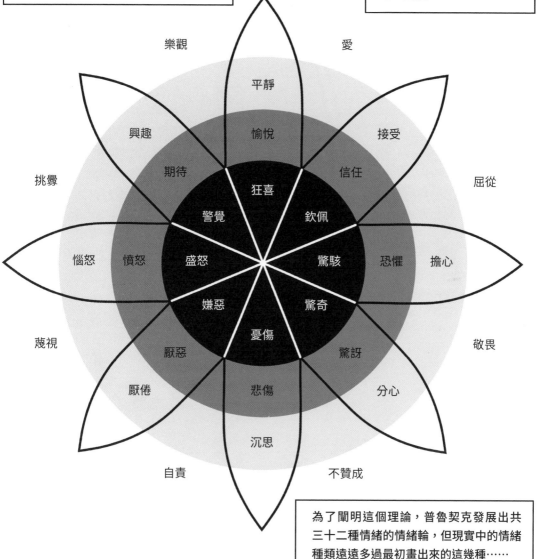

樂觀　　　　　　　愛

平靜

興趣　　愉悅　　　接受

期待　　　　信任　　屈從

挑釁

　　　狂喜

警覺　　　　欽佩

惱怒　憤怒　盛怒　驚駭　恐懼　擔心

　　嫌惡　　驚奇

蔑視　　　　憂傷　　　　敬畏

厭惡　　　驚訝

厭倦　　　　　分心

悲傷

沉思

自責　　　　不贊成

為了闡明這個理論，普魯契克發展出共三十二種情緒的情緒輪，但現實中的情緒種類遠遠多過最初畫出來的這幾種……

更加全面的情緒輪長這樣：

悔恨
愚蠢
次等
孤立
麻木
呆滯
放鬆
沉思
反應迅速
平靜
感到安全
感激
有自信
有鑑別力的
寶貴的
有價值的
成功
耗詫驚嚇

內疚
羞愧
憂鬱
孤獨
無聊
疲累
滿足
體貼
親密
深情
信任
富足
忠誠
重要
受欣賞
受尊敬
驕傲
明智

悲傷
平靜
大強

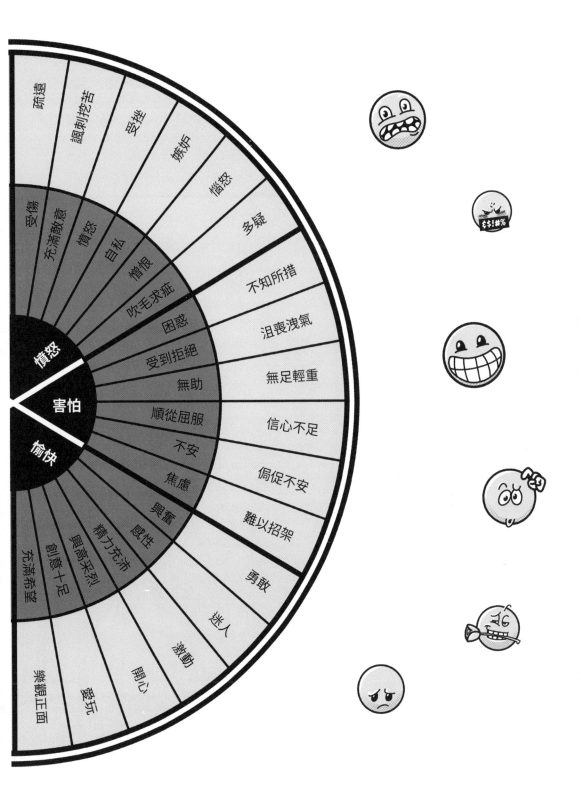

愛德華·伯內斯之所以能如此有效的向我們推銷不需要的東西，部分原因就是訴諸非理智的情緒。在伯內斯橫空出世前，也有過好幾位知名行銷專家，但他是第一位將消費者產品與潛意識欲望連結在一起的天才，就如同他舅舅佛洛伊德在其著作中闡述的理論一般。

透過訴諸情感，伯內斯成功避開了批判性思考。在此過程中，他將美國原本需求導向的消費習慣（肥皂、牙刷、衛生紙），轉換成欲望導向的大眾消費（LV、EarPods、豆豆娃）。購買力不僅展現出我們是誰，更代表了**我們想成為誰**。消費主義變成純粹是為了尋求情感上的滿足，而美國人則從公民變成了消費者。

媒體版面充斥著情感訴求。我們要先感到**不安**才會去買除皺保養品、感到**恐慌**才會去搜括架上所有的捲筒衛生紙，還要感到**恐懼**才會促使我們去買汽車防盜器、手槍和延長保固。當然，也要感到**同情**才會去認養寵物。

這些都是**激發性情緒**，會喚起生理反應，像是心跳加快、血壓升高，進而促使我們採取行動；而憂鬱或羞愧等**抑制性情緒**就不一樣了，反而削弱生理反應並使我們不願動作。

情緒經常是無法察知的，並在我們無所覺的狀況下持續運作。我們通常太過專注於處理日常生活的行動，也就是文學所稱的文本，因而常常沒有注意到促使我們採取行動的情緒，也就是**次文本**或**潛台詞**。

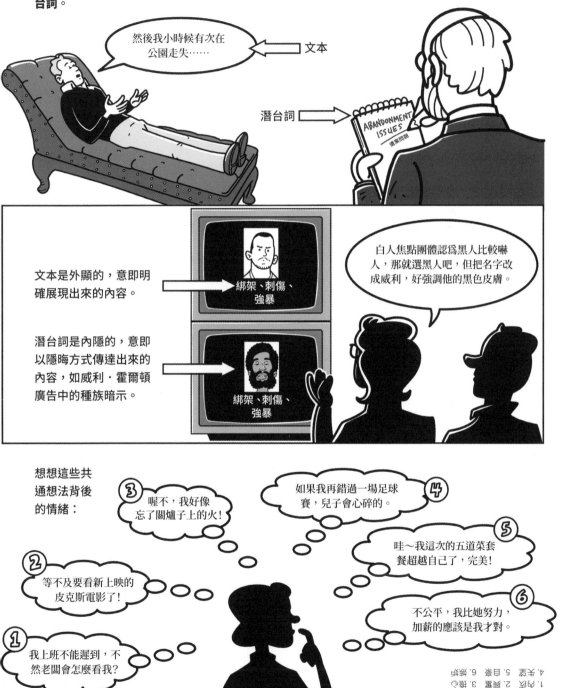

想想這些共通想法背後的情緒：

回想先前的案例，被卡在烏龜車後面時，就假設是青少年在講手機。是什麼情緒在推動這個敘事？憤怒？厭煩？不信任？

如果我們認為駕駛只是特別注意行人呢？尊敬？同理心？信任？

如果我們認為是無照駕駛呢？懷疑？憤世嫉俗？輕蔑？

情緒次文本非常重要，所以手機開發人員才發明了表情符號，好提高透過行動裝置溝通的效率。注意看不同的表情符號可以如何改變訊息的意思。

情緒是各種藝術的關鍵元素，大多數的創作者（從演員到廣告商）都比一般消費者或政治家來得能夠覺察情緒感受。思考一下，誰比較能夠自我覺察：莎拉・裴琳（Sarah Palin），還是飾演莎拉・裴琳的蒂娜・菲（Tina Fey）？川普，還是飾演川普的亞歷・鮑德溫（Alec Baldwin）？

「婚姻是將兩位不情願的青少年綁在一起的神聖制度。」

「我說過我會用經營企業的方式來治理這個國家。而我說的企業是指半夜二點營業的鬆餅屋。」

辨識演員的情緒比辨識自身情緒來得簡單，尤其是在看類型電影的時候，例如恐怖片或喜劇片，因為情緒是這類電影的內建元素。

以愛情片為例，誰都能輕鬆判斷推動故事發展的情緒：愛情。不管是《鐵達尼號》或《生命中的美好缺憾》，故事主軸永遠都是在尋找愛情——正面價值觀。

相反的負面情緒則是仇恨。這也是為什麼很多愛情故事的主軸，都是兩名主角從第一次見面就討厭對方。恨與愛同樣是威力強大的推進器，只是前進的方向相反而已，例如《當哈利碰上莎莉》和《亂世佳人》。

浪漫故事的中間地帶就是不感興趣，通常是浪漫關係還沒萌芽的橋段，主角兩人尚未見面或約會，彼此既不相愛、也不相恨。就像在電影《新娘不是我》中，茱莉亞・羅勃茲（Julia Roberts）還沒發現德莫・穆隆尼（Dermot Mulroney）扮演的摯友其實是她的靈魂伴侶。

自我欺騙象限就比較複雜棘手了，面對愛與恨時我們會如何欺騙自己？答案是否認——說服自己恨某人，事實上是愛著對方，像是《對面惡女看過來》或《電子情書》的劇情。

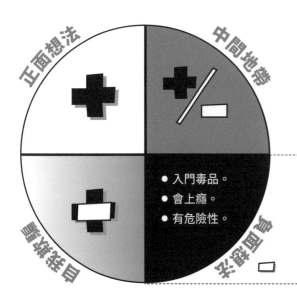

現在讓我們回到大麻合法化的四個象限，這些非黑即白的敘事是**文本**，而背後隱含的情緒則是**次文本**。

回想一下在反對大麻合法化的負面論述中，是哪些負面情緒在驅使我們反對大麻合法化？

恐懼。害怕大麻有害、害怕大麻會上癮、害怕大麻是入門毒品。這些恐懼導致我們提出反對意見，就跟祖先的戰或逃反應一樣。

回想一下支持大麻合法化的正面論述，是哪些正面情緒在支持這些正面論點呢？

安全感。安全是恐懼的反面，對大麻製品感到放心而不是害怕，讓我們願意支持大麻除罪化的相關行動。知曉大麻具有醫療用途讓我們覺得安心，也相信因持有大麻入獄的非暴力罪犯回歸社會是安全的。我們不害怕大麻合法化，因為知悉容易取得大麻可以斷絕使用強力毒品的念頭，並讓吸食大麻更加安全。

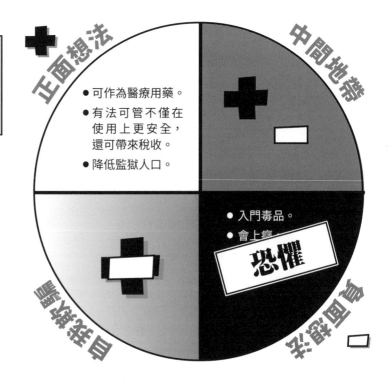

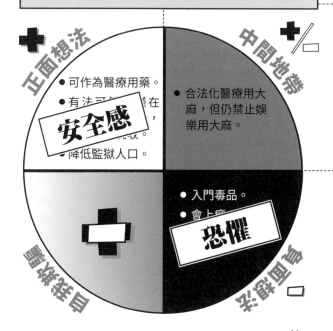

不安感。不安感是極度恐懼和極度放心的中間點，我們或許不是完全放心將所有大麻使用方式合法化，但癌症患者透過大麻來緩解噁心感，或是有多發性硬化症的患者吸食大麻來放鬆肌肉，還是家長利用大麻來幫助小孩控制癲癇發作，都不會使我們感到擔心。

回想一下最後一個象限，什麼情緒和自我欺騙有關？

虛假安全感。錯誤的安全感會害我們弄錯了真正該擔心的事。我們害怕有人會對大麻上癮，進而去吸食強力毒品，但其實該擔心的是其他容易取得且危險性更高的毒品，不僅不受管制、不需繳稅而且致命。可悲的是，我們缺乏看清此事的自覺。

這四種情緒某種程度上都是擁有或缺乏安全感的一種，全是同個硬幣的不同面向。

恐怖故事經常交錯運用這四種情緒。《驚聲尖叫》和《美國恐怖故事》如果純粹只有恐懼就不會這麼有趣了。你需要明確知道劇中英雄何時是安全的，也需要觀眾坐立不安，才能累積緊張感，最後要靠**虛假的安全感**才能使觀眾在劇情出現轉折時感到驚奇。唯有善用恐懼的四個面向，電影製作人才能拍出令人滿意的恐怖故事。

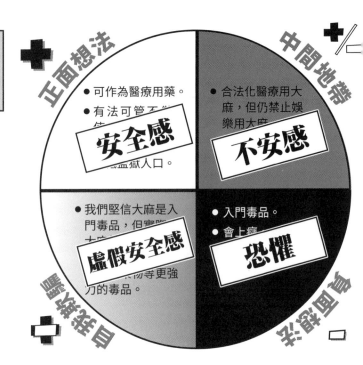

正面想法　中間地帶
- 可作為醫療用藥。
- 有法可管不必……
- ……監獄人口。

安全感

- 合法化醫療用大麻，但仍禁止娛樂用大麻

不安感

- 我們堅信大麻是入門毒品，但實際上大麻……

虛假安全感

- 入門毒品。
- 會上癮

恐懼

負面想法　恐懼風雪

移民

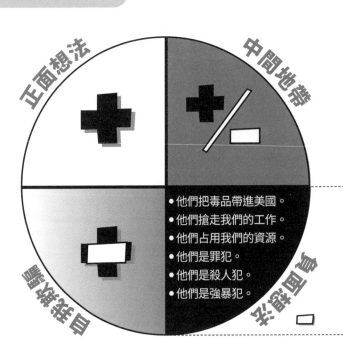

正面想法　中間地帶

- 他們把毒品帶進美國。
- 他們搶走我們的工作。
- 他們占用我們的資源。
- 他們是罪犯。
- 他們是殺人犯。
- 他們是強暴犯。

負面想法　恐懼風雪

大麻的主題聊夠了，換個類似主題吧，而且適用同樣的情緒次文本。對大麻合法化的恐懼就如同大多數與**移民**有關的政治討論。讓我們來仔細看看兩者的相似之處。

說到移民會有哪些負面想法？或是說，目前主張不該讓移民進入美國的論述是什麼？

注意到這些負面想法跟大麻合法化的負面論點驚人的相似之處嗎？這些敘事背後的情緒都一樣：**恐懼**。

正面想法

主張應允許移民來美國的正面想法有哪些呢？

- 他們可能是要逃離戰爭或飢荒。
- 他們可能是為了保護家人不受危險販毒集團的威脅。
- 他們可能迫切需要賺錢機會。
- 他們可以把美國人不願意做的工作撿去做。*
- 他們為勞動市場提供寶貴技術，特別是在科學、科技和創新等領域。

這些敘事背後的情緒是強大的**安全感**，所以才能敞開雙手歡迎移民的幫助，而且不會感到害怕、受到威脅或有所懷疑。

---

* 有別於大眾的一般認知，移民其實不會搶走對美國人來說太好的工作；移民做的都是次級勞動市場的工作（農務、家務、零工），薪資無法可管且低於最低工資，更別提任何升遷機會了。這些工作不足以支付美國家庭的正常生活，因為最低工資的工作在美國93% 的地區都買不起一間普通的一房一廳公寓。對在墨西哥和美國之間往返的墨西哥人來說，美元帶回家鄉的價值更高，因為當地的生活費較低，而且一天的花費只要二美元。而對那些有房的美國人來說，家中需要油漆、除草或打掃衛浴，雇用無證明文件的工人可以降低花費或支付低於業界的費用（據估計，非法移民占作物採集人力的 70%，而在美國的部分城市，有 70% 的管家都是非法移民）。

移民辯論的中間地帶是什麼？

中間地帶

- 只應允許特定移民移入，並應拒絕其他移民。

只允許來自英語系國家、不會讓美國人感到害怕的白種移民入境美國，同時拒絕會讓美國人較不放心的移民，包括墨西哥人、穆斯林與亞洲人。此論述背後的情緒就是不安感，儘管導致不安的原因會因種族而異。

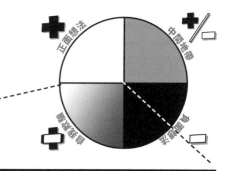

然而,此議題的核心藏在最後一個象限。虛假安全感表示我們根本搞錯了該擔心的對象。馬上來看看移民辯論中的欺騙如何呈現。

- 認為移民會把毒品帶進美國,所以拒絕移民進入美國;然而事實上,多數的毒品都是從官方港口和邊界巡邏檢查站流入,而不是開放陸地地區。

- 覺得移民都是罪犯,因此不讓移民進入美國;然而,跟美國土生土長的公民相比,合法和非法移民反而比較不會因犯罪入獄。事實上,研究證實當美國人口中的移民人數增加,暴力犯罪比例反而有所下降(非法移民在一九九〇年到二〇一三年間翻了三倍,總人數超過一千一百萬人,接著犯罪率便開始下降)。

- 認為移民是恐怖分子;然而,美國最大的恐怖主義威脅其實是來自激進派的白人男性。事實上,一項針對一百四十五個國家的移民流研究證實,移民和恐怖主義的減少有所關聯。與此同時,美國國土安全部在二〇〇九年發表的報告表示:「擁抱暴力右翼意識型態的孤狼式犯罪分子和小型恐怖主義組織,才是美國國內最危險的恐怖主義威脅。」而接下來的十年間亦證實了此事。

- 怪罪移民搶走工作;事實上,是政客拒絕實施反壟斷法,並允許企業無限制的收併購和外包工作,因此不斷奪走美國經濟中的全職工作數量。在過去十年間,併購案的數量翻了三倍,也就是說自二〇〇〇年起,有超過半數的上市公司消失無蹤(與此同時,光是二〇一七年《財星》雜誌的五百強公司,其中就有 43% 是由移民或其後代創辦或共同創辦的)。

- 怪罪移民用光我們的資源,儘管他們實際上為大眾利益貢獻良多;60% 的頂尖美國科技公司都是由移民所創辦,而美國自二〇〇〇年起的七十八位諾貝爾獎得主中,有三十一位是移民 *(美國移民的兩大現代發明是正子斷層造影和鋰電池,而亞歷山大‧格雷翰‧貝爾〔Alexander Graham Bell〕等移民則是發明了電話、麥克風和金屬探測器。其他移民包括了亞伯特‧愛因斯坦、約瑟夫‧普立茲〔Joseph Pulitzer〕以及尼古拉‧特斯拉〔Nikola Tesla〕)。

這些例子都和虛假安全感脫不了關係,我們看走眼了真正應該害怕的事。

---

* 美國二〇一六年的六個諾貝爾獎得主全是移民,而且自一九〇一年起,二百八十九位科學類獎項得主中,有九十五位也都是移民──將近三分之一。

宣傳的目的是要讓民眾移動至自我欺騙象限，此處靠的是高度情緒化的虛假安全感，背後的驅力則是對錯誤事物的恐懼，進而導致思維只侷限在負面敘事。

如果政治人物真心有意解決移民爭執，就不會為了政治利益而妖魔化移民。反之，他們應採取下列做法：

· 處罰雇用移民的企業，而不是只處罰移民。

· 要求企業支付足以維持生計的工資，讓所有美國人可以安心工作。

· 合法化毒品，讓政府得以監管和控制其流通，藉此打擊毒品走私集團。

· 想辦法對抗氣候變遷，才不會讓更多全球公民被迫搬遷。

· 不要再為了利用他國自然資源，支持動盪國家的獨裁者，而是應協助他國變得更加民主、平等、永續發展。

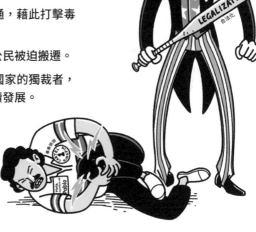

政客無所作為是因為他們並不打算解決移民問題，而是想激起選民的負面**情緒**，為的是動員選民投票。當選民都是白人，沒什麼比妖魔化深色皮膚的人更有力的辦法了——此政治策略在美國用了幾百年依然效果顯著。

亨利·路易斯·孟肯（H. L. Mencken）在一九一八年寫道，這類政治手段是為了「利用各式各樣假想出來的妖怪，讓民眾保持警覺（並因此吵著要政府確保人民安全）」。

現實情況是，非法過境人數已連續好幾年創新低，但大家如果只聽政客在那吵邊境築牆的議題，就不會知道真相。根據皮尤研究中心（PEW Research Center）的調查，在二〇〇九年至二〇一四年間，共有超過十四萬名移民離開美國。蓋起一道長達二千英里的高牆實際上反而會**增加**非法移民的數量，並使更多非法移民**滯留**美國，其中大多是合法搭機來美並待到簽證過期。

移民會為了採收工作而往返美國，所以邊境牆反而可能會阻止他們在工作結束後返家。普林斯頓大學社會學與公共事務學系的道格拉斯·S·梅西（Douglas S. Massey）教授曾做出以下解釋：在雷根、布希和柯林頓的白宮政府**加強**邊境執法後，居然造成了**反效果**，無證非法移民大幅飆升了近 250%。因為往返的難度愈來愈高，所以移民乾脆放棄返鄉，直接在美國待了下來（過去十年間，共有三百九十萬名臨時工往返於美國和墨西哥之間）。

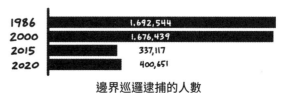

1986	1,692,544
2000	1,676,439
2015	337,117
2020	400,651

邊界巡邏逮捕的人數

25%
的新企業
成長都是移民
的功勞

移民成立
新企業的機率
高出 200%

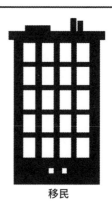

土生土長的
美國人

移民

簡而言之，移民不會搶走我們的工作，也不是社會的負擔，更不會用掉社會資源。**這些迷思全是為了利用種族不安感並激起種族敵意。**

合法移民加入勞動力後，就跟其餘的美國人一樣會繳稅。如果是非法移民，沒有社會安全號碼就無法享受諸多社會福利，但仍然要繳稅。扣掉非法移民使用掉的社會安全福利，他們每年為社會安全付出的稅金預估多出了七十億美元，在美國醫療保險上他們更是多付出了十五億美元。

在一八四〇年代，反移民情懷主要是針對德國和愛爾蘭移民與羅馬天主教徒，進而催生出美國第一個反移民政黨：「無知黨」（Know-Nothings）。

在一八八〇年代，反移民怒潮轉向華人，於是國會通過了一八八二年《排華法案》（Exclusion Act of 1882），限制華人移民入境。

在一九二〇年代，同樣的反移民風向轉而攻擊義大利人，所以國會通過了一九二四年《移民法》（Immigration Act of 1924），針對非盎格魯撒克遜人設定了移民人數限制。*

到了一九三〇年代，美國人又用同一招，這次標靶是猶太人，甚至拒絕了一整艘尋求庇護的難民，他們不得已只好返回歐洲。後來有許多人死在大屠殺之中。

而在一九四〇年代，同樣的反移民怒火將矛頭指向了日本人。小羅斯福總統當時甚至將日裔美國人關進了拘留營。

老調不斷重彈……現在則是針對墨西哥人和穆斯林。就算又過了十年，此論點還是毫無新意，唯一改變的是被妖魔化的少數族群。

* 英格蘭被允許的移民人數是 34,007 名，德國是 51,227 名，而中國和非洲被允許的移民數量僅 100 名。

注意潛藏在這些信念下的
情緒，跟大麻合法化背後
的連帶情緒有多相似。因
為情緒才是我們決定要相
信哪種說法的主因，不管
是毒品合法化或移民合法
化皆是如此，**表面底下的
情緒完全相同。**

所有宣傳戰的背後都有個加深偏誤的關鍵情緒，而且幾乎永遠都是負面情緒，因為人類不僅
僅是被情緒控制：我們是受到**負面情緒**的主宰。

此處的**負面偏誤**意即對負面刺激的反
應會比正面刺激更為強烈。如果情緒
會讓大腦開上捷思高速公路，負面情
緒大概就是高辛烷值汽油，直接帶我
們狂飆至目的地。

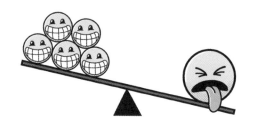

負面偏誤是戰或逃反應的其中一個環節──大腦用來快速搜尋可能危險的機制。大腦不只隨時
準備好注意負面事物，在記憶方面也比正面事物來得準確。所以說政治抹黑廣告的效果總是遠
比其他類型的宣傳來得有效，這也是為什麼大家只記得民權運動中幾位趁火打劫的現行犯，卻
不記得數千名的和平示威人士。*

宣傳戰透過激起憤怒、恐懼和怨恨等負面情緒，確保民眾不再思考、**只剩感受**。

跟所有其他情緒相比，我們對世界的認知更加受到恐懼支配，跟我們的祖先一模一樣，作用機
制也與戰或逃反應雷同。這就是為什麼恐懼在宣傳中如此普遍的原因。恐懼將**情緒**轉換成**行
動**，如同尼克森對其助手說過的話：「民眾是出於恐懼而採取行動，並非出於愛。」

---

* 根據多項研究顯示，只有 7% 的「黑人的命也是命」抗議中出現搶劫或暴力事件，但黨媒故意將所有相關活動扭曲成暴動，好削
弱其正當性。

尼克森知道如何催化民眾心中的恐懼，甚至藉此入主白宮不只一次、而是兩次。他最初是在一九四六年當選國會議員，靠的是在民眾對共產黨的恐懼上火上澆油，還因此被媒體取了「狡猾狄克」（Tricky Dick）*的綽號，因為他聲稱當時的女性競選對手……

「從裡到外都是粉紅色的。」

而我白得跟我的膚色一樣！

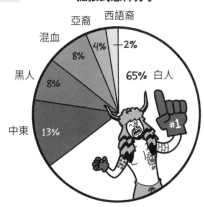

*（編註）尼克森名字是理察（Richard），而 Richard 的暱稱是 Dick。

行銷人員利用恐懼銷售家用警報系統，即便闖空門事件發生的機率低到不行，僅占所有搶劫案的 0.000015%。這些人也憑藉著恐懼販賣手槍，儘管槍枝造成的傷害遠大於優點，例如槍枝致死人數中有 60% 是自殺。

「在這個國家我們是靠非理性的恐懼在賣槍……相信我，如果沒有黑人總統或新的陰謀論，銷售量一定直線下滑。」*

前槍械公司執行長
萊恩・布瑟（Ryan Busse），2016年

* 在歐巴馬任期屆滿時，槍枝銷售量已達一億一千一百萬枝，比小布希執政時期增加了 75%。

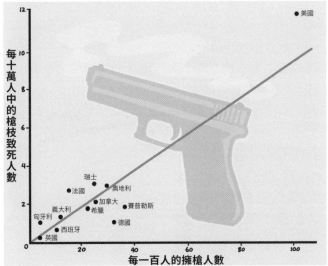

九一一過後，對飛行的**恐懼**促使更多人選擇開車，結果導致因汽車意外致死的人數增加了二千一百七十人。也因為九一一的關係，美國人變得更加害怕穆斯林和伊斯蘭教徒，即便土生土長的白人右翼極端分子帶來的威脅更大：自九一一發生後，美國人被本土右翼恐怖分子攻擊的次數是被伊斯蘭恐怖分子攻擊的兩倍。

孤狼式恐怖分子

亞裔 4%
西語裔 2%
混血 8%
黑人 8%
白人 65%
中東 13%

擔心疫苗可能導致自閉症的**恐懼**嚇得許多父母鋌而走險、不讓孩子注射疫苗，結果致使多種傳染性疾病捲土重來，包括麻疹、腮腺炎、百日咳。

在二〇一一年，麻疹大爆發為美國帶來二百到五百萬美元的財務負擔。全球的反疫苗運動日益高漲，光在二〇一六到二〇一八年間，麻疹導致的死亡人數就上升了58%；而在二〇〇七至二〇一五年間，共有超過九千起可避免的死亡事件，更有超過十五萬起可避免的病例。

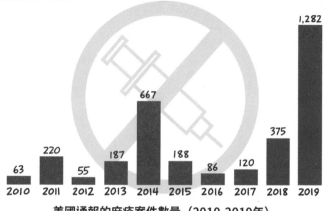

美國通報的麻疹案件數量（2010-2019年）

因為自閉症是神經系統疾病（受影響的是大腦和神經系統），所以近期的研究顯示，自閉症可能與在胚胎或嬰幼兒時期接觸污染物質或有毒化學物質有關。有些科學家則認為，自閉症應該歸類為自體免疫疾病，因為他們相信慢性發炎會對血腦屏障造成傷害。不論哪個說法是真的，都跟疫苗沒有關係。

一九五〇年代，對核武的**恐懼**導致許多人在家裝設了放射性落塵避難所。

一九七〇年代，基督教基本教義派大力打壓同志權利運動，因為**害怕**自家小孩會「變成同志」，甚至將相關運動稱之為「同性戀議程」（homosexual agenda）。

一九八〇年代，「無毒美國合作夥伴」（Partnership for A Drug-Free America）訴諸大家對大腦損害擔憂，推出「這是吸毒後的大腦」（This Is Your Brain on Drugs）公共服務公益廣告。

「這是大腦，而這是吸毒後的大腦。有問題想問嗎？」

有，可以配培根嗎？

因為**恐懼**是非常強烈的情緒，所以都市傳說才能廣為流傳，像是害怕小朋友會拿到陌生人給的有毒萬聖節糖果。儘管如此，這些故事不過是迷思而已，唯一記錄在案的有毒糖果事件，是一位家長為了詐領保險金而毒害親生孩子。*

綁架、刺傷、強暴

專為攻擊麥可・杜卡基斯製作的威利・霍爾頓廣告，之所以如此有效，靠的也是**恐懼**：害怕犯罪、害怕潛逃在外的罪犯、害怕黑人強姦白人女性──這是數個世紀以來經美國政治界實證有效的恐嚇戰術。

FactCheck.org 組織的創辦人布魯克斯・傑克森（Brooks Jackson）和凱斯琳・霍爾・賈米森（Kathleen Hall Jamieson）的建議是：「愈是駭人聽聞，愈要小心提防。訴諸恐懼的下流手段常常是為了掩蓋事實，因為根本沒有證據能證明威脅確實存在。」

企業最擅長利用恐懼販賣產品。社會心理學家安東尼・普拉卡尼斯（Anthony Pratkanis）和艾略特・亞隆森（Elliot Aronson）在其著作《大宣傳時代：無所不在、難以察覺的說服手段》（*Age of Propaganda: The Everyday Use and Abuse of Persuasion*）中如此解釋：

「恐懼訴求只要符合下列條件便可發揮最大效用：
1. 把人嚇得半死，
2. 提出特定建議來解決讓人心生懼怕的威脅，
3. 建議的行動讓人誤以為可有效降低威脅，以及
4. 讓接收訊息的人相信自己可以執行那些建議行動。」

民眾只要心中充滿恐懼，就無法思考其他事情，滿腦子只想要擺脫這種感受，好再次對所處的世界感到安心。這時宣傳專家會提出直白到不行的解決方案。民眾愈是擔心受怕，就愈可能依照這些建議方案採取行動，而這就是宣傳的目標。

買李施德霖漱口水來消除口臭、投給在政見中強烈反對移民的政客，以及不喝自來水、改喝瓶裝水等，全都是受恐懼驅使的舉動。

* 另一起孩童因有毒糖果死亡的事件，是一名五歲男童發現他叔叔藏的海洛因，吃了之後因吸毒過量而死。為了掩蓋這起意外，他的家人把海洛因撒在這位小朋友的萬聖節糖果上。

瓶裝水產業說服我們相信瓶裝水比自來水安全，基本上就是要我們花錢買本來是免費的產品。幾起惡名昭彰、發生在住宅區的飲用水汙染意外更是強化了這個敘事，像是在密西根州弗林特市（Flint）的鉛汙染事件，或是艾琳·布羅克維齊（Erin Brockovich）在加州挺身對抗太平洋煤氣電力公司（PG&E）的惡行。但這些都只是**可得性捷思**的標準示範──我們總是把腦中立即浮現的案例看得最重。

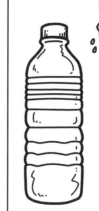

關於水不可不知的致命真相

WATER

- 會導致流汗或排尿！
- 加熱後具有致命性！
- 所有連續殺人犯都喝水！
- 水是溺水的主因！

事實上瓶裝水並沒有比自來水安全，兩者根本大同小異。至少有 50% 的瓶裝水是來自於自來水，而非天然泉水。但跟自水來的不同之處在於，瓶裝水無需遵守政府標準規範。二〇〇八年的一項研究，在十個品牌瓶裝水中驗出了三十八種汙染物。

以單一產品類別來看，瓶裝水市場現已大過汽水市場，其價格更是比自來水高出兩千倍，不簡單吧。成本大多──約 90% ──都花在包裝，而不是水質淨化上。每年有 80% 的塑膠都落入了垃圾掩埋廠，**每秒**更有一千五百個水瓶被丟棄。但恐懼讓我們繼續消費下去。

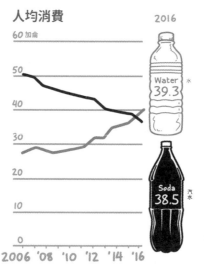

人均消費

2016

僅 9% 的水瓶妥善回收
79% 都落入掩埋廠

有些人天生就是更容易對恐懼有反應，所以當企業和政客恣意散布恐懼時，才會產生如此大的效果。害怕改變更是在當中扮演著關鍵角色。美國總統小羅斯福說得對：「我們唯一要恐懼的就是恐懼本身。」

* （譯註）ANTIFA 是「反法西斯主義者」，指的是反對極端主義和種族歧視的政治活動家和社會運動人士，但其本身也存在許多爭議，其中又以暴力或激進行為達成目的最為人詬病。
** （譯註）亞歷山卓・歐加修─寇蒂茲（Alexandria Ocasio-Cortez）的暱稱，是美國紐約第十四選區的民主黨籍眾議員，支持民主社會主義，其政治觀點和個人形象經常引起爭議，包括極左立場和在社交媒體上的言論。
*** （譯註）Black Lives Matter（黑人的命也是命）的縮寫。

這就是福斯新聞等宣傳管道可以大放異彩的原因。福斯新聞創辦於一九九六年，唯一宗旨就是槓上那些威脅到企業與政治利益的真實新聞，負責人是尼克森總統的前形象顧問羅傑・艾爾斯（Roger Ailes），這人完全沒有任何廣播新聞經歷，但非常善於製作容易讓人誤以為是新聞的政治節目。

福斯新聞最拿手的招數就是無視所有做新聞的標準，改用八卦電視的套路，故意煽動觀眾情緒。其慣用手法就是將企業想要促成的議題偽裝成新聞去製作，並利用恐懼與最為關鍵的情緒「憤怒」去達成目的。

前福斯新聞的內容貢獻者托賓・史密斯（Tobin Smith）業已承認，他當初也參與謀畫了一場「美國人前所未有的新型態心理戰」，其中包括專門為了引發種族對立情緒的節目片段，簡言之就是偽裝成政治辯論的攻擊廣告。他表示：「待在福斯新聞的那幾年，我開始覺得自家新聞網的標語應該是『肆無忌憚的操縱原始情緒，只求最大化觀眾參與度和利益』。」

傳統的新聞播報員在播報新聞時不能顯露情緒，他們受的訓練是要保持客觀中立、與報導內容保持距離。新聞本身或許會激起觀眾情緒，但播報員必須冷靜以對，像是丹・拉瑟（Dan Rather）、沃爾特・克朗凱特（Walter Cronkite），與愛德華・默羅。就連《辛普森家庭》中的李掏（Kent Brockman）以及《蓋酷家庭》中的鬍停停（Tricia Takanawa）都有著單調平板、毫無情緒的聲音，就像受過訓練的專業記者一樣。

然而，福斯新聞比較像是偽裝成新聞的娛樂內容。主播拿薪水不是為了與報導內容保持距離，而是要有效傳達每個節目片段所需的情緒，就像實境秀一樣。幾乎所有在鏡頭前講話的人都不是值得信賴的記者，他們不過是在電視上扮演記者的低俗主持人而已。

這些播報者的情緒通常是負面的，而且經常與**憤怒**有關，這同時也是福斯新聞的品牌和商業模式。只要打開該新聞網的任何一個節目，不管是過去或現在，都能馬上看出每則「新聞報導」背後的負面情緒。

記者亞莉珊德拉・凱蒂（Alexandra Kitty）在《以智取勝：魯伯特・梅鐸掀起的新聞產業之戰》（*Outfoxed: Rupert Murdoch's War on Journalism*）記錄片中的觀察如下：

> 「情緒操弄是黨媒的關鍵武器：因為裝滿偏見的思維模式是不需要邏輯的；這類媒體不會訴諸知識或講道理，因為吸睛的謊言與錯誤用不了多久就會被戳破。為了掩蓋報導內容有多粗糙不堪，就必須利用情緒去誤導觀眾、使其分心；如此一來，新聞受眾就會忙著感受憤怒或害怕的情緒，不會注意到自己接收到的資訊有多可疑。」

前福斯編輯麥特・葛羅斯（Matt Gross）曾說過，該新聞網的指導原則就是「尋找迎合憤怒老白男胃口的故事，也就是那些會收聽談話電台節目並對著電視大吼的族群」。真相從來都不重要，唯一要緊的是「讓觀眾氣到從座位上站起來對著電視鬼叫」。

操縱媒體的行為剛好呼應了一九七六年的電影《螢光幕後》，片中的新聞主播霍華德・比爾（Howard Beale）在鏡頭前發怒，並直接叫觀眾站起來大喊：「氣死我了，誰要受這種鳥氣！」比爾逐漸在主播台上失去理智──結果收視率反而**屢創新高**。

激起觀眾負面情緒會引發戰或逃反應，進而蒙蔽批判性思維能力，在電視上和現實中的效果同樣顯著。

透過操弄情緒的戰術，福斯新聞業已成為美國最為成功的宣傳媒體。庫特・安德森（Kurt Andersen）的說法是：「該新聞網以極其有效的方式，成功讓兩個世代的美國人不相信與自身意見有出入的任何事實。」

換句話說，福斯走的是輿論新聞路線，只不過拿掉了所有新聞要素。真正的新聞是要提供大眾資訊──告訴大家該思考哪些議題，而不是該如何思考。

「美國媒體事務組織」（Media Matters for America）的一項調查發現，福斯新聞在二〇〇九年間，有連續四個月的時間每天都在散布不實資訊。

在二〇二〇年，福斯新聞是新冠肺炎不實資訊的最大傳播者，不斷複誦川普總統的謊話，然後川普再反覆引用，形成打不破的同溫層。

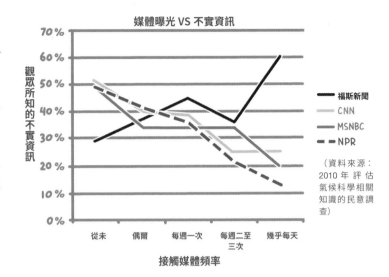

媒體曝光 VS 不實資訊

觀眾所知的不實資訊

福斯新聞
CNN
MSNBC
NPR

（資料來源：2010 年 評 估氣候科學相關知識的民意調查）

接觸媒體頻率

從未　偶爾　每週一次　每週二至三次　幾乎每天

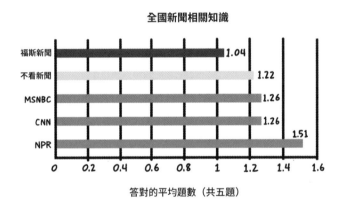

全國新聞相關知識

福斯新聞 1.04
不看新聞 1.22
MSNBC 1.26
CNN 1.26
NPR 1.51

0　0.2　0.4　0.6　0.8　1　1.2　1.4　1.6

答對的平均題數（共五題）

PunditFact 事實查核網站發現，福斯新聞只有 10% 的敘述是百分百基於事實。另一項報告發現，福斯有 68% 的新聞報導摻雜個人意見，相較於 CNN 僅 4%。還有許多研究顯示，收看福斯新聞網的觀眾對於目前正在發生的事件，居然比**完全不看新聞**的民眾所知來得少。如同記者艾瑞克・奧特曼（Eric Alterman）所述，福斯的「記者捏造出來的新聞，其他公司必須付數百萬美元給公關公司，才能想出與之媲美的故事」。

這種不道德的行為在過去數十年根本不可能發生。

一 九 四 九 年，美 國 聯 邦 通 訊 委 員 會（Federal Communications Commission，簡稱 FCC）開始實行公平原則政策（Fairness Doctrine），也就是規定新聞節目在處理爭議議題時，必須花同等時間報導正反雙方的說法。各大新聞網都具有新聞從業人員的責任感，因此 FCC 從來不需強制執行相關標準。但在一九八七年局勢就此改觀，當時美國國會試圖將公平原則政策轉型成具強制力的法條，但雷根總統否決了該法案，等於間接廢除該政策，為日後的黨派電視鋪了條康莊大道。

FAIRNESS DOCTRINE 1949-1987
公平原則政策
1949-1987

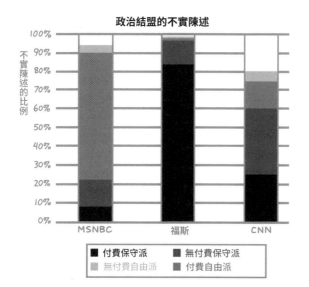

政治結盟的不實陳述

不實陳述的比例

100%
90%
80%
70%
60%
50%
40%
30%
20%
10%
0%

MSNBC　福斯　CNN

■ 付費保守派　■ 無付費保守派
■ 無付費自由派　■ 付費自由派

現在，這些黨媒不僅不會失去執照，還能無所節制的向觀眾灌輸各式各樣的宣傳內容，無法可擋。他們經常無視對其背後金主不利的資訊、過度報導有利的資訊、錯誤解讀不合其意的數據資料、質疑立場不同的專家、鼓吹陰謀理論，以及刻意捏造扭曲的世界觀，為的是達成公司的財務與意識型態目標。在執行的過程中，他們會不斷報導極端分子的立場，絕口不提任何或可提供充分資訊的辯論內容。

觀眾獲得的資訊愈不充分，就愈容易受到影響。而知識匱乏的空白之處，剛好宣傳就能取而代之。

想想二〇一八年來自宏都拉斯的移民車隊。當時隨著期中大選的逼近，福斯新聞將這些宏都拉斯人形容成一大威脅，為的是加強邊界危機的敘事。儘管該移民車隊離美國邊界還有千百英里遠，福斯還是不斷向觀眾示警這個迫在眉睫的「入侵」，在短短一個月內就報導了六十次。

我看電視懂比較多。

美國

墨西哥

移民車隊 2018 年

瓜地馬拉
宏都拉斯
尼加拉瓜

這類車隊已在中美洲流浪了數年之久，為的是逃離暴力和貧窮，而有組織性的集體行動不過是希望讓大家注意到他們的困境，而且人多勢眾才能相互照應、確保人身安全。到了二〇一九年，多數的車隊皆已解散，有些移民返回了家鄉，有些留在墨西哥，有些則是向美國提出庇護申請。然而，在選舉期結束後，福斯那些散播恐懼的報導也不出所料地消失無蹤。

福斯新聞故意用野蠻無比的報導方式，激起觀眾對某些假想敵的敵意，比方說移民車隊；緊接著大力抨擊這個捏造出來的敵人，火力愈猛烈，觀眾就愈聽不進其他的新聞來源。只要善用這招隔絕觀眾的方式，就不必擔心他們灌輸給觀眾的念頭，會受到其他新聞來源的挑戰。

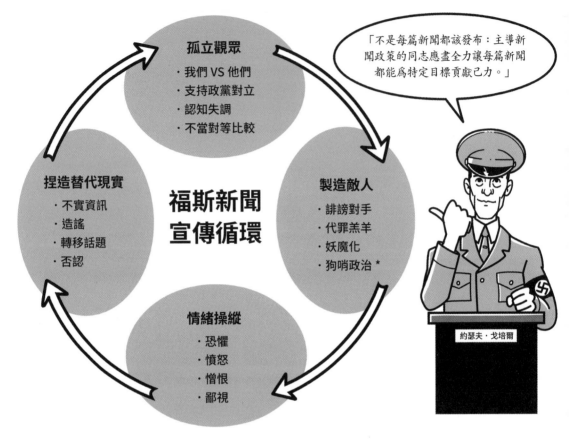

* （譯註）狗哨是只有犬類才聽得到的高音頻哨子。政治的引申意義指的是，在看似面向大眾的一般訊息中，加入針對特
  殊族群的隱藏訊息，或用模稜兩可的語言，讓受眾解讀成自己想聽的內容。

「密集宣傳（邪教和極權政府的常見手段）的其中一個特徵就是高度集中化、且視角單一的傳播內容，」普拉卡尼斯和亞隆森如此寫道，試圖警告大家從單一管道接收新聞的危險性。「隨著大眾媒體業的企業不斷相互併購、合併和收購，民眾也愈來愈依賴少數幾間傳播公司去傳達維繫民主所需的多元意見。」

專門研究猶太人大屠殺的歷史學家克里斯多福・R・布朗寧（Christopher R. Browning）表示，在過去的二十五年間，福斯就如同美國的宣傳部。這家新聞網能創下如此驚人成績，正是因為全面採用了希特勒的關鍵宣傳指導原則：

・訴諸負面情緒

・反覆散播謊言

・將怒火指向敵人

接下來讓我們看看這類廣告的生產方式。

第五章

分而化之、各別擊破（觀眾）

「只要訴諸偏見，就能動搖數千人，速度比用邏輯說服一個人還快。」

——羅伯特·A·海萊因（Robert A. Heinlein）

在一九二二年，記者暨文化評論家沃爾特·李普曼（Walter Lippmann）表示，紛擾繁雜的世界已被大眾媒體簡化成非黑即白的敘事了。

「我們還沒看見世界，就被告知了世界的樣貌，因此即便尚未親身經歷，就已對諸多事物有了過多想像。」

「除非透過教育培養出敏銳的覺察力，否則這些認知都會受到先入為主的觀念所主導。」

PUBLIC OPINION
公眾輿論

WALTER LIPPMANN
沃爾特·李普曼

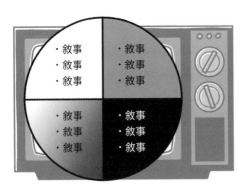

當這些非黑即白的敘事套用在人類身上就成了**刻板印象**，該詞是由李普曼所創。刻板印象是一種認知捷徑、一種幫助我們簡化世界複雜程度的捷思，讓我們可以加快處理資訊的速度。

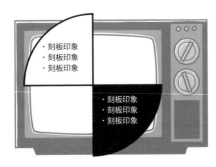

李普曼認為，這些刻板印象和觀點對社會造成的影響已經開始大過了現實

思考伴隨著下列刻板印象而來的看法：

· 嬉皮

· 紅脖子鄉下農夫

· 沒問題先生

· 科技宅

· 鄰家女孩

· 嬰兒潮

· 千禧世代

· 領社會救助的人

· 非法移民

回想一下第三章提到的信念，像是亞洲人數學很好和白人舞跳得很爛。各位會發現，信念一旦在腦中定型，我們為了避免認知失調，通常會選擇忽略與之相衝突的新資訊。刻板印象的原理便是如此。

宣傳專家愛德華・伯內斯等人吸收了李普曼對刻板印象的批評，並將之轉換成**精準目標行銷**策略，也就是為了銷售產品，依刻板印象將消費者分門別類。

透過市場區隔，宣傳專家可以針對特定受眾精心琢磨要傳達的訊息，以最大化行銷效率。幾乎任何標準都能用來分類消費者：年紀、性別、收入、信仰、政治、球隊或是任何其他統計數據，行銷人員將之稱為**人口統計數據**。

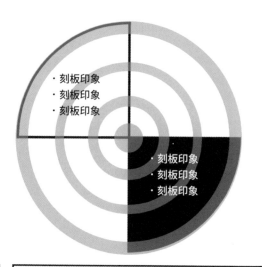

想賣紮染 T 恤給嬉皮嗎？

在《謀殺綠腳趾》和胡士托音樂節紀錄片重新上映的期間狂打廣告。雇用傑夫・布里吉（Jeff Bridges）配旁白，並選擇「死之華」樂團的歌曲當作背景音樂。或是買俯瞰著大麻店的看板廣告，以及寄送直郵廣告冊給瑜伽教室的客戶。

想出清邦聯旗幟給紅脖子鄉下農夫嗎？

在約翰・韋恩的西部片上映期間打廣告，看著神話般的白人支配野蠻的少數民族。在美國全國步槍協會（NRA）會場外擺攤。當然，一定要在白人至上組織密度最高的地區購買媒體廣告。

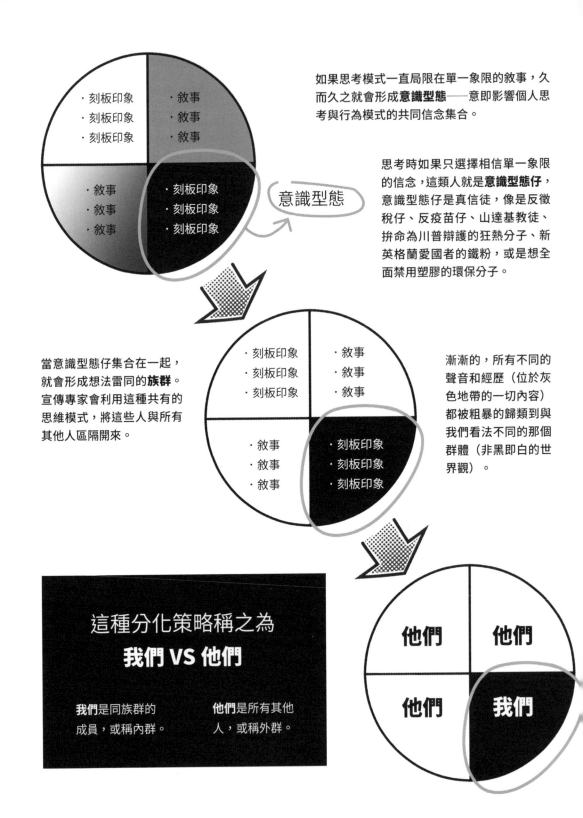

如果思考模式一直局限在單一象限的敘事，久而久之就會形成**意識型態**——意即影響個人思考與行為模式的共同信念集合。

思考時如果只選擇相信單一象限的信念，這類人就是**意識型態仔**，意識型態仔是真信徒，像是反徵稅仔、反疫苗仔、山達基教徒、拚命為川普辯護的狂熱分子、新英格蘭愛國者的鐵粉，或是想全面禁用塑膠的環保分子。

當意識型態仔集合在一起，就會形成想法雷同的**族群**。宣傳專家會利用這種共有的思維模式，將這些人與所有其他人區隔開來。

漸漸的，所有不同的聲音和經歷（位於灰色地帶的一切內容）都被粗暴的歸類到與我們看法不同的那個群體（非黑即白的世界觀）。

這種分化策略稱之為
我們 VS 他們

我們是同族群的成員，或稱內群。

他們是所有其他人，或稱外群。

身為人類，自然而然會想和最像自己的人待在一起，而使我們聚集在一起的常見條件包括種族、性別、教育，或社會階層。我們會和與自身類似的人交朋友、約會。而在公開場合中，我們也習慣坐在和我們看起來最像的人旁邊。

這種自然傾向——稱之為**族群類聚**——是無害的，且可以創造出凝聚力。然而，當族群認同被政客當成武器，就會導致歧視、在更糟的情況下甚至會演變成迫害。

族群認同會讓我們在看待世界與他人時戴上一層濾鏡。所以說不管是種族、宗教還是球隊，都能成為宣傳策略的攻擊目標。各位不妨思考一下所屬的族群是如何形塑自己的身分認同。

唐納・川普

身分認同	個人敘事	預測對方的敘事
白人	最有錢又美麗的人種都是白人，不信問我的歷任老婆就知道了。	深色皮膚的人種都是罪犯、強暴犯和毒販，都來自一些屎蛋國家。
男性	男人天生就是強而有力的領導者，像我一樣。	女人就該打扮得美美的，忍耐是美德，讓人摸幾下不會怎樣。她們還會從那裡流血。
有錢人	財富代表我是贏家，而且比其他人優秀，一切都是我應得的。	窮人就是太懶了才無法擺脫貧窮。
共和黨	我們是好人，而且全是頂尖人才。	民主黨人都是騙子，極端又不可靠，而且只想找我麻煩。

這些身分認同可能包括我們住在哪（城市、門禁社區、郊區）、從哪裡來（國家、地區、城鎮）、在哪受教育（私校、公校、大學）、屬於哪個組織（專業領域、社會階層、運動類別），甚至可以是左撇子或右撇子。

性別 _____   外群 _____

(刻板印象) _____   (刻板印象)_____

性取向_____   外群 _____

(刻板印象) _____   (刻板印象)_____

族裔 _____   外群 _____

(刻板印象) _____   (刻板印象)_____

國籍 _____   外群 _____

(刻板印象) _____   (刻板印象)_____

城市或州_____   外群 _____

(刻板印象) _____   (刻板印象)_____

政治派別 _____   外群 _____

(刻板印象) _____   (刻板印象)_____

支持的球隊 _____   外群 _____

(刻板印象) _____   (刻板印象)_____

母校 _____   外群 _____

(刻板印象) _____   (刻板印象)_____

宗教 _____   外群 _____

(刻板印象) _____   (刻板印象)_____

專業領域 _____   外群 _____

(刻板印象) _____   (刻板印象)_____

星座 _____   外群 _____

(刻板印象) _____   (刻板印象)_____

年齡層 _____   外群 _____

(刻板印象)_____   (刻板印象)_____

其他（如 Apple 使用者、移民、三鐵玩家、星際迷航粉、獸迷、戀物癖者等等）

_____

這些區別不僅會影響自身的敘事方向，也會形塑我們對他人的看法，雖然有助於我們輕鬆辨識出自

政治人物鎖定特定族群或團體的行為，就稱為**身分認同政治**（或**身分政治**）。

我們對所屬族群十分忠誠，所以很容易因政治利益而遭到分化，而且對內群的自我認同愈強烈，就愈會感受到外群的威脅。

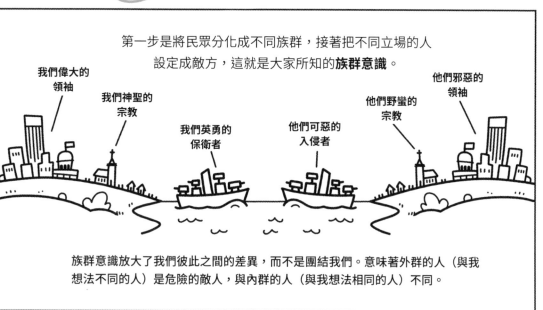

第一步是將民眾分化成不同族群，接著把不同立場的人設定成敵方，這就是大家所知的**族群意識**。

我們偉大的領袖

我們神聖的宗教

我們英勇的保衛者

他們可惡的入侵者

他們野蠻的宗教

他們邪惡的領袖

族群意識放大了我們彼此之間的差異，而不是團結我們。意味著外群的人（與我想法不同的人）是危險的敵人，與內群的人（與我想法相同的人）不同。

族群身分認同一旦成形，信念也已固化，就很難捨棄，因為捨棄信念會危及自我概念，甚至是自我價值感。正因如此，族群的團體迷思最容易受到宣傳的影響；只要略加煽動，族群就會被情緒主宰，進而做出不合理的行為。族群身分認同會抑制批判性思維能力。

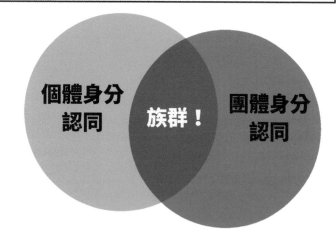

個體身分認同　族群！　團體身分認同

人類最愛的就是敵視與自己不同的人，聽起來很悲哀，卻是事實。人類史上的每場戰爭總歸來說幾乎皆是如此：

· 在第二次世界大戰期間，納粹仇恨猶太人。

· 在亞美尼亞種族大屠殺期間，土耳其人仇恨亞美尼亞人。

· 在盧安達種族大屠殺期間，圖西人仇恨胡圖人。

· 在十字軍東征期間，基督教徒仇恨穆斯林。

· 在中東，什葉派穆斯林仇恨遜尼派穆斯林。

· 在南斯拉夫內戰期間，塞爾維亞人仇恨克羅埃西亞人。

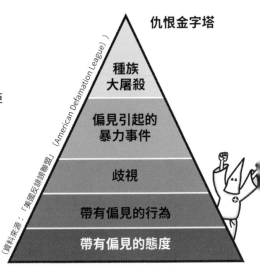

仇恨金字塔

種族
大屠殺

偏見引起的
暴力事件

歧視

帶有偏見的行為

帶有偏見的態度

（資料來源：「美國反誹謗聯盟」（American Defamation League））

在美國，白人族群多年來一直在否定黑人的權利，男性忙著否定女性的權利，而異性戀則是不斷否定同性戀的權利。

3K黨（Ku Klux Klan）最初之所以能崛起，就是靠怪罪貧窮的非白人移民搶走工作。在美國內戰結束的十九個月後，前聯邦軍隊的退伍老兵組成了KLAN黨，並利用武力來恐嚇黑人與維持種族階級。到了一九二〇年代，KLAN黨的成員已高達四百萬人，遍及美國各地，在警方和州議會中都有支持勢力，有些成員甚至當選過美國議員。

希特勒就是3K黨的鐵粉。他相信該黨的政治意識型態和自己不謀而合，並感嘆美國內戰摧毀了「以奴隸和不平等原則創造全新偉大新社會秩序的機會」。事實上，KLAN黨眾所皆知的暴力行徑便是納粹風暴兵團（Stormtrooper）的靈感來源，該軍團專門以類似的暴徒戰術來威嚇政治對手。難怪有些歷史學家認為KLAN黨就是納粹法西斯主義的大前輩。

法西斯主義一詞本來是用來描述貝尼托·墨索里尼（Benito Mussolini）的極端右翼獨裁政權，他在一九二二年成為義大利總理。該詞後來也被用來代表希特勒統治下的納粹德國民族政府。

法西斯主義者擅用暴力與壓迫手段，並會以軍隊武力來剷除政治異己。法西斯的特長就是將少數族群去人性化並加以迫害，而且會靠訴諸民眾的偏見來達成前述目標，全是為了奪取政治力量。

偏見與偏誤很類似，同樣是我們根據對方所屬族群的身分而**預先做出的判斷**。偏見並非來自於個人經歷，而是根據早就存在且令人深信不疑的負面刻板印象，然後直接投射在敵對族群的所有成員身上。

如愛德華·伯內斯所說，偏見就像大腦中的針線，會牢牢的將宣傳內容縫入信念系統當中。

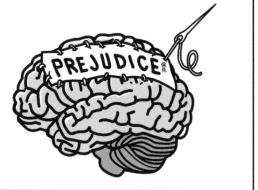

法西斯思維模式憑仗的就是宣傳與偏見。美國副總統亨利·華萊士（Henry Wallace）在一九四四年接受《紐約時報》採訪時被問到何謂法西斯，以下是他的回答：

「法西斯思維的表徵會依據環境與當下局勢去改變與調整。」

「但不論出現在何時何處，這些法西斯主義者都會訴諸偏見，並利用不同族群的恐懼和虛榮心來謀取權力。」

「所以每位當代獨裁者開始嶄露頭角之時，我們皆可從中發現偏見日益加深的跡象，這絕非巧合。」

「有些美國人可能難以相信，任何鼓吹歧視的行為，就算只是無心之過，其實就等於跟希特勒有志一同。」

社會中最具權勢的族群常會靠負面刻板印象，合理化自己對其他較弱勢族群的歧視行為，這是鞏固權力的手段之一。

社會心理學家卡蘿·塔芙瑞斯（Carol Tavris）和艾略特·亞隆森（Elliot Aronson）在其著作《錯不在我》（*Mistakes Were Made〔But Not by Me〕*）中寫道：「假如我們奴役另一個群體的成員……或者否定他們的人權，我們就會為了替自己的行為辯解而啟動對他們的刻板印象。藉由說服自己他們是沒價值……行為不端、邪惡、愚蠢的人，或甚至不配為人，我們就不會認為自己的行為不道德，當然更不覺得自己抱持偏見。」

換句話說，將所有人區分成「我們」和「他們」，並去除「他們」的人性，我們就不會因自己對待「他們」的方式而自覺有愧了。

美國過去曾稱美國原住民為野蠻人、稱奴隸為畜生。在德國，猶太人曾被叫作老鼠，還在宣傳海報上將他們畫成蟲子。

將人類降格為物體的去人性化技巧稱作**物化**，本來是只在戰爭中使用的戰術，但現在則經常運用在政治作戰當中。

最危險的宣傳者甚至能利用偏見來操弄族群的憤怒與恐懼。

還記得先前提到的負面偏誤嗎？以及情緒啟動大腦的速度是邏輯的三千倍？恐懼得以成為最好使的武器不是沒有道理的。當我們害怕時，腦袋就無法思考，批判性思維會被本能的戰或逃反應取代。

煽動負面情緒是煽動家奪權的招數。

煽動家是指靠操縱民眾情緒來聚積權力的領導者，特別是挑起民眾憤怒與偏見的手段，即使完全不合邏輯也沒關係。就如同希特勒的宣言：「對多數人我只談情緒，對少數人我才講道理。」*

---

* 二〇一六年美國總統初選期間，白人至上主義者理察·史賓塞（Richard Spencer）在呼籲大家支持川普時，就曾發表了類似的言論：「情緒比政策重要，情緒也比事實重要。」

希特勒這類的煽動家會利用當下的社會階層與種族區隔，蓄意使不同族群間針鋒相對，目的是分化人民。他們會透過情緒高昂的演講，濫用人民的負面情緒，並以政治上的片面事實、不實敘述以及充滿仇恨心理的影射話語，激起大眾的不安感。這種煽動式宣傳可以號召煽動家的支持者採取行動；如果說宣傳能做到的是洗腦群眾，那煽動式宣傳就能做到以仇恨動員支持者。

希特勒的宣傳部部長戈培爾深知，一般人對外群與生俱來的敵意一旦被釋放，力量會有多強大，所以他順水推舟，故意進一步刺激、而非安撫這些原始情緒。

煽動家本質上就是準暴君，無視社會規範、行事肆無忌憚、不講武德，同時還鼓勵支持者採取同樣卑鄙無恥的行動。有時他們引發的憤怒與仇恨高漲到某個程度，甚至會使人在光天化日之下採取行動，例如因此遭到刺殺的政治或民權領袖。

擁有非黑即白思維模式的人特別容易成為受擺布的對象，尤其是對情緒覺察程度很低的人，而他們也是最有可能出現激進行為的那群人。所以說煽動家和宣傳家很少擔心自身安危，因為憤怒和仇恨的矛頭都指向了別人。如果有人因為他們的煽動言論而將仇恨化為行動，他們也會把錯都推到別人身上，幾乎不太會因此受罰。

當群眾的憤怒或厭惡等強烈情緒被激起時，高度情緒化的行為是具有感染力的。腦中的鏡像神經元讓人類得以模仿周遭環境的情緒，這屬於非自主的反應，為的是讓人在看到他人受傷時產生同情心，或是去倫敦度假時講了一口英國腔。這也是為什麼坐在很會吃的人旁邊會讓人吃得更多，而室友勤奮好學會讓學生更加一心向學。然而，我們同樣會模仿負面情緒與不良行為，特別是群聚的時候，像是川普的支持者集會最後演變成攻擊美國國會大廈的暴行。

情緒影響到判斷力與決策能力的情況，我們稱之為情意捷思（情意指的是經歷某種情緒的狀態，但情意和情緒經常交互使用）。在鼓吹仇恨時，煽動家會利用這個心智捷徑來創造出一個憤怒的暴徒，負責在團體中強化領袖在鼓吹的有毒想法。如心理學家霍華·利德爾（Howard S. Liddle）所寫：「人類情緒的原始力量比核分裂來得危險且具破壞力。」

正因如此，仇恨犯罪案件數量在連續下滑了二十五年後，自川普於二〇一五年展開競選總統宣傳活動起，該數字又開始上升。二〇一六年川普當選後，白人至上主義和反猶太主義團體就跟吃了壯膽藥一樣，才會在選後十天就發生了八百六十七起以川普之名行使的仇恨事件。而在川普就職典禮後接下來的兩個星期，共有七十起反猶事件與三十一起反穆斯林行動。川普舉行造勢大會的每個城市，仇恨犯罪數量皆飆升了 226%。

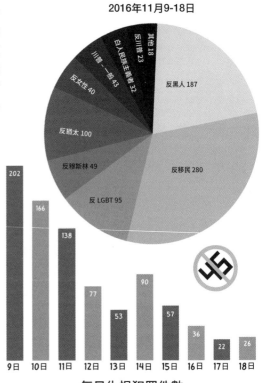

仇恨事件動機
2016年11月9-18日

其他 18
反川普 23
白人民族主義者 32
川普一般 43
反黑人 187
反女性 40
反猶太 100
反移民 280
反穆斯林 49
反 LGBT 95

每日仇恨犯罪件數
2016年11月

9日 202
10日 166
11日 138
12日 77
13日 53
14日 90
15日 57
16日 36
17日 22
18日 26

在二○一七年，聯邦調查局記錄在案的大學校園仇恨犯罪事件高達二百八十起，兩年內增加了近 50%。在二○一九年，美國發生的反猶太犯罪事件比過去四十年間的任一時間點都還高。到了二○二○年和二○二一年，美國發生了八千多起的極端主義和反猶主義犯罪事件。而在川普將冠狀病毒大流行重新包裝成「中國流感」後，對亞裔美國人的仇恨犯罪更增加了 150%，光在疫情第一年就有近三千八百起的犯罪事件。

許多人認為希特勒是煽動族群的模範代表，但其實他的許多種族歧視想法都是來自於二十世紀早期的美國──而且不僅限於 3 K 黨。

受到美國白人至上主義歷史的啟發，希特勒認為美國是種族歧視政策的世界領袖，甚至曾讚揚美國人將美國原住民近乎種族大屠殺的行徑，而且已做到將倖存原住民驅逐到保留地這一步了。他也很敬佩美國針對亞洲移民制定移民限額的政策。

白人

有色人種

納粹為了合理化他們對待猶太人的方式，其律師在制定種族法律時不僅參考了美國南方腹地的《吉姆·克勞法》，並參考了逃亡奴隸案例中充斥著種族主義的法學概念。納粹最具影響力的律師海因里希·克里格（Heinrich Krieger）還曾以交換生的身分去到美國阿肯色州見習。

耶魯的法律教授詹姆斯·Q·惠特曼（James Q. Whitman）在其著作《希特勒的美國典範：美國如何造就納粹的種族法》（*Hitler's American Model: The United States and the Making of Nazi Race Law*）中寫道：「納粹一而再、再而三的引用美國的移民、公民和反異族通婚相關法律。『普魯士備忘錄』* 也特別提到美國的《吉姆·克勞法》，這是德國當時的司法部針對美國法律所草擬的一份備忘錄，準備在一九三四年六月五日的規劃會議中討論。美國法律受到該會議中的激進分子一再援引；正是美國將跨種族通婚視為犯罪行為，才讓納粹的血統法有了看齊對象；美國的西部拓荒歷史則是納粹在一九四○年代從事殘暴宣傳時最常引述的內容，而希特勒更是早在一九二○年代就開始鼓吹此想法。」

---

*（譯註）納粹德國規畫侵略波蘭的重要文件，包括入侵波蘭後對猶太人的處理措施，最終導致了納粹對猶太人的大規模種族滅絕行動。

在總統大選宣傳活動中，川普就是以擅長利用種族議題發表各種詭辯而聲名大噪。統計學家奈特‧席佛（Nate Silver）發現，和川普二〇一六年總統初選支持度最有關聯的地理變因，都是最常在 Google 搜尋中搜尋「黑鬼」（nigger）一詞的地區。二〇一六年的另一項研究發現，轉發川普推特貼文的人當中，超過 60% 都是白人至上主義者。

族群偏見在鄉村地區最為明顯，這是來自於常見的錯誤信念，也就是勤奮工作的「正港」美國人賺的錢，都拿去補貼大都市的乞討者了。這種「生產者與接受者」的想法就是宣傳戰效果的最佳實證，因為事實剛好完全相反，而且歷來如此。

因為有 80% 的美國人口都居住在大都會區，所以大城市貢獻了美國絕大部分的稅收，而這些資金接下來會重新分配給以農為主的鄉鎮，通常不是收入較差、就是一貧如洗（一直處於最貧窮狀態的 353 個美國城鎮中，有 301 個是農村）。

在一九九〇年代，和所獲得的政府福利相比，都會密集的州損失了一點四兆美元的稅金，而鄉村偏多的州獲得的政府福利則比他們付出的稅金多出了八千億美元。

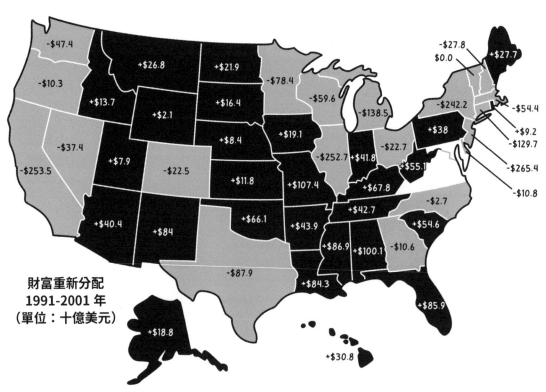

財富重新分配
1991-2001 年
（單位：十億美元）

光是加州繳的稅就比收到的福利多出了二千五百億美元，阿拉巴馬州則是多接受了一千億美元的福利。密西西比州自聯邦收到的福利約為其上繳稅金的三倍——大概等於每繳一美元的稅金就會收到三美元的聯邦補助經費。

140

希特勒的納粹黨在企業階層的支持下，將這種常見的誤解在鄉下發揚光大；因為鄉村地區較缺乏多元民族和文化，也不容易接觸各種主題的藝術、科學和商業——大都會生活的標誌，所以鄉下人更容易相信種族迷思。先入為主的偏誤在白人為主的同溫層輕輕鬆鬆就能深植人心。

種族－族裔少數族群高度集中的地區

- ● 二個以上的少數族群
- ◯ 黑人人口大於 150 萬
- ⬡ 亞洲人口大於 100 萬
- ☐ 西語裔人口大於 200 萬

在一九二〇年代，猶太人僅占德國總人口不到 1%，而且幾乎都住在大城市。當希特勒妖魔化猶太人時，鄉下德國人馬上就買單了，因為他們從不認識任何一位猶太人。因此，沒人有能力反駁希特勒的聲明，然後猶太人就成了完美的代罪羔羊。

當時在歐洲約有九百五十萬名猶太人，其中有六百萬人遭到納粹屠殺殆盡。

漢堡
(17,000)

漢諾威
(13,000)

柏林
(160,000)

科隆
(15,000)

萊比錫
(12,000)

布雷斯勞
(20,000)

法蘭克福
(26,000)

猶太人在德國的人口分布
約 1933 年

二〇一六年英國脫歐的模式也差不多，當時英國人透過公投選擇離開歐盟 *。鄉村地區的年長白人誤信煽動家對他們說的話：移民害英國愈來愈糟，儘管這些人幾乎不認識任何移民，而且實際上是移民在支撐英國的經濟，並降低了──並非增加──政府福利計畫的使用率。

鄉村與都市區隔還有另一個影響因子，都市一般來說是大眾傳播的中樞，從廣告狂人和新聞從業人員、編劇和宣傳人員，到公關代表和政治顧問，他們針對消費者精心打造各式各樣的媒體訊息。這些人的工作分成兩種，一種是透過新聞來傳達真相（像是報章雜誌或其小說版替身「說故事」技巧），另一種則是利用噪音來擾亂真相──所有推廣宣傳的廣告、行銷和公關活動都屬於這一類。

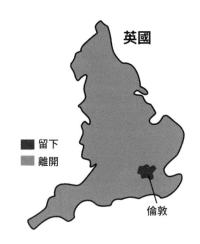

英國

■ 留下
■ 離開

倫敦

簡單來說：都市是宣傳的生產地，但鄉下才是宣傳的銷售地。

創作廣告宣傳活動、新聞節目或政治演說的宣傳專家，通常都能分辨其中真偽，因為他們是創意階層的一員，專門拿錢辦事，因此精熟這場交易中使用的一切工具，當然也有更高的自覺能力。

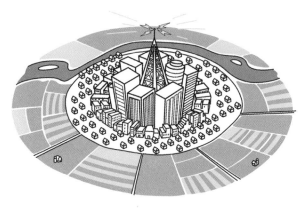

而宣傳戰最常瞄準的箭靶是鄉下人，因為這些人比較不熟悉宣傳的生成方式，某種程度上也解釋了因此而生的意識型態對立局勢。

■ 投給共和黨
□ 投給民主黨

托雷多　　　　克里夫蘭

阿克倫

揚斯敦

坎頓

哥倫布

代頓

帕克斯堡

辛辛那提

**俄亥俄州
2016／2020年
選舉結果**

---

* 超過 70% 沒有大學文憑的民眾投脫歐一票，超過 70% 有大學文憑的民眾選擇留在歐盟。

都市研究學者理察‧佛羅里達（Richard Florida）表示，經濟成長需具備三個要素：科技、人才和包容度，這是培育創新和發明的全部面向。一個地區愈是開放且接納形形色色的民眾與想法，就愈有機會吸引科學家、創業家與產業領袖等創意階層——正是這些人一手建立起當代的經濟體系。

由於人才外流至美國東西岸的都會區，因此中西部那些一度發展蓬勃的城市降級成鐵鏽地帶，只能仰賴挖掘產業維生，像是石油、天然氣與金屬。

微軟9470億美元

Alphabet（Google）
8630億美元

吉立亞醫藥800億
美元

臉書5120億美元

蘋果 9610億美元

甲骨文公司
1860億美元

英特爾2630億美元

思科系統2480億美元

安進藥品 1265億美元

愛力根1577億美元

福泰製藥512億美元

百健541億美元

IBM 1250億美元

再生元製藥342億美元

賽爾基因760億美元

全球十大最有價值的科技公司，有八間都在美國，而全球十大最有價值的生技公司，也有七間位於美國。

**全球最有價值的
科技與生技公司
2019年**

創造力十足的都市人其大腦神經系統也有所不同。神經學家已證實，大腦就像肌肉一樣，會隨著環境刺激而產生變化。如果大腦經常接收不同活動、藝術和他人的刺激，就會產生新的神經連結以做出反應，基本上就像大腦在自行重塑一樣。這些連結實際上可以擴充大腦容量，進而提升運作效率，包括問題解決和複雜思考能力。所處的環境愈豐富，大腦就愈健康。

然而，大腦如果沒有受到任何新奇事物刺激，或是經常感到單調乏味，這些神經連結就會慢慢萎縮。環境中的刺激愈少、生活經驗愈不多樣化，大腦的「肌肉」就愈沒力。

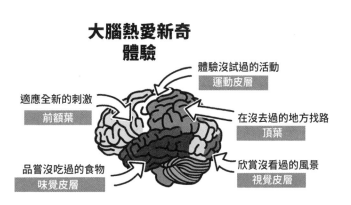

**大腦熱愛新奇
體驗**

體驗沒試過的活動
運動皮層

適應全新的刺激
前額葉

在沒去過的地方找路
頂葉

品嘗沒吃過的食物
味覺皮層

欣賞沒看過的風景
視覺皮層

在納粹成為**法西斯**的同義詞前，它本來只是略帶貶義的綽號，用來形容鄉下地區的巴伐利亞人。早期的時候，納粹黨成員並未以納粹稱呼自己；納粹是「伊格納茲」（Ignatius）的簡稱，這是很常見的基督徒名字，來自於天主教的聖人名稱。希特勒的反對分子故意用這個詞去嘲笑那些追隨希特勒的鄉下農民。後來德國難民逃到世界各地控訴納粹的犯行，納粹黨才成了眾所皆知的名號。

德語的納粹（Nazi）基本上等於美語的鄉巴佬（hick）——「Richard」的簡稱，專指未受過教育的農夫，或是紅脖子（redneck）。

最可悲且諷刺的是，美國的這些鄉巴佬就跟當初德國支持納粹的鄉下人沒兩樣，他們是最容易相信宣傳、也是受害最深的一群人。

「宣傳家的目的是讓特定一群人忘記另一個特定族群也是人。」

阿道斯 · 赫胥黎
（AldousL Huxley）

經濟巨頭和他們的政治代言人（這些才是人民該發怒的對象）會訴諸族群偏見，並將這些焦慮、憤怒和痛苦全推給最好欺負的代罪羔羊，像是移民、難民、猶太人、拉丁裔、黑人、同性戀、女性和其他脆弱的少數族群。這種煽動主義的行為是為了確保經濟菁英階級不受社會變革的影響，因為這類變革大都可使中低階層的民眾擁有更富足且平等的生活。

然而，美國鄉村人口的生計每況愈下，最該負責的就是這些地區最常選出的那些政客，這只是實話實說而已。一九七〇年代，政府放棄了新政時期對小型企業和家庭農場的支持，然後來個政策大轉彎，全改成有利於大型企業（即企業福利）與農業工業化複合體（專門大量生產如玉米等有高額補助的作物）的政策。

到了一九八〇年代，同樣來自美國小鎮的雷根中止了許多發展計畫，許多鄉鎮社區因此毀於一旦。他將美國農業部農民住宅署（Farmers Home Administration）計畫的預算大幅刪減了近 70%，從十六億七千萬美元砍到只剩四億九千萬美元，並將利率調得極高，以至於農民根本不可能再去貸款來種植作物；與此同時，農民既有的債務仍不斷在墊高。

用不了多久，美國失去了近百萬座小型農場——自一九三〇年代的黑色風暴事件（Dust Bowl）* 以來，第一次出現這麼誇張的數字——包括 40% 的酪農場與 90% 的養豬場。經濟陷入了無法挽回的絕境，甚至因此成立了自殺防治網來幫助絕望的農民。

* （譯註）一九三〇年代，北美發生了多起沙塵暴侵襲事件。由於乾旱和持續數十年的農業擴張，破壞了原本可以固定土壤、貯存水分的天然草場，而且並未即時設置相關水土保護措施，導致風暴來襲時捲起大量沙塵，致使美國農業受到巨大影響。

因為美國通過了一九八六年《稅改法案》（Tax Reform Act of 1986），所以泰森食品公司（Tyson Foods）所謂的家庭農場（其實每年的毛利高達數十億美元）每年可獲得數億美元的減稅額度；但在同一時間，有近四分之三的養雞農收入是落在聯邦政府的貧窮線以下（在一九八五年，我們每花一美元買食物，就有四十美分是美國農民的收益，現今則不到十五美分，占比已達當代歷史新低）。

隨著企業出於財務動機而不斷裁員和往海岸線發展，數以千百萬計享有工會規定工資的工作毀於一旦，特別是位於鐵鏽地帶的地區。美國製造業自此開始走下坡，基本上就是一刀砍在美國的心臟地帶，然後迫使人才外流至商業都會區。

3.芝加哥-內珀維爾-埃爾金7010億美元

8.波士頓-劍橋-紐頓4620億美元

1.紐約-紐華克-澤西市1.8兆美元

4.舊金山-奧克蘭-柏克萊5620億美元

9.費城-肯頓-威明頓4350億美元

2.洛杉磯-長灘-安那翰1兆美元

5.華盛頓-阿靈頓市-亞歷山卓5470億美元

10.亞特蘭大-桑迪斯普林斯-阿爾法勒特4110億美元

**美國
前十大經濟體
2018年**

6.達拉斯-沃思堡-阿靈頓郡5110億美元

7.休士頓-伍德蘭-舒格蘭5050億美元

歷史學家托瑪士·法蘭克（Thomas Frank）稱此現象為「逆法國革命」。他曾寫道：「（美國）整個國家就像是瘋狂與錯覺的大集合……中西部城市的勞工階級瘋狂慶祝，因為他們一手幫助自己支持的候選人獲得壓倒性的勝利，完全沒察覺到這位候選人提出的政策，即將終結他們的謀生之道，把他們生活的地區打入鐵鏽地帶，使他們這類人受到永無翻身之日的沉重打擊……而達成此目的工具很簡單：簡單明瞭的宣傳戰。」

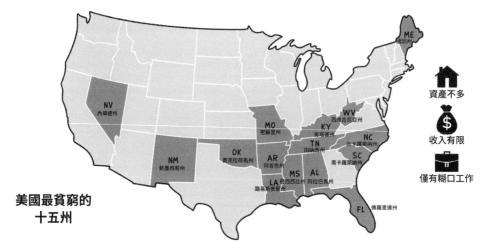

ME
緬因州

NV
內華達州

WV
西維吉尼亞州

MO
密蘇里州

KY
肯塔基州

NC
北卡羅萊納州

TN
田納西州

NM
新墨西哥州

OK
奧克拉荷馬州

AR
阿肯色州

SC
南卡羅萊納州

MS
密西西比州

AL
阿拉巴馬州

LA
路易斯安那州

FL
佛羅里達州

資產不多

收入有限

僅有糊口工作

**美國最貧窮的
十五州**

自一九八〇年起，約有 90% 的美國人曾遭遇減薪或薪水凍漲的困境，而現今有超過一億一千五百萬名美國人處於慢性經濟災難當中。美國是全世界第一個創造出工作貧窮階級的國家。這些資產不多、收入有限、僅有糊口工作的家庭雖收入在貧窮線以上，但賺的錢又比家戶平均收入低。

數個世紀以來，金融危機和失去經濟機會早已埋下了種子，所以煽動主義才得以遍地開花。

自大蕭條以來的經濟不安全感，在二〇〇八年帶著復仇之刃捲土重來，當時全球金融崩盤，導致工資縮水、失業以及全球化威脅高漲。世界各地的右翼煽動家皆趁此機會登上舞台；這跟經濟學家的發現不謀而合，也就是經濟成長每下滑1%，極右翼民族主義黨派的支持度就上升1%。

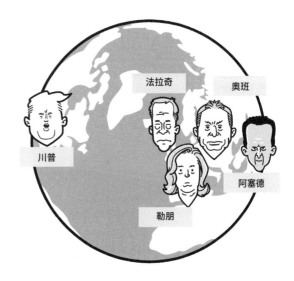

（譯註）
法拉奇：前英國脫歐黨黨魁
奧班：現任匈牙利總理，極右翼政治人物
勒朋：法國極右翼政黨民族陣線領袖
阿塞德：敘利亞總統兼武裝部隊總司令

社會學家將極右翼民粹主義形容成「暫時失心瘋」。平民百姓面對各種環境壓力，還要想方設法維持中產階級的生活型態，這時就很容易受到威權主義的影響——盲目服從某個權威，因為對方承諾會解決所有問題。威權主義者的特質是二元對立的世界觀、討厭過度複雜的思考，而且極度服從權威。有此人格特質的人極度抗拒改變自身信念或接受多元性。他們也比較容易有族群團體思維，且不信任任何外群成員。

煽動家利用這些人的悲憤與憎恨，故意挑動他們因失去社經地位而產生的受害者心態 *。煽動家並不打算尋找根本的問題來源，而是故意就複雜議題提供極度簡化的解方——通常是把民眾的怒火指向無力反抗的代罪羔羊，比方說移民。

愈多的人被剝奪經濟機會，就愈可能承受更多的不滿。他們愈生氣，煽動者愈有可能將憤怒升級為種族主義言論，甚至導致武裝衝突。事實上，隨著經濟機會減少，仇恨犯罪就會增加。

在煽動家大展身手的同時，宣傳的業務也蒸蒸日上，效率十足的將民眾化分成「我們」和「他們」。

德國在第一次世界大戰後上演的就是這個戲碼。高失業率、通膨與貧窮讓整個國家都陷入了不安。希特勒緊抓住民眾真切的恐懼與絕望，然後將德國人的怒氣轉向無辜的猶太人。路易士‧布蘭戴斯大法官（Justice Luis Brandeis）曾說（《星際大戰》的尤達大師也有類似金句）：「恐懼引發壓制、壓制助長憎恨、憎恨會危及政治的穩定。」

* 絕望死（因經濟機會日益減少而自殺和用藥物過量死亡）比例最高的美國城鎮，和二〇一六年共和黨初選支持川普的城鎮有高度相關；因雷根經濟學而被拋棄的這些人，真心相信川普的虛假承諾，以為他真能把產業工作重新帶回美國心臟地帶。然而，川普政府的貿易政策和對 Covid-19 疫情的不當處置，反而加速消滅了數以萬計的製造業工作。

現今的宣傳戰跟納粹德國時代沒兩樣，像是福斯新聞這類的媒體也是拿經濟脆弱性當武器，替被剝奪了一切的民眾提供了一種歸屬感，進而讓人暫時感到自尊爆棚。

福斯新聞的族群策略是由創辦人羅傑·艾爾斯所定下，而目標觀眾就是保守派、沒有大學文憑、住在美國中部的白人年長公民。

該新聞網目前的平均觀眾年齡是六十八歲，且 94% 的觀眾都是白人。福斯讓這類人口的族群心態不斷壯大，生根於種族仇恨、文化憤慨、宗教基本教義、基督教民族主義以及政治保守主義之中。

福斯將觀眾洗腦成「我們」對上「他們」的思維模式——創造出看似共識的錯覺，要起身對抗想像中可能會威脅到觀眾生活模式的惡鬼。這個人口族群愈是覺得與美國主流文化產生落差，且自家人的共同價值受到圍攻，就愈容易因福斯新聞不斷放送的族群認同而感到備受肯定。

現在，福斯的分化宣傳觸及率達到前無古人的程度，最大功臣就是社群媒體。透過臉書、推特 和 YouTube 的演算法，福斯可以更有效率的將族群訊息散布給較年長的白人人口。

在二〇〇〇年，福斯新聞網的觸及率每天不過數十萬名觀眾；到了二〇一九年，觸及率已達三百五十萬人。在社群媒體的推波助瀾下，該數字已成長到每月一億名，其中有七千八百萬名觀眾是來自於新聞網的數位平台。在二〇一〇年，福斯新聞網在臉書的使用者參與度是一百九十萬次的不重複觀看次數；到了二〇一八年，該數據已增加至三千八百六十萬次。

主因是該新聞網善於操縱負面的族群情緒，像是憤怒、恐懼與厭惡。研究顯示，愈是能夠煽動情緒，文章就愈有機會被分享，也就是說即便是透過數位裝置，情緒還是具有感染性。當我們看到會喚起情緒的內容，鏡像神經元就開始啟動，促使我們分享文章給其他人看。這也說明了福斯新聞網靠的不僅是情緒化的內容，更重要的是網路世界的擴散速度。

在二〇〇九年，臉書導入了「讚」按鈕與新演算法，會根據使用者先前按在讚的內容來產生動態消息。芭芭拉・F・沃爾特（Barbara F. Walter）在《內戰發生的原因與防範方法》（*How Civil Wars Start: And How to Stop Them*）一書中寫道：「結果發現，大家最愛恐懼勝過於平靜、喜歡謊言勝過於真相、喜愛憤怒勝過於同理心。民眾其實比想像中的還熱愛能夠煽動人心的文章，所以說大家就更有動機去張貼具爭議性的內容，就是希望能被瘋傳。」

結果，這些貼文讓我們更加憤怒且滿心仇恨，難怪全球的民主程度自二〇一〇年起就開始下滑。沃爾特表示：「社群媒體滲透進各個國家，吸引民眾絕大部分的注意力，接著形成了極為明顯的模式，包括族群對立上升、社會分裂擴大，仇視移民的情況惡化，惡霸型的民粹主義者當選上位，以及暴力事件不斷增加。」

法案比爾把一切唱給你聽。

反動題材就是於生意有益。福斯新聞網每年的獲利是三十億美元，市值則高達二百億美元。而且這麼賺的不是只有福斯。

真實的共和黨全國委員會簡報投影片

在二〇一〇年，一份長達七十二頁、來自共和黨全國委員會（Republican National Committee）募資簡報的外流文件，說明了共和黨全國委員會是如何利用恐懼來促使捐獻者採取行動。在名為「行銷101」的標題下，他們詳細說明了如何篩選出目標觀眾：方法是妖魔化對手，藉此誘發「極端負面的情緒」，跟福斯新聞的所作所為一模一樣。

族群分裂議題會使觀眾同仇敵愾，因為沒有什麼比共同敵人更能團結人心了。「他們」愈壞，「我們」就愈團結。

只要一心想著對次等外群的仇恨，內群就會感到高人一等、正義滿點。

妖魔化他人有助於提升自尊和自我形象。這類文化戰爭就如同球迷間的競爭：對上敵對的外群隊時，內群隊贏了會開心慶祝、輸了就悲憤不已。事實上，媒體大亨魯伯特・梅鐸在一九九四年計畫創辦福斯新聞時，心裡想的核心觀眾就是球迷，所以他才買下了國家美式足球聯盟（NFL）賽事的轉播權。

悲哀的是，對族群認同的情緒依附會讓我們更加抗拒任何相反的敘事、批判性思維，以及客觀事實，進而與社會中的其他人產生更深的隔閡。

目前因族群或政治上的觀點差異，有高達三分之一的美國人與親近家人或多年老友感情失和。這種缺少連結的關係對老年人的殺傷力最大，缺乏社會連結和慢性孤獨甚至可能致命。

當政治煽動家選擇借助種族、族裔或宗教認同來抬升對黨派的支持，而非完整的系列政策，反而能讓選民的黨派忠誠度更加難以撼動。為了推動得以排擠其他團體的議程，選民會寧願選擇絕不妥協，政治就從對社會最有益之事，變成只對特定族群有利之事了。

重點回顧

- 宣傳是靠非黑即白的敘事，訴諸成見，或是說**偏見**。
- 這些偏見經常以**刻板印象**的形式表現：對特定人士的看法是來自於促發效應和確認偏誤。
- 有共同偏見的人會將自己視為想法一致的**族群**。
- 這些族群容易成為行銷人員的目標，並透過精準目標行銷策略來達成商業目的。
- 當族群將自身信念侷限在單一思維象限，就會因共同的集體信念（或稱**意識型態**）聚集在一起，成為所謂的**意識型態仔**。
- 不同的意識型態為了政治利益而相互廝殺較勁，就叫作**身分認同政治**。
- 因此而生的族群衝突就是大家所知的**族群意識**。
- 利用族群意識來激起負面情緒的權力販子就稱作**煽動家**。
- 當這些煽動族群對立的行為被操作到極致、演變成迫害少數族群的狀況，就是所謂的**法西斯主義**。
- 宣傳就是要利用這些工具來養成「**我們**」VS「**他們**」的心態，讓我們去貶低異己的價值，並正當化對這些人加諸的不當對待，進而創造出不信任感，並導致政黨對立。
- 經濟蕭條時期會使平民百姓更容易因**威權主義**而「暫時失心瘋」，進而出現法西斯傾向與歧視行為。

謹記華萊士副總統的提醒：

「對法西斯主義者來說，重點不在於要如何好好向大眾傳達真相，而是要如何善用新聞去欺騙大眾，好把更多金錢或權力雙手奉上給法西斯主義者及其組織。」

接下來要談的是掌權者如何利用金錢與影響力去達成目標。

摩尼教主義

> 「宗教……不管存在與否，好人還是會做好事，壞人還是會做壞事，
> 但要讓好人做壞事，只有宗教辦得到。」
>
> ——史蒂文·溫伯格（Steven Weinberg），物理學家暨諾貝爾獎得主

非黑即白思維用在道德倫理上時，就是大家所知的摩尼教主義（Manichaeism），抑或是說頑固的相信所有事情不是絕對好，就是絕對壞，沒有中間地帶或模糊之處，也容不下任何灰色地帶。不是好就是壞，不是光明就是黑暗，不是錯就是對。這是虔誠與懷疑、天堂與地獄、救贖與詛咒的永恆之戰。

人類不是全好或全壞的生物，每個人都有潛力兩者皆是。但摩尼教主義不這麼想，「好人」如果做了壞事，肯定是有值得原諒的理由。如果一個人相信自己本質是良善——誰不這麼認為——或是具有權威，那即便行差踏錯，也勢必有正當理由，所以應該受到原諒（像是羅馬宗教裁判所，或是尼克森宣稱就算自己做錯事也沒關係，因為他是總統）。這種邏輯推理方式讓條件好的人犯錯可以受到寬恕，但無權無勢的人就沒有犯錯的奢侈。

因為宗教上的摩尼教本質就是將世界分成黑白兩派，所以自然會創造出「我們」VS「他們」的心態；換句話說，就是內群因共同意識型態（或是教義）而齊聚一堂，然後所有其他人都是外群，不管是信其他宗教或無信仰者都一樣。

雖然內群可能會滋養出部落社群的歸屬感，但同時間也會滋生出非我族類、其心必異的心態。如果「我們」是英雄、正義使者與受膏者，以摩尼教的邏輯來看，所有其他人都是惡人、敗德之人與非正統之人：「他們」。敵人就是這樣製造出來的，可以是共產主義者或社會主義者、猶太人或聖戰戰士，或是移民和非白人。

事實上，沒有任何其他東西比宗教信仰更呼應種族主義了，而基督教精神更是箇中翹楚。數十年來，美國的白人教堂一直都光明正大的支持吉姆·克勞法、隔離政策、甚至是奴隸制度。而到了二十世紀，３Ｋ黨之所以能捲土重來，都要歸功於喬治亞州的一位牧師，接著該組織開始從新教教堂招募新人入黨，並讓教區居民免費入黨。到了二〇一六年，最常在 Google 上搜尋「黑鬼」一詞的地區，在共和黨初選中都是最支持川普的，而川普在總統大選勝出時，有超過 80% 的白人新教徒都投給了他。

愈是基本教義派的宗教，教友的思維模式就愈接近摩尼教主義，也愈可能主張服從權力，因此更容易受到宣傳戰的影響。

第六章

權力、利益與宣傳戰

「呈現在大眾面前的世界樣貌,與現實世界根本天差地別……
從阻撓民主帶來的威脅這個角度來看……是不可思議的成功,
而且還是在自由的前提下實現。」

——諾姆・杭士基 (Noam Chomsky)

在《排除民主風險：企業宣傳對上自由意志與自由主
義 》（*Taking the Risk Out of Democracy: Corporate
Propaganda Versus Freedom and Liberty*）一書中，社
會心理學家亞歷克斯‧凱里（Alex Carey）認為二十世紀
最重要的三大政治發展如下：

1 民主的成長

2 企業權力的成長

3 企業宣傳的成長（為了保護企業權力而對抗民主）

身為美國人，我們常以為民主和資本主義的關係緊密——這並非巧合。

在二十世紀早期，隨著愈來愈多人爭取到投票權，企業階層認定一般人是沒能力統治自己的。在過
去，法人組織的創辦人必須證明公司對社會有利，才具備存在的正當性；現在則是需要想辦法保護
自身利益，以防大眾有什麼心血來潮的奇怪念頭。與其光明正大地高喊反對民主參與，企業發現收
買選民簡單多了。亞歷克斯‧凱里寫道：「收買選民的方法就是運用一切手段操弄公眾輿論——即，
宣傳戰。」

美國在一九○○年代早期有兩項最為重要的全國性進展，對企業階層造成了特別重大的威脅：
工會和政府干預。為了對抗這些有組織的外力，企業必須發動雙管齊下的攻勢，因此需要兩種
不同型態的宣傳戰——皆是製造大眾同意假象的必要工具，好讓民眾支持有利於企業的經濟政
策。

第一種是**對內**宣傳，以員工為目標，目的是削弱勞工與日漸壯大的工會的關係。這個提案最初的名稱是「人力關係」（human relations）運動，基本上就是「人力資源」的前身，現已是企業架構中的固定角色。

第二種則是**對外**的宣傳活動，以大眾為目標。這部分就必須成立內部的「公眾事務」（public affairs）部門，現在亦已成為企業架構的一環：「公共關係」。此宣傳戰旨在削弱民主制度的力量，方式是改變公眾輿論的風向，往企業有利的方向走去。

亞歷克斯‧凱里解釋道：「產業勢力在一九〇〇年後不斷成長，企業為了維護這些權力，開始有意識的制定政策來控制大眾的態度。大約在一九二〇年左右，愈來愈多企業指派人力關係經理，其職責是運用文字處理相關事務，而這些文字皆經過精心編排，為的是左右大眾的看法，同時讓企業不一定要在態度或行為上做出任何根本上的改變。到了一九三〇年代中期，美國已發展出規畫完善的商業宣傳機制，而這些宣傳活動的唯一目標就是販賣自由企業制度的想法與價值觀給美國人民。」

當時小羅斯福總統正努力帶領美國脫離經濟大蕭條，而美國人的失業率已高達三分之一或四分之一。他的解決方案是接二連三的政府擴大內需行動，提供了迫切需要的經濟紓困，創造出八百五十萬份工作，修建了十二萬座橋，打造出總長六十五萬英里的高速公路及其餘一百二十五項公共建築。

在這之前，美國一直是採行放任自由經濟模式，也就是「隨它去」，「讓市場自由發展」，然後就招致了經濟大蕭條。

社會安全
照顧
年邁人民

美國聯邦
存款保險公司
保護人民的
銀行存款

民間建設
工程署
創造建設
工程工作、造橋
鋪路、蓋醫院

食品、藥品和
化妝品法案
監管消費者產品

公平勞動
標準法
制定每週工時
四十小時、最低
工資以及童工法

財富稅
稅金可用來
支付各種預算

美國證券交易
委員會
防範金融崩盤再次
發生

農村電氣化
管理局
為 90% 的
鄉村地區提供
電力

美國房屋
管理局
讓低收入戶
不至於
流落街頭

為拯救資本主義市場，小羅斯福總統必須約束輕率魯莽的企業，意即監管整個產業。

如果美國政府提供免費書籍給地方圖書館，誰還會想要買書？

小羅斯福的新政加強了對勞工的保護，並在沒有獲利誘因的前提下提供了諸多公共服務。

然而，大企業卻認為政府的干預過多了，已侵犯到其商業模式。

美國企業最初的直接反應是試圖推翻當時政府。聽起來好像很極端，但其實不然。多年以來，企業家為了利潤不計一切代價，包括買兇謀殺工會組織者和罷工者。數以千計的勞工身亡，數以萬計的勞工因此受傷，更有不知幾十萬名勞工遭到開除或封殺。

當時有群商人想要複製希特勒模式：組一支軍隊、攻占華盛頓，然後成立會挺大企業的法西斯獨裁政權（那時就連《財星》雜誌都讚美法西斯主義是可行的經濟模式）。該商人團體包括了通用汽車、杜邦、固特異，以及摩根大通的高階主管。

好險民主派這次運氣好，這群商人招募的退役軍隊將領是美國海軍陸戰隊的斯梅德利・巴特勒（Smedley Butler）將軍，他立即向美國眾議院非美活動調查委員會（The House Un-American Activities Committee）呈報了這起政變意圖。

如果無法推翻民主政權，那企業法人就必須說服大眾，資本主義是民主的根本，於是他們用盡了一切手段去達成這個目標。

建議的社區計畫
加強對地方產業的認識（視地方情況調整）

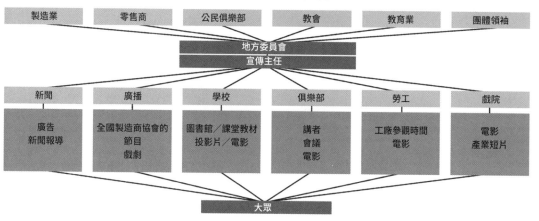

產業滲透進社區、教會和農場團體，鼓勵大家用更友好的眼光看待企業。產業代表在報紙上發表反對稅賦與勞工組織的社論。為了讓更多人口耳相傳，他們還製作了免費的宣傳日曆、海報與電影。

曾為納粹生產卡車的通用汽車也推出了「進步大遊行」
活動，在美國各地巡迴宣傳企業的好處。杜邦、奇異、
固特異、西屋電氣，以及 IBM（同時也是當初租借製
表機給納粹集中營的公司），接著也陸續推出自家公
司的巡迴展覽與公關宣傳活動。

多間公司在一八九五年聯合起來成
立了「全國製造商協會」（National
Association of Manufacturers，縮
寫 NAM），因此他們長久以來一直
害怕市政府會害他們失去私人財富。
該協會涵蓋了美國許多大型企業，
像是杜邦、克萊斯勒、通用食品，
以及鋼鐵巨頭，而現今該組織的成員已高達
一萬四千家企業。

為了使新政失敗，全國製造商協會在美國商
會的幫助下，展開一場名為「美國生活」
（American Way）的公關宣傳活動。

全國製造商協會在一九三七年設置了高達兩萬個看板，到了一九三八年看板數量直接翻
倍，聳立在居民達二千五百人以上的所有鄉鎮中。別忘了，當時經濟大蕭條尚未結束，
這些人根本對民間疾苦絲毫無感，這樣講已經算客氣的了。

儘管如此，全國製造商協會的說法是，企業是公共事業，相較於政府更能對美國社會有所
貢獻，而且自由企業就跟言論自由、媒體自由、宗教自由，與蘋果派一樣，全都是民主不
可分割的一環。

接下來換愛德華・伯內斯登場了，他時任一九三九年世界博覽會的規畫委員會成員，當時的主題是「打造明日世界」（building the world of tomorrow）。世博會可說是公共關係的幸運之神──讓企業有機會再次掌控美國人民。

伯內斯於一九三七年在「紐約商業協會」（Merchants' Association of New York）發表演說時提議，此次世博會不應只聚焦在美國企業，而是要讓民主成為美國企業的象徵。

「私人企業是稅金的來源，也是財富的寶庫，而我們的政府與自由體制也因此才得以運作下去……」

「……包括學校、農業、車站、防火措施、健康防護措施、自然資源保護、防洪措施、國家、州以及地方政府與其三權職責──行政、司法、立法。」

伯內斯的建議是，自由企業和民主的關係應該要更加密切，不能沒有彼此。他將該會展的工業展館命名為「民主之城」（Democracity），塑造出資本主義烏托邦的形象。

在一九四五年，新成立的「廣告委員會」（Advertising Council）進一步強化了這個主張，在公關宣傳活動中宣稱民主其實是自由企業的產物。廣告委員會屬於非營利組織，但光在一九四七年就斥資超過一億美元，向大眾推銷該訊息（該組織現亦身兼產業貿易團體，代表著美國企業最大型的廣告商與廣告代理商）。

這是美國……
This Is America...
...Keep it Free!
……保持自由

一九四八年，一本名為《美國奇蹟》（*The Miracle of America*）的小冊子，裡面畫著山姆大叔將美國最高標準的生活型態歸功於自由企業。接下來所有想得到的媒體都在強力放送類似的媒體訊息：新聞稿、雜誌文章、廣播報導、電視短片、近一千三百篇社論、數萬則報紙廣告，以及千百萬份的手冊。

到了一九四九年，至少有四千家企業設置了公關部門，而在美國各地營運的公關公司也上看五百家。

一九五六年，廣告委員會發起了一項宣傳活動，主軸是名為「人民的資本主義」巡迴展，大力頌揚企業的美德，並將自由政治歸功於自由市場。

自此資本主義和民主在美國人眼中便密不可分了。

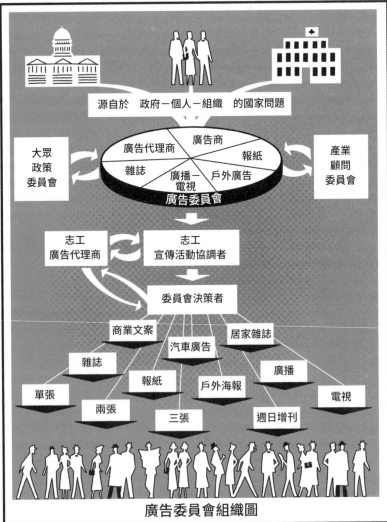

廣告委員會組織圖

即便時至今日，同樣手法只是
換成國家的最高層級辦公室在
使用。

九一一過後，小布希宣稱美國
遭受攻擊是因為恐怖分子憎恨
美國的自由（即民主），雖然
國外恐怖分子說得很清楚了，
他們恨的是美國欺壓穆斯林國
家的帝國主義外交政策，根本
目的其實是要剝削這些國家的
自然資源，讓美國賺取最大的
經濟利益（即資本主義）。而
小布希提出的解決方
案是叫大家去購物（更
多的資本主義。）

美國對利潤的追尋已到不眠不休的程度了。美國在歷史上已有多次以資本主義為名，害其他
國家的政局動盪，有些甚至導致民主政府被推翻。美國的諸多外交政策都是以企業（而非民
主）利益為基礎。比方說，美國中情局的行動協助推翻了伊朗的民選首相穆罕默德・摩薩台
（Mohammad Mosaddegh），只因他想要把伊朗的石油資產國有化，結果後來由一名親美
的獨裁者取而代之。當然也不要忘了愛德華・伯內斯就曾受一家企業實體所託，透過宣傳活動
推翻了瓜地馬拉的民選總統（而且一切都是因為香蕉，太瘋狂了）。

所以說，資本主義在
宣傳戰的推波助瀾下，
有機會成為民主制度
的支配者。

從本質上來看，民主和資本主義的利益是相衝突的。

民主是一種治理體制，其下的公民擁有可推選代表的平等權利，而這些代表負責立法與確保政府提供民防和公共服務，無需任何獲利動機。

民主允許政府去執行我們身為個人無法達成、但透過公共機構便可辦到的事。

美國國家公園管理局

倫敦警察廳

美國國防部

消防局

如果說政府的存在是為了服務大眾，那企業的存在便是為了替私人股東賺錢。

資本主義則是一種經濟體制，由非政府實體在控制生產製造的方式，為的是創造利潤。

企業理論上應對政府負責，而政府則負責為資本主義制定規則。儘管如此，當企業累積愈來愈多的財富和權力，並下重本遊說國會「讓政府支持他們」，原本的初衷就益發難以達成了。

本應是政府透過監管市場來保護民眾，但現在反而比較像是大企業在監督政府好保護自身利潤，甚至到自己制定遊戲規則的程度。

無止境的追求利潤演變成無止境的想辦法左右公共輿論。

一九七一年，菲利普莫里斯董事會成員和企業律師路易斯·鮑威爾（Lewis Powell）成為此運動的典範人物並將其發揚光大。

鮑威爾身兼十一家企業董事會的董事，他寫了一張備忘錄給美國最大的遊說團體「美國商會」，都是為了強烈反對一九六〇年代的消費者保護措施，像是限制空氣污染、規定汽車要加裝安全帶、在香菸包裝上加入警告標誌、防止銀行剝削消費者，以及在屠宰前檢查牲畜有無染病。

> 「任何深思熟慮的人都不會懷疑美國的經濟體制正受到大規模的攻擊。」

美國商會最初成立是為了對抗勞工組織。這些年來，該商會改為反對全民健保、消費者保護、競選財務改革，以及環境管制規定。而且該商會至今仍是有薪產假的最大反對者，並成功遊說美國國會反對「家庭與醫療假法」（Family and Medical Leave Act）。*

鮑威爾故作姿態，搞得好像政府在消費者保護和環境管制方面採取的「挑釁」行動，就是在侵犯企業權利。

機密備忘錄
美國自由企業制度受到的攻擊

收件人：小尤金·B·西德諾
　　　　美國商會
　　　　教育委員會主席

日期：1971年8月23日

寄件人：小路易斯·F·鮑威爾

本備忘錄係依貴方要求而提交，作為八月二十四日與布斯先生和其他美國商會成員的討論基礎。討論之目的係為找出問題的所在與建議可能的行動方針，以留待日後討論。

攻擊規模

任何深思熟慮的人都不會懷疑美國的經濟體制正受到大規模的攻擊*。攻擊的範圍、強度、使用的手段以及可見度各有不同。

一直都有人在反對美國制度，並傾向於支持社會主義或是某種程度的國家主權主義。

* 稱呼各有不同：「自由企業制度」、「資本主義」以及「利潤制度」。美國的民主政治體制是依法行事，目前同樣受到的攻擊，而且通常是來自意圖危害企業制度的相同個體與組織。

> 「共產主義者、新左派分子及其他革命主義者……會摧毀整個體制，包括政治與經濟制度。」

> 「時候到了——而且早該行動了——美國企業將運用其智慧、獨創性與資源，挺身而出對抗那些意圖摧毀我們的人。」

民主制度威脅到資本主義太多次了，所以資本主義必須靠宣傳戰來展開反擊——而且這次是當成主要的政治武器。

企業資本主義者希望較低的政府干預和監管。簡單來說，他們希望回到自由放任、為所欲為的時代，而經濟大蕭條就是這樣發生的。

* 在鮑威爾寫下這份備忘錄後的十年內，美國商會代表的公司數量成長了 400%。

自由放任的概念和言論思想之自由市場很類似，就像是真相理論上應能在謊言氾濫的網路空間中顯露出來的說法一樣，其邏輯是市場自會找出解方，即便在這個過程中，市場現況可能會使幾個人（或幾百萬人）破產（或死亡），但最終市場會自我修正，至少大家是這麼說的。除非說你賣的是沒有安全帶的汽車或次級房貸，山姆大叔可能才必須出手干預。

一九〇〇年代早期正是因為企業無法自我控管，才會導致每年有三萬五千人因工業事故死亡與七十萬人受傷。是企業迫使政府不得不一步步實行每週四十小時工時、最低工資以及童工法；是企業放任整個產業毒害大眾，不管是鉛、石棉、菸草，還是有毒廢棄物等等；是企業造成了經濟大蕭條與後來的經濟大衰退。而這也是為什麼臉書會充斥著假消息與仇恨言論。簡單來說，就是於生意有益。

甚至連冰箱製造商都無法自我監管，非要政府出手干預才肯行動。以前冰箱的門閂只能從外面開啟，所以小朋友如果爬進冰箱把門關上，就會窒息至死。製造商聲稱這是消費者的問題，他們無能為力。直到美國國會通過一九五六年《冰箱安全法案》，並禁止了這種門閂，磁吸式門板才突然神奇問世，取代舊型門閂並拯救了無數性命。

以企業的邏輯來看，如果解除管制有利於自我監督，那社會就完全不需要法律了。換句話說，如果沒有監獄和警察的話，就等於在鼓勵市民自我監督囉。

企業不斷催促要解除管制，政府最好盡可能不要管事、為富人減稅，以及不再補助社福計畫──根本是用政治政策包裝的企業友善天堂。

不管政治派別為何，我們都應該要了解大企業在當代政治中扮演的角色以及他們大力推銷的自由放任原則，這種意識型態稱為**新自由主義**。在深入討論前，首先必須認識企業和兩大政黨之間的關係。

我們可以把兩黨想成一個是宣揚民主主義，一個是提倡資本主義。民主的重點是個體自由，資本主義講求的則是市場自由。以最簡單的方式來說，一個是勞工黨（個人），一個是企業黨（市場）。

歡迎加入
勞工黨
支持民主
個人自由

歡迎加入
企業黨
支持資本主義
市場自由

左右派一詞的來源可追溯至法國大革命。當時的國王路易十六為處理全國財務危機召開了一場會議，支持國王的權力掮客和富人階層——大約占當時人口的1%——都站在國王的右手邊，而中低階層的勞工——其餘99%的人——全都聚集在國王的左手邊。

左派和右派的分別至今仍大同小異，一派代表著勞工階級的利益，另一派則是統治（或是說企業）階級。統治階級和企業階級兩者無所分別並非巧合。

貧窮，滾啦！

特權，讚啦！

選民

BIG OIL
石油巨頭

「企業是君主發明的制度，為的是遏止如雨後春筍冒出的中產階級和欣欣向榮的新市場，以及侵占這些平民百姓奮鬥來的成果。」作家兼記錄工作者道格拉斯·洛西可夫（Douglas Rushkoff）如此寫道。隨著商人開始在歐洲市場進行貿易後，他們的發展日漸興盛並晉升成中產階級，但貴族階級卻無法從中獲利。封建制度下的領主是靠農民的勞力在享受人生，結果有天發現自己的權力縮水了，因為過去幫他們賣命工作的農民，現在都改行跑去做小生意，搖身一變成了工匠和商人。

洛西可夫寫道：「隨著自由市場日漸壯大，貴族需要想辦法保住財富和地位，所以他們發明了特許專賣權——列出相關規定的一張紙——而國王可以把某一產業的專屬管轄權授予他喜愛的商人……交換條件則是取得企業股份。」結果工匠從此再也不能販賣自家產品，必須在新成立的特許企業中找份工作，然後貴族又能蹺腳享受平民百姓的勞動成果了。

當我們從勞工和企業的角度去思考這兩個政黨時，或許會以為可據此推論出大眾的支持度，畢竟多數美國人都是勞工：幾乎包含了所有受薪人員，不論屬於哪個社經階級（低、中，或高）。只有少數人是企業階層：億萬富翁、法人組織以及其他產業巨頭。但事情不是我們想的那麼簡單。

商人那派不太可能直接推銷只對大企業有利的經濟議程，所以常常需要靠精心編排的宣傳內容來說服大眾認同其想法，包括支持企業減稅、寬鬆的勞工法規，以及解除對華爾街的管制，全都是不利於勞工的觀點，而且跟鮑威爾大聲疾呼的建言如出一轍。

「企業權力是反民主的，這是企業必須盡全力遮掩的事實，所以企業贊助的宣傳才成為不可或缺的武器。公眾輿論必須受到控管，以防對企業產生敵意……民選政府是受到選民的授權，要保障民眾的工作權、監管可能會破壞環境的產業，以及確保企業繳納應負的稅金，這些職責為企業帶來很多的風險，並會限縮公司持續為股東提高利潤的能力。」
——唐納德·葛斯汀（Donald Gutstein），《非陰謀論：商業宣傳是如何綁架民主》（Not a Conspiracy Theory: How Business Propaganda Hijacks Democracy）

鮑威爾的備忘錄讓美國企業開始動員手中一切資源。如他所寫，政治權力是不可或缺的，而且勢必得精心栽培、積極運用。

「現在正是美國企業——他們已證明自己是有史以來最有能力創造產能與影響消費者決策的角色——全力出擊的時候了，務必盡其所能來維護現有體系之穩定。」

NOW PRO-BUSINESS!
現在要以企業為重

「企業必須記取教訓，這是勞工和其他自身利益團體很久以前就已學到的教訓，也就是政治力量必不可少……而且必須大膽果斷的貫徹執行。」

鮑威爾建議要滲透較高層級的教育、政治、媒體與法院體系的機關組織。他甚至打算滲透法學院並成立法律事務所，好為企業打官司。

尼克森總統肯定非常贊同鮑威爾的想法，因為兩個月後，他就讓鮑威爾當上大法官，成功讓法院從捍衛公民權利變成保障企業權利。

沒多久，華盛頓的商會數量就翻了兩倍，而企業事務說客的數量則爆增了五倍（**說客**一詞源自於十九世紀，當時的企業意見領袖和宣傳家會在立法機構的建築大廳徘徊不去、伺機而動，希望找機會影響立法人員的決策，手段包括反覆談論特定議題、提出草擬法案，甚至是直接賄賂立法人員）。

在一九七二年，全國製造商協會遷址至華盛頓特區；到了一九七四年，美國全國步槍協會登記為遊說團體，並為了賣出槍枝開始轉而訴請槍枝權利，和當初宣傳槍枝安全與責任的初衷已完全背道而馳。

設在首都裡的企業辦公室數量
1968:　　50
1978:　　500
1986:　1,300

鮑威爾也建議為新成立的組織提供經費補助，為的是進一步宣傳企業為重的訊息，並再次掌握話語權，強調消費者倡議組織中的「共產主義者」過去已在諸多麻煩議題上大獲全勝，包括顏料中不可用鉛、校園不可使用石棉，以及降低兒童睡衣的易燃度。

具有政治動機的**智庫**因此開始嶄露頭角——這類組織的唯一目標就是散布並助長這些觀念，同時又不能看起來太政治化。

智庫也會成立自有的組織替公司做宣傳，將商業為重的政策重新包裝，為的是讓錢多多的金主獲利。智庫基本上就是偽裝成專家學者的公關公司，故意合法化其明顯與事實有出入的觀點。智庫的資金通常是來自於受監管法規影響最深的產業：石油和天然氣、化學和製藥、金屬和機械、橡膠和塑膠，以及造紙和木材業。

美國大型智庫關係圖

Urban Institute

Lexington Institute

胡佛研究所
Hoover Institute

Committee for a Constructive Tomorrow

American Foreign Policy Council

Institute for Foreign Policy Analysis

SCAIFE FOUNDATIONS
斯凱夫基金會

American Legislative Exchange Council
美國立法交流委員會

Capital Research Center

Center for Strategic and International Studies

Commonwealth Foundation

Foundation for Government Accountability

Foreign Policy Research Institute

Freedom House

America's Future Foundation

Center for Immigration Studies

Texas Public Policy Foundation

Americans for Tax Reform

DONORS TRUST
捐款者信託

Heritage Foundation
美國傳統基金會

Independence Institute

Hudson Institute

Property and Environment Research Center

American Enterprise Institute
美國企業研究院

企業競爭研究所
Competitive Enterprise Institute

Center for American Progress

Washington Center for Equitable Growth

FORD FOUNDATION
福特基金會

Fund for American Studies

Manhattan Institute for Policy Research
曼哈頓政策研究所

Institute for Liberty

Center for Growth and Opportunity

Center on Budget and Policy Priorities

Center for Responsive Politics

John Locke Foundation

National Center for Policy Analysis

Guttmacher Institute

Pew Research Center

Peterson Institute for International Economics

OLIN FOUNDATION
奧林基金會

州政策網路
State Policy Network

Cascade Policy Institute

Institute for Policy Studies

World Policy Institute

RAND Corporation

George C. Marshall Institute

Brookings Institute

Earth Institute

Aspen Institute

Council on Foreign Relations

Center for Independent Thought

○ 保守派
● 自由派
◐ 獨立派

168

為持續推動最為重視的議程，他們會聘請表面上看似學術界的人，產出一堆粗製濫造的可疑研究，然後再把這些研究結果寄給數萬個媒體守門人。智庫還會在全國性報紙上刊登專欄文章、舉行符合自身立場的研討會、推薦政治候選人、提供經過核准的談話重點索引小卡給立法人員，甚至會到國會上作證。在氣候變遷等已有科學共識的領域，他們則是想辦法種下懷疑的種子，讓早就塵埃落定的科學結果再生風波。

他們花錢找幾個騙人的專家，在有線電視的辯論會上與真正的專家針鋒相對。因為電視就是需要衝突才有話題的媒體，所以新聞會呈現「正反兩方」的特點，意圖製造出平衡報導的假象，因此產生所謂的「不當對等」現象。

屬於黨媒的有線電視接下來會使用**虛假平衡**技倆，也就是假裝呈現出故事的所有面向，但事實上極度傾向智庫的企業議程。

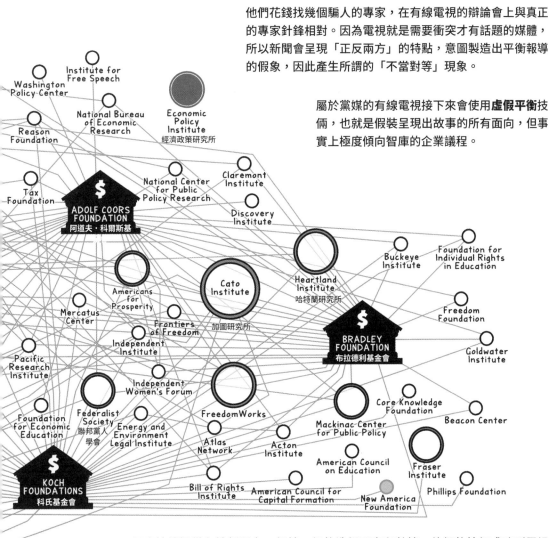

智庫持續提供有線新聞台一個接一個的造假研究和數據。他們的技倆成功到電視上有近八成的權威專家都和保守派智庫有關。他們的曝光度愈高，就愈能夠引用彼此的談話內容，結果明明多數民眾可能不贊同的立場，變得幾可亂真，而大家也因為不斷接收到這些訊息而信以為真。

（譯註）本圖提及之許多智庫目前仍無官方中文譯名，固保留原文名稱呈現。

科氏兄弟出資的「加圖研究所」（Cato Institute）成立於一九七四年，宗旨是將美國的社會安全機制私有化。他們只出版與政府立場相反的研究。

「我們愈來愈強大了，現在我們不想配合主流，而是希望主流配合我們。」

——愛德華·奎恩（Edward Crane），加圖研究所主席

「美國企業研究院」（American Enterprise Institute，簡稱 AEI）最初關注的是政策制定的侵權議題，最終成功改變了全美的對話方向，讓國內政策偏向不受約束的資本主義，而付出代價的通常是消費者。

「美國傳統基金會」（Heritage Foundation）成立於一九七三年，最初是由超級保守派約瑟夫·庫爾斯（Joseph Coors）所資助，其宗旨是要廢除最低工資。該組織最後成功以減稅之名刪減了各式各樣的政府福利。

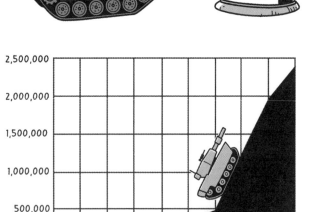

「曼哈頓政策研究所」（Manhattan Institute for Policy Research）成立於一九七八年，其出資贊助多本著作，成功引發了侵權法修正運動，同時也是提出警方「破窗」理論的先驅，其建議是只要監控社區有無窗戶破掉的房子，就可以減少罪犯。警察因此不把目標放在暴力犯罪或白領犯罪上，而是把貧民區視為重點目標，而這些地方通常只有行乞或持有大麻等輕罪。結果警察根本沒有降低會實際影響到民眾的犯罪，反而是根據微不足道的罪行把數百萬的弱勢族群送進大牢。如此一來導致貧民區的犯罪率暴增，吸引更多警察來巡邏，然後就有更多人被逮捕；這不只是自我實現的預言，根本是毀滅性的回饋循環。

入獄的美國人數目

這些智庫大都不會提供有迫切需求的研究或批判性分析，反而是想辦法合理化站在其身後的大企業金主的既有立場。

在二〇一一年，資金與員工皆是由科氏兄弟贊助的「麥基諾公共政策中心」（Mackinac Center for Public Policy）智庫，其主要職責是在密西根州遊說相關法律制定，導致州長將地方政府的控制權交給非民選的經理人。而這些經理人在面臨政府財政吃緊時選擇了緊縮措施，包括出售當地資源給私人企業，或是取消多筆工會合約。該州有超過半數的黑人選民受到這些任命代表的治理，像是弗林特市的經理人為了節省經費，將供水來源從底特律供水系統切換至受到鉛污染的弗林特河。

這些被委任的經理人從未對此事負起責任，因為麥基諾公共政策中心成功遊說了立法人員，使他們不會成為相關訴訟的被告。

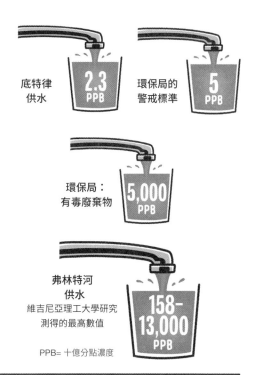

底特律供水 2.3 PPB

環保局的警戒標準 5 PPB

環保局：有毒廢棄物 5,000 PPB

弗林特河供水
維吉尼亞理工大學研究測得的最高數值 158-13,000 PPB

PPB= 十億分點濃度

在一九七二年，一百九十四間最大型的企業成立了「商業圓桌會議」（Business Roundtable）——跟美國商會差不多的遊說團體，只不過成員都是《財星》雜誌世界五百大的執行長。使命也差不多：催生以商業為重的政策觀點，重點在於不要讓政府插手生意。這些執行長會在美國各地透過商業午宴不斷強化這些事前批准過的談話要點。沒多久，該組織成為比美國商會或全國製造商協會還要有力的企業傳聲筒。

在過去數十年間，廣告委員會和全國製造商協會想方設法透過公關來推廣鮑威爾的觀點。大企業像在參加一場盛大的宣傳開支狂歡派對，每年的支出約為十億美元（根據一項國會調查的結果）。

在 2013 年到 2014 年間的投票議案支持者和反對者捐獻的金額

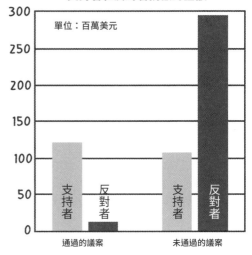

單位：百萬美元

	支持者	反對者
通過的議案		
未通過的議案		

2013 年到 2014 年間的政治獻金投票議案委員會

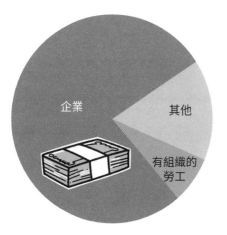

企業
其他
有組織的勞工

到了二〇一四年，全國投票議案宣傳活動的最大資助者已是企業和其遊說團體，並拿下了超過95% 的議案（舉例來說，孟山都和反對者的支出比是十六比一，成功擊敗科羅拉多州要求基因改造食物必須在標籤上註明的議案）。

美國有科氏兄弟問題

AMERICA HAS A KOCH PROBLEM

智庫和遊說團體不過是企業計畫綁架民主和改造美國的其中一個環節而已。另一部分的計畫是滲透進高等教育機構。

在一九七六年的一場保守派會議上，實業家查爾斯·科赫（Charles Koch）提議要向學生灌輸保守派的意識型態，才能與新政時期發生的進展抗衡。同場會議的另一名講者李奧納多·里吉歐（Leonard Liggio，也是科氏一派的人馬）甚至指出希特勒青年團有多成功。他建議採用納粹模式，從大學就開始培養保守主義意識型態（科氏家族因協助希特勒精煉納粹德國戰機要用的汽油而賺進了數百萬）。

自一九七〇年代起，查爾斯·科赫投入了成千上百萬美元的資金進行教育洗腦，包括向學生宣揚新自由意識型態的電玩遊戲，可以早自小學就開始灌輸。科氏贊助的智庫和學術計畫經常以慈善活動的方式呈現，不僅能掩飾其真實意圖，還可讓金流更難追蹤。

「聯邦黨人學會」（Federalist Society）是支持自由主義的智庫，認為必須從嚴解釋憲法，它開始發放獎學金給年輕有為且對企業言聽計從的學生，並讓他們擔任有志一同的法官的助理。該學會的影響力之大，在本書出版之時，九位最高法院大法官中有五位和該學會有關係，而且該智庫還會定期提交候選法官名單。

在一九八〇年代，由化學製造業巨擘出資的「奧林基金會」（Olin Foundation）挹注了六千八百萬美元給美國的法學院，為的是讓學習法律知識的原始目標，慢慢朝向極端自由主義思維的方向走去；不僅如此，他們還會資助偽裝成政治學家的政治宣傳人員出書。

還不僅止於法學院。有錢實業家和他們的億萬富翁好夥伴組成的保守派聯盟成立了各式各樣的組織，其中包括了「教育事務機構」（Institute for Educational Affairs），專門提供經費給多項補助金、研究與獎助學金，並為教授、科學家，甚至是大學提供財務資助。這些人制定出各式議程目標，為的是用正統資本主義觀點去影響選民、法官，和學術人員，好讓美國人民不會想要「不受資本制約的自由」，而是想要「為資本爭取自由」。*

接下來他們並著手遊說政治人物刪減學校預算，所以學校不得不仰賴智庫的財務捐獻，如此一來智庫就能變相逼迫學校為了持續收到補助款而改變教學方向。

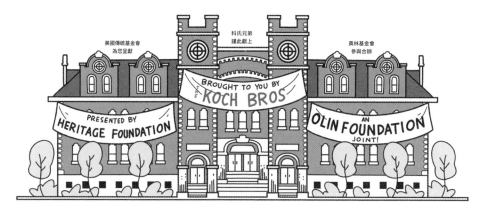

* 或許這也沒什麼好驚訝的。實業家曾資助美國的公立學校體系，也就是依照工廠模式去設計學校制度，並把孩童當作消費者產品在「形塑與改造」。為勞動階級提供的這些財務饋贈都是為了確保未來世代會成為「智識平庸」的「溫馴市民」，意即他們會完美符合工廠的工作。

在過去的數十年間，幾乎各州都實行了減稅，同時又削減了要撥給大學的補助經費，幅度大約落在 16% 到 30%。

現在連小學都面臨現金嚴重不足的問題，只好大開方便之門給修正主義派所選的教科書，以便獲得數以百萬計的資金來源，結果反而又為那些億萬富翁帶來更多商業利益。

現今科氏家族每年斥資一億美元加深他們在學術界的影響力，金額已是上世紀交替之際的三倍。根據「國家響應式慈善委員會」（National Committee for Responsive Philanthropy）的調查，以三十年的期間來看，保守派光是在其前二十大的智庫身上就花了十億美元。正如該組織的主席羅伯特·博思韋爾（Robert Bothwell）所說：「保守派智庫花掉的千百萬美元，讓他們得以實質主宰全美辯論的議題和條件。」

美國現在有近二千個智庫，五十年前不過才七十個，而且占全球所有智庫組織的三分之一。他們在形塑公眾輿論上獲得了極大成效，以至於許多勞工黨──和其領袖人物──都支持企業黨賣給他們的那些觀點。

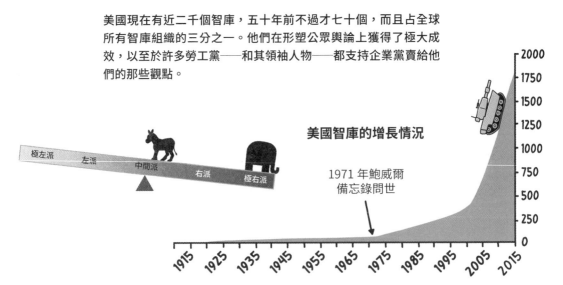

美國智庫的增長情況

1971 年鮑威爾備忘錄問世

在鮑威爾備忘錄問世以前，只有少數幾個智庫站在美國稅賦過重的立場，但到了一九七〇年代末期，這些智庫將這個本來很邊緣的想法，變成了政治平台的主流意見，並在雷根競選總統時達到了巔峰；此人打的如意算盤就是要靠刪減社會福利來填補為富人大幅減稅所造成的財政缺口。

此戰果得之不易，畢竟在一九七〇年代晚期，民意調查仍顯示美國人希望有更完善的社會福利制度、更嚴格的環保措施，以及更平等的財富分配。結果美國人得到了完全相反的三個結果。

公眾輿論的轉換可以用奧弗頓之窗（Overton window）理論來說明，也就是在特定時間、特定範圍內大眾可接受的觀念。以經濟政治來說，企業智庫一直拚命在把這個窗戶往右移，以求取得重大成果。新自由主義的基石——解除管制、私有化、小政府——在窗框移動之前，全都屬於極右派的觀念。*

雖然這些條件讓大企業過得順風順水，但經濟局勢卻因此往大蕭條的方向直奔而去，使得財富不均的程度重回一九二九年的窘境。

奧弗頓之窗可左可右。以社會政策來說，隨著社會不斷演化進步，窗框自然而然會一代代往左移，使社會變得更加平等且接納變革。

就像小馬丁・路德・金恩說過的話：「道德宇宙的軌跡雖漫長，但終將歸向正義。」所以每個世代才會對世界有不盡相同的看法。

* 解除管制或許對商業有利，納稅人卻要付出極高的代價，包括緊急服務、健保、環境整治及基礎建設維護。美國管理暨預算局（Office of Management and Budget）估計，政府管制為社會帶來的好處總計每年可上看三千九百三十億美元。然而，解除管制的擁護者催促著要解除一切保護措施——川普政府廢止了與乾淨空氣、水源、野生動物以及有毒化學物質有關的一百項管制政策——等於是讓我們冒險回到工業革命那個早期年代，也就是意外死亡和工業災難同樣常見。如今的意外死亡率遠高於美國史上的任何時代，每年有超過十七萬三千起死亡事件。

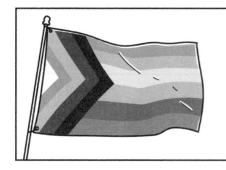

以同志權利為例，在過去五十年已有極大進展，從同性戀是犯罪，到同性戀是社會禁忌，一直到現在的完全婚姻平權。而在同性戀權益方面的進展，生於二十一世紀的這一代所處的社會已比之前的世代平等不少。

現實世界的奧弗頓之窗

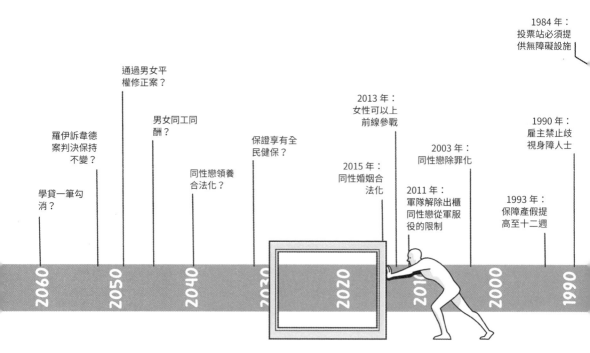

1984 年：
投票站必須提供無障礙設施

通過男女平權修正案？

男女同工同酬？

2013 年：
女性可以上前線參戰

1990 年：
雇主禁止歧視身障人士

羅伊訴韋德案判決保持不變？

保證享有全民健保？

2003 年：
同性戀除罪化

學貸一筆勾消？

同性戀領養合法化？

2015 年：
同性婚姻合法化

2011 年：
軍隊解除出櫃同性戀從軍服役的限制

1993 年：
保障產假提高至十二週

2060　2050　2040　2030　2020　2010　2000　1990

研究複雜性的科學家山謬‧阿貝斯曼（Sam Arbesman）在其著作《事實的半衰期：為何知識有保存效期》（*The Half-Life of Facts: Why Everything We Know Has an Expiration Date*）中如此解釋：「這……基線偏移症候群讓我們把自己成長的世界當作是常態。我們通常不會正視不斷變動的真相，除非擁有不同基線的另一代長大成人，逼著我們不得已而為之。」

這就是為什麼我們總認為科技是在我們出生後才發明的。這也是為什麼小孩子通常比父母來得開放：因為兩者的世代影響或社會偏見都不一樣。這更是為什麼想要打破原本的科學共識（如塞麥爾維斯的故事），通常都必須等到那些背負著錯誤信念的上一輩走得差不多了，下一代的觀念才能開始前進。

如亞伯特‧愛因斯坦的觀察所示，我們以為的常識其實不過是人到十八歲為止累積下來的各種偏見。

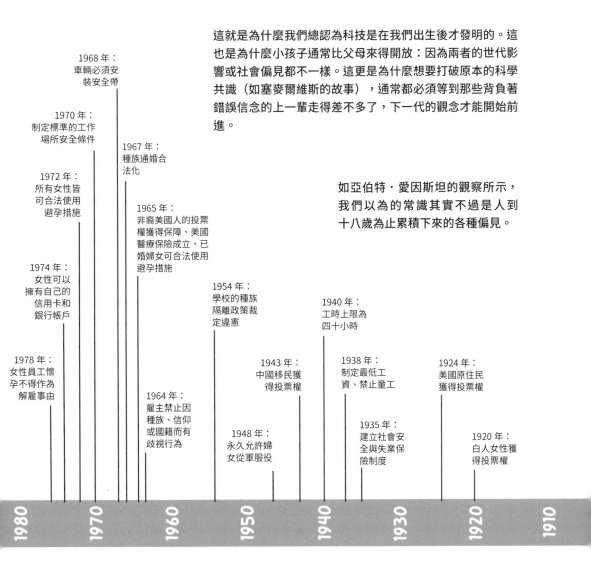

1968 年：
車輛必須安
裝安全帶

1970 年：
制定標準的工作
場所安全條件

1967 年：
種族通婚合
法化

1972 年：
所有女性皆
可合法使用
避孕措施

1965 年：
非裔美國人的投票
權獲得保障、美國
醫療保險成立、已
婚婦女可合法使用
避孕措施

1974 年：
女性可以
擁有自己的
信用卡和
銀行帳戶

1954 年：
學校的種族
隔離政策裁
定違憲

1940 年：
工時上限為
四十小時

1978 年：
女性員工懷
孕不得作為
解雇事由

1943 年：
中國移民獲
得投票權

1938 年：
制定最低工
資、禁止童工

1924 年：
美國原住民
獲得投票權

1964 年：
雇主禁止因
種族、信仰
或國籍而有
歧視行為

1948 年：
永久允許婦
女從軍服役

1935 年：
建立社會安
全與失業保
險制度

1920 年：
白人女性獲
得投票權

1980　1970　1960　1950　1940　1930　1920　1910

如果成人有試著去理解小孩的社會觀，我們就不會忙著保護那些從小就有的觀念了。人一輩子都必須不斷進化並更新觀念。

那人該長大了。

繼續睡吧！一切保持不變就好！

因為人類生性保守，慣性更是我們的預設模式，所以要做到這點並不容易。只要宣傳告訴我們無需改變或世界無需變革，不願改變的天性就會讓我們更容易照單全收。

就像石油產業告訴我們地球暖化不存在、無需改用再生能源，也不需要開燃料效率較高的車一樣。或是智庫告訴我們貧窮是道德上的瑕疵，所以我們不需要出錢建立社會安全網。

目前為止都沒傷到我啊！

事實上我們確實需要擔心全球暖化和少用石油，而且也確實需要幫助窮人並提供經費打造社會安全網。

對宣傳家來說，打贏戰爭最快的捷徑就是讓大家相信根本沒必要反抗。

所以說他們的首道防線就是阻擋任何會使社會更加平等的社會變革，或是會使資源更加平均分配的經濟改革。

「媒體上常見的基本扭曲內容並非無心之過，因為全都不是隨機產生的；這些錯誤都是為了往同個方向前進，也就是偏袒管理階層而非勞工、偏袒企業主義而非反企業主義、偏袒富人而非窮人、偏袒私人企業而非社會主義、偏袒白人而非黑人、偏袒男性而非女性、偏袒官員而非抗議者、偏袒傳統政治而非多元意見、偏袒反共產主義與軍備競賽而非軍備裁減、偏袒民族沙文主義而非國際主義、偏袒美國在第三世界國家的霸權而非革命性改革或民粹民族主義式變革。這些媒體能做的事很多，也具備多重功能，但其最重要的角色與最重大的責任是持續重新塑造有利於既存社會與經濟階級權力的現實觀點。」

——邁克爾・帕倫蒂（Michael Parenti），
《發明事實：新聞媒體的政治》（*Inventing Reality: The Politics of News Media*）

如果在社會中金錢代表力量，那政治就是奪權大戰。

宣傳不僅是透過影響力來獲得力量，更是為了透過立法來鞏固權力。

對掌權者來說，不管是企業或政客，沒有什麼比可能失去權力更危險的事了，所以他們才會不擇手段地去防堵這種可能。

當亞伯拉罕・林肯解放黑奴時，
誰失去了權力？富有的莊園主人。

因此，宣傳是用來說服大眾應將黑人視為財產，
而且南方的私人奴隸受到的對待比方那些「領
薪水的奴隸」還要人道，以及莊園主比工廠主更
照顧工人。

媽媽是婦女參政運動者。

當蘇珊・B・安東尼（Suan B. Anthony）
獲得了半數民眾的選票，誰失去了權力？
父權主義。

因此，宣傳的目的是嚇唬大眾，讓他們以為婦女
有了投票權會威脅到家庭完整度和社會結構——
後來的同志權利運動又出現同樣論述。

當小馬丁・路德・金恩為
少數族裔爭取到平等權利，
誰失去了權力？
有投票權的多數白人。

因此，宣傳是要讓白人以為自身
權利會因此受到侵犯，還會失去
原有的社會地位和對所屬社區的
控制權——後來的移民恐慌也是
持同樣論述。

辨別宣傳的最大關鍵步驟就是
思考是哪個掌權利益團體從中獲益最多。

相信鑽石價值至少兩個月的薪資，誰會獲利？**戴比爾斯鑽石大王。**

相信十五分鐘的休息時間就要來杯咖啡，誰會獲利？**咖啡製造商。**

相信復活節提籃裡應該裝滿糖果，誰會獲利？**糖果製造商。**

政客把宣傳作為手段，或是不斷重複宣傳戰的謊言，通常都是為了造福企業。

相信全球暖化是場騙局，誰會獲利？**石化能源產業。**

相信全民健保是社會主義，誰會獲利？**私人健康保險公司。**

相信禁止突擊步槍違憲，誰會獲利？**槍枝製造商。**

如果是與政治人物有關的情境，最好的辦法是想想這些人是真的想解決問題，還是試圖讓問題無法解決？

如果不是明顯要為企業利益著想，政客便可能為了掌握政治權力而選擇會引發文化戰爭的敏感議題。這類宣傳完全是靠訴諸情緒來拜託選民投票。

這些議題經常在競選期間被拿出來講，但在這些領導人物上任後就經常石沉大海。

政客提起這些文化戰爭議題只是為了當選，如此一來他們才能服務真正的選民：大企業。

相信選民舞弊的情況非常普遍，誰會獲利？
沒有限制少數族裔投票就無法當選的政客。

相信宗教自由受到踐踏，誰會獲利？
沒有基督教民族主義者的基本盤選票就無法當選的政客。

相信移民正在搶走本國人工作，誰會獲利？
沒有訴諸反移民情懷就無法當選的政客。

每個政治決策

（以及所有立法）

同時間都只能

造福單方的選民團體：

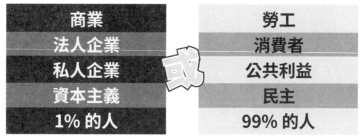

商業		勞工
法人企業	或	消費者
私人企業		公共利益
資本主義		民主
1% 的人		99% 的人

* 關於墮胎的政治口水戰就跟移民議題的爭論差不多，其實根本無關乎保護未出世胎兒的權利，重點在於挑動情緒。從數據來看，在可以合法墮胎的國家，墮胎率是每一千人中有三十四人；而在墮胎不合法或有限制的國家，墮胎則是一千人中有三十七人。兩者差異不大──估計每年每四個懷孕婦女就有一個選擇墮胎。把墮胎視為犯罪行為無法阻止墮胎，只是讓墮胎變得更不安全而已。如果政治人物真心想要遏止墮胎，便應著手處理意外懷孕的問題，包括提供性教育與取得避孕措施的管道，以及認真消除貧窮（包含為「美國計畫生育聯盟」〔Planned Parenthood〕提供經費、要求健康保險業者給付各種避孕措施，以及提供完善的社會安全網來為極度貧窮的家庭提供兒童照護服務──這些選項處處受到那些聲稱「擁護生命權」的政客否絕）。或許限制墮胎管道根和保護生命無關，不過只是強勢族群（白人男性）試圖透過歧視（甚至是懲罰）相對弱勢的族群（女性──尤其是黑人女性，其墮胎率是白人女性的五倍）來維護企業、社會和政治權力。

提高最低工資、成立工會、提供全民健保，
誰會獲利？**99% 的人。**

放寬環境管制、社會福利私有化、廢除網路
中立法規，誰會獲利？**1% 的人。**

相信為富人減稅會使所有人受惠、窮人活該
貧窮、富人本該有錢，誰會獲利？還是只有
那 **1% 的人。**

不管是說服 99% 的人像 1% 的人那樣思考，
或單純相信那些顯然有誤的說法，我們都無
法否認宣傳對公共輿論的影響力。沒幾個人
有辦法看清楚我們在現今最為重要的那些議
題中被誤導的有多嚴重。

這種知識的錯覺稱之為鄧寧－克魯格效應（Dunning-Kruger effect，或稱井底之蛙效應）：
愈是自以為所知甚多的人，真正了解的事愈少。就像相信低脂飲食有益健康或減稅可以刺激經
濟一樣，我們會如此認定不過是因為太常聽到這些說法了。

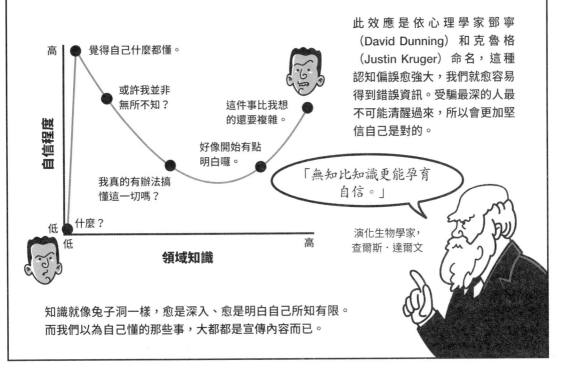

此效應是依心理學家鄧寧
（David Dunning）和克魯格
（Justin Kruger）命名，這種
認知偏誤愈強大，我們就愈容易
得到錯誤資訊。受騙最深的人最
不可能清醒過來，所以會更加堅
信自己是對的。

知識就像兔子洞一樣，愈是深入、愈是明白自己所知有限。
而我們以為自己懂的那些事，大都都是宣傳內容而已。

針對宣傳是如何使我們接收到各種錯誤訊息的研究，甚至有個專有名詞：比較無知學（agnotology），源自於希臘文，意思是「無知」。**比較無知學**指的不僅僅是缺乏知識，更特指因文化而導致的無知，而且通常是經過企業利益團體和其政治同謀的縝密計劃與傳播。

宣傳愈是蓬勃發展，民主愈是每況愈下，一切都是為了資本主義。

如先前所說，宣傳是透過五大關鍵步驟來達成目的：

1 簡單、非黑即白的敘事

2 靠的是隱性偏誤

3 進而激發負面情緒

4 使民眾產生「我們」vs「他們」的對立心態

5 全是為了讓權力階級得利

政治宣傳戰實在太過成功，以至於幾乎沒人懷疑為什麼自己跟塔利班和３Ｋ黨支持一樣的候選人，或是為什麼我們過往的投票記錄和新納粹主義者一樣。

我不是種族主義者，只是跟他們投一樣的票而已。

這種噪音審查——宣傳內容已多到無法分辨何者為真——會扼殺批判性思維。下一章將會介紹宣傳專家是運用哪些技倆達成目的。

第七章

宣傳技倆

「玩弄文字遊戲是操縱現實的入門工具。
只要能決定文字的意義，就能掌控必須使用這些文字的人。」
——菲利普・K・狄克（Philip K. Dick）

「公共關係在最好的情況下就是廣告宣傳或操控手段，在最壞的情況下就是規避責任與徹底
欺騙。無論如何，公關絕不是資訊的自由流動。」

——希瑟・布魯克（Heather Brooke），調查記者

科學研究如果應用在公共領域上，便可能威脅
到商業利益的生計。原本學術界有共識的事
實，放到全球層級來討論好像就成了有待商榷
之事。

這是因為各大產業常會利用宣傳來保護自身利
益。他們精心編造的反駁論證乍看之下好像具
有同等分量，但完全經不起詳細檢視。簡單來
說，這些商人搞出了一場辯論，但實際上根本
沒有值得爭辯之處。

菸草業和石油業巨頭
更是施展這類欺騙手
段的箇中高手，無人
可與之匹敵；他們拚
命砸大錢、以防自家
事業蒙受重大風險，
其中包括散布各式各
樣的懷疑論——並由
「否認」好夥伴幫推
一把。

一九六九年，一名菸草業高階主管在一份內部備忘錄中
說明了此戰術。

懷疑就是我們的產品，因為這是和大眾心中的「事實好兄弟」競爭
的最好方式，同時也是創造爭議的手段。雖然業內人士都認同爭議
確實存在，但大眾的共識是菸草對健康就是有某種程度上的傷
害。如果能成功在大眾層級也製造出爭議，就有機會去誤導抽
菸與健康相關的實情。然而，懷疑同時也是我們「產品」的限
制所在。很可惜……

數十年以來，即便已有愈來愈多的證據顯示菸草和癌症之間的關係，但見縫插針、不斷埋下各種懷
疑種子，就是大型菸草公司削弱事實力量的最佳武器。六間菸草公司在爭了多年誰才是「最健康」
的菸草品牌後，於一九五三年共同組織了菸草遊說團體，並聯合聘請偉達公關公司來幫忙。然而，
不過是在前一個星期，「美國癌症協會」（American Cancer Society）與「美國外科學院」（American
College of Surgeons）的主席艾頓・奧斯諾（Alton Ochsner）才剛剛警告大眾吸菸與癌症是有關聯
性的。

菸草業高階主管早在一九一二年就深知菸草的致癌影響，而一九五○年的一份報告更指出，96% 的肺癌患者都是中重度的吸菸者。*

「WINSTON就是香菸該有的味道。」

事實上，首個證實菸草會導致動物肺部長腫瘤的決定性實驗，就是由菸草製造商所主導。然而，他們若想維持良好市占率，就必須否認自家產品有多不健康。

當時有過半數的成年男性抽菸，而且有 30% 的醫生每天至少抽上一包。菸草產業承受不起失去這些消費者的風險（至少不能在他們死於肺癌之前）。

Why Physicians Call Our New Brand "A HEALTH CIGAR"
為何醫師說我們的新品牌是「健康的香菸」

再小的幫助都算數！
"Every little Helps!"
"Don't be angry Daddy, it's for ST. DUNSTAN'S"
ST. DUNSTAN'S CIGARETTES
「爸爸別生氣，這是為了 St. Dunstan's」
St. Dunstan's 香菸

*Chesterfield Cigarettes are just as pure as the water you drink
「Chesterfield 香菸跟每天喝的水一樣純淨。」

味道不是我抽菸的唯一理由
TASTE ISN'T THE ONLY REASON I SMOKE
"An easy labor, a slim baby, and the Full Flavor of Winstons!"
「寶寶小隻、生產輕鬆，還能享受完整的 Winston 風味！」

偉達公關公司成立了名為「菸草產業研究委員會」（Tobacco Industry Research Committee，簡稱 TIRC）的掩護機構，偽裝成獨立研究者組織，聲稱其「對菸草產業不帶偏見」並決心找出吸菸的真相。

*肺癌在一戰爆發前十分罕見，所以醫學系學生認為解剖到有肺癌的大體是千載難逢的機會。但才過沒幾十年，難得的機會變成周周可見的常態了。

一九五四年一月四日，TIRC 正式在大眾面前亮相，並提出了「對吸菸者的誠實宣言」，由十四間菸草公司總裁聯合簽署。該宣言在美國四百家新聞報紙上以全版刊登，粗估約有四千三百萬名美國人看見此資訊，曝光率之高前所未見。

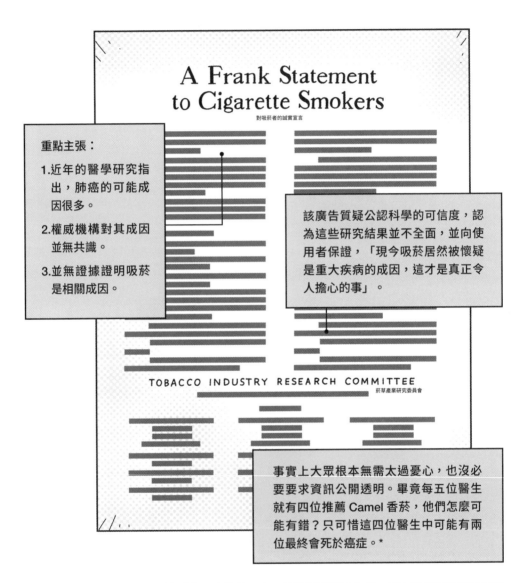

A Frank Statement to Cigarette Smokers
對吸菸者的誠實宣言

重點主張：

1. 近年的醫學研究指出，肺癌的可能成因很多。
2. 權威機構對其成因並無共識。
3. 並無證據證明吸菸是相關成因。

該廣告質疑公認科學的可信度，認為這些研究結果並不全面，並向使用者保證，「現今吸菸居然被懷疑是重大疾病的成因，這才是真正令人擔心的事」。

TOBACCO INDUSTRY RESEARCH COMMITTEE
菸草產業研究委員會

事實上大眾根本無需太過憂心，也沒必要要求資訊公開透明。畢竟每五位醫生就有四位推薦 Camel 香菸，他們怎麼可能有錯？只可惜這四位醫生中可能有兩位最終會死於癌症。*

這份誠實宣言是菸草巨頭動搖科學研究的第一步，故意把明明只有單一面向的議題講得好像有正反兩面，「一邊製造對這些健康指控的懷疑，但實際上又沒做出任何否認；一邊提倡大眾有吸菸的權利，但實際上又沒有真的鼓勵民眾抽菸」（菸草產業高階主管的原話）。

* 研究顯示，50% 到 75% 的吸菸者死於香菸相關疾病。

在一九五〇年代，菸草遊說團體的相關支出翻了一倍，估計超過了一億美元。偉達公關公司持續發表一堆可疑的研究，並花錢雇寫手發表支持菸草的文章。

該產業還付錢請科學家簽連署信寄給醫學期刊，信件內容是由菸草公司的法律事務所撰寫。甚至每月編撰名為《菸草與健康報告》的通訊內容寄送給醫生，將癌症成因怪到菸草以外的所有東西上，包括名為〈質疑香菸與癌症關聯的二十八個理由〉這類的文章。

菸草產業還會為了偵察敵情而滲透進反菸團體。

他們也對紀錄工作者和記者施壓，請他們對菸草產業高抬貴手，甚至說服了電視製作人不要播出任何負面報導。

為了反對提高菸稅，他們還和自由派智庫「穩健經濟公民組織」合作推動稅務改革。

除此之外，更大肆宣揚室內空氣汙染並非二手菸所致，應該要怪的是空調排氣不佳，並在過程中竄改了通風標準。

「我們不抽那個鬼東西，只會賣給……年輕人、窮人、黑人和蠢人。」

雷諾菸草公司高階主管的原話，約一九九二年

Can we have an open debate about smoking?
我們可以針對吸菸一事公開辯論嗎？

他們遊說政府推延與阻撓各種無菸政策，並宣稱這些政策會導致經濟衰退。他們聘請了博雅公關公司（Burson-Marsteller），成立名為「全國吸菸者聯盟」（National Smokers Alliance）的掩護機構，專門透過時事通訊、電話推銷和草根拉票活動等方式，對抗公開場合禁菸的禁令。

從澳洲到亞洲、從蘇格蘭到瑞士，全球菸草產業顧問聯手起來、沆瀣一氣；他們撰寫了專欄文章、製作影片、出資贊助出書、聘請專家愚弄醫療記者，甚至還舉辦了裝模作樣的研討會，然後將二手菸的有害影響怪罪到環境汙染源上。*

直到一九九五年，這個行業的謊言才被揭穿。吹哨者傑佛瑞·維甘德（Jeffrey Wigand）提出證據，證明大菸草公司故意向國會撒謊並誤導公眾數十年。最終在一九九八年達成總和解協議，為史上最大的民事訴訟和解協議，同時解散了成立四十五年的菸草產業研究委員會。

---

* 製藥產業在鴉片危機時也依循了類似的策略方案。時至二〇〇一年，隨著意外用藥過量的案件數量上升，普度製藥（Purdue Pharma）心知肚明，自家的止痛藥「奧施康定」（OxyContin）具成癮性，卻還是繼續以不具成癮性的噱頭行銷該藥。他們發起了一項公關活動，包括想方設法發表與專欄文章去栽贓藥物濫用者，並為主張使用者要對自己負責的智庫出資，以及建立反成癮網站，把責任全轉嫁到消費者身上。結果導致在一九九九年到二〇二〇年間，共有超過八十四萬人死於鴉片用藥過量。

到了一九八八年，所有商業航班都已禁登香菸廣告，而加州也成為第一個禁止在酒吧、餐廳，和賭場吸菸的州。一九九九年，菲利普莫里斯公司終於公開承認吸菸會致癌，但這時估計已有二千萬美國人死於吸菸了。

現今美國已有二十八州實施室內全面無菸法律，但菸草每年仍害死四十八萬名美國人，其中有超過四萬一千人是因為暴露在二手菸之下。

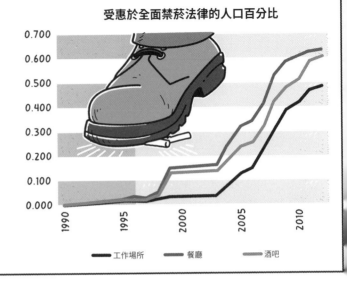

受惠於全面禁菸法律的人口百分比

0.700
0.600
0.500
0.400
0.300
0.200
0.100
0.000

1990　1995　2000　2005　2010

━━ 工作場所　　━━ 餐廳　　━━ 酒吧

在近半個世紀以來，偉達公關公司的這場菸草公關行動實在太過成功，
所以他們也為其他有害產品製造商如法炮製了相同手段。

石棉是種防火礦物質，但吸入可能致死，偉達為了封鎖石棉有害的消息，便成立了名為「石棉資訊協會」（Asbestos Information Association，簡稱 AIA）的商會。即便早在一八九八年就已知道石棉有毒，但該物質當時還是被當作建築材料廣泛運用。吸入該致癌物質的粉塵粒子會導致惡性間皮細胞瘤與其他癌症。

到了一九一八年，就連美國保險公司都知道石棉有多致命，保誠人壽公司（Prudential）開始拒絕工業工人的保險給付。

根據石棉資訊協會的說法，石棉「應該是至今為止毒性最強的工業材料，而全世界卻毫無防備」。但石棉產業還是繼續向民眾灌輸各式各樣的猜疑，方法包括散播垃圾科學，並質疑石棉與癌症的關聯。

直到一九六〇年代，石棉製造商才開始在產品上加入警告標示。但海灣石油（Gulf Oil）等公司依然故我、不承認相關傷害，在培訓手冊上仍表示石棉「不會對呼吸器官造成傷害」。到了一九七〇年代，美國環保署（EPA）才終於針對該礦物質制定相關監管規定，並禁止在絕緣材料中使用石棉。

九一一事件發生後，有毒物質是重建工作人員罹患呼吸道疾病的關鍵原因。這些物質被當作絕緣材料，用在第一棟世貿大樓的前四十層樓，而當大樓倒下後，這些材料化為粉塵、瀰漫在空氣中多日不散。

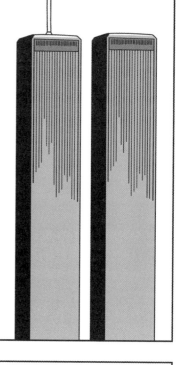

180 萬噸

從九一一原爆點移除的
破瓦殘礫噸數

2,000 噸

世貿中心雙塔倒塌時釋放
到空氣中的石棉纖維量

美國環保局起草了一份宣言，警告民眾空氣品質有毒，但小布希執政的白宮改寫了該份聲明，否認一切毒害，向大眾保證可以安心呼吸空氣——肯定不能信。又是同樣的戲碼，該產業的擁護者再次駁斥了相關危險。

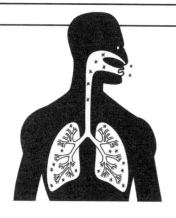

世貿中心雙塔倒下時製造了大範圍的有毒粉塵，可能有多達五十萬名的民眾暴露在高達二千五百種的汙染物當中，其中又以第一線應變人員受害最深。

超出112,000倍

爆點附近的石棉含量與
法定上限相比

**70%**

九一一重建工作人員出現
肺部問題的比例

超過一萬名的倖存者被診斷出癌症，並有多達四萬三千名民眾被診斷出
與九一一相關的特定疾病。

九一一相關疾病的年死亡人數自二○○一年起逐年攀升，到二○二○年的總死亡人數已達三千四百九十六人，遠遠超過當時死於九一一現場的二千七百五十三名紐約客。

在石棉產業的大力遊說之下，該物質仍然在大量產品中使用，從屋頂材質到水泥、甚至是服飾。石棉至今每年持續害死近四萬人。

大衛・奧佐諾夫（David Ozonoff）是毒物學家與波士頓大學公衛系的環境衛生榮譽主席，曾在石棉相關訴訟案中擔任原告證人，他對該產業的辯護策略總結如下：

「石棉對健康無害。」

「好啦，石棉對健康有害，但不會致癌。」

「好啦，石棉會致癌，但不是我們用的這種石棉。」

「好啦，我們用的這種石棉會致癌，但不是這人得到的那種癌症。」

「好啦好啦，我們用的這種石棉會致癌，但不是這人接觸到的劑量。」

「好啦，石棉會致癌，而且也是這個劑量，但這人生病有其他原因，比方說抽菸。」

「好啦，他是因為接觸到我們的石棉才得癌症的，但當初我們讓他接觸時，並不知道其中的危險性。」

「好啦，法定時效還沒超過，但如果判我們有罪，公司會倒閉，大家只會更不好過。」

「好啦好啦，當初我們讓他接觸時就知道其中的危險性了，但現在已超過法定時效啦。」

「好啦，我們同意停止營業，但必須讓我們保留一部分的公司，而且對我們造成的傷害只能裁定有限責任。」

科學家邁克爾・E・曼恩（Michael E. Mann）寫道：「會用轉移注意力宣傳大法的那些人根本沒打算解決問題。如果想要解決問題，就會提出多管齊下且有益社會大眾的做法。然而這些人卻使出各種欺瞞與蒙蔽手段，旨在破壞可能對富人階層不利的系統性解方。」

鉛產業也有類似的黑歷史。此有毒金屬在二十世紀大多數的期間隨處可見：家電設備、玩具、電話、汽油、水管，和家用油漆。

在整整五十年間，「美國國家鉛公司」（National Lead Company）一直大力行銷其純白含鉛油漆有多安全，並將之與健康和繁榮畫上等號。他們甚至在廣告中宣傳含鉛水管協助「守護你的健康」。

鉛協助守護你的健康

雖然查爾斯‧狄更斯（Charles Dickens）早在一八六一年就描述了鉛中毒的狀況，而美國的第一起診斷案例則出現在一九一四年，但鉛業商會仍持續向消費者推銷含鉛產品。美國國家鉛公司甚至把行銷目標瞄準了小朋友，製作出以兒童吉祥物「荷蘭小童」為主題的著色本。

荷蘭小童的嗜好
男女孩都喜歡的著色本

一九二二年，「國際聯盟」（League of Nations）試圖在全球層級禁止含鉛顏料，但美國的「鉛工業協會」（Lead Industries Association）成功遊說美國國會不要加入。雖然鉛工業協會私下也承認鉛有毒，但還是在一九三八年推出了最大的公關宣傳活動，為的是「消除大眾對含鉛顏料產品的恐懼」。

到了一九五〇年代，已有數以百萬計的孩童鉛中毒，此時公衛官員開始覺得事有蹊蹺。醫療研究人員賀伯‧尼道曼醫師（Herbert Needleman）發現，小朋友牙齒中的鉛含量可用來判斷他們接觸到的量；鉛含量濃度最高的孩童都出現了最嚴重的學習與發展問題。而且在牙齒中每發現百萬分之十的鉛濃度，孩童的智商就低二分。

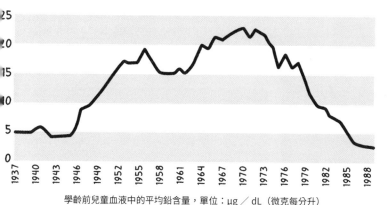

學齡前兒童血液中的平均鉛含量，單位：μg／dL（微克每分升）

為保護顏料公司的獲利，鉛產業展開了反擊。再度邀請到偉達公關當打手，故意破壞尼道曼醫師和其研究結果的可信度，讓鉛產業公司成功撇清相關責任。

鉛工業協會堅決表示：「兒童鉛中毒基本上是因為居住環境髒亂與家長疏忽造成的問題。」也就是說他們不打算移除產品中的有毒物質，反而是忙著「教育那些難以教化的父母」。

由於鉛中毒被當成是只會影響到貧窮少數族群的疾病，所以含鉛顏料到一九七八年前都未被「消費者產品安全委員會」（Consumer Product Safety Commission）禁止──這麼多年不知道已殘害了多少發育中的孩童大腦。

鉛暴露會導致貧血、癌症和流產，也會導致非創傷性（但永久性）腦損傷。

在一九二〇年代，鉛中毒致使標準石油（Standard Oil）紐澤西廠的多名員工精神失常，但該公司把錯都推到工人身上，宣稱他們一定是「工作太認真了」。而那些沒有死於鉛中毒的員工最後都淪落到了精神病院。

該產業並未想辦法把汽油中的鉛移除，反而是將含鉛汽油重新包裝成「乙基」（ethyl）。

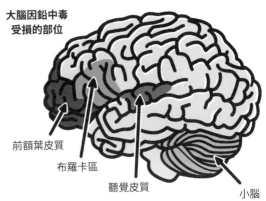

大腦因鉛中毒
受損的部位

前額葉皮質
布羅卡區
聽覺皮質
小腦

- 注意力不足
- 聽覺喪失
- 生長遲緩
- 智商較低

- 語言發展遲緩
- 過動
- 行為問題
- 暴力／攻擊行為

在整整六十年間，汽車排氣管排出的廢氣讓美國人接觸到高達三千萬噸的鉛。在一九三六年到一九七〇年代間，90% 的汽油皆含有此致命金屬。

美國政府在一九七三年終於開始管制鉛排量，而相關產業的反應是先對美國環保局提告，後來才開始逐步淘汰含鉛汽油。時至今日，許多未開發國家仍在使用含鉛汽油。

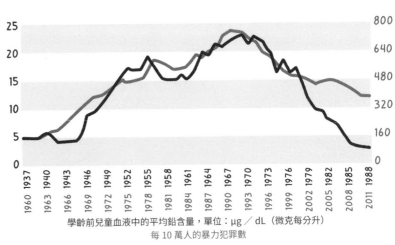

學齡前兒童血液中的平均鉛含量，單位：μg ／ dL（微克每分升）
每 10 萬人的暴力犯罪數

現今有愈來愈多的證據顯示，一九六〇、七〇和八〇年代暴力犯罪案件數量劇烈增加的主因，可能就是含鉛汽油排出的廢氣。此暴增趨勢僅出現在美國最大的城市──這些地區同時也是汽車交通密度最高的地方。美國最繁忙道路附近的土地仍含有數百萬噸的此類有毒金屬。

鉛中毒會損害大腦的額葉皮質，導致大腦功能障礙和暴力行為，而前額葉皮質受損則會導致智商變低且無法控制情緒和衝動。即便輕度的暴露也可能致使兒童終生承受情緒和行為問題，而且鉛中毒是無法治癒或逆轉的。

辛辛那提大學的一項研究發現，嬰兒在出生前每公合（十分之一公升）血液中只要有一微克（百萬分之一克）的鉛，就可預測其成人時期的犯罪機率。該研究長期追蹤了二百四十八名來自赤貧社區的受試者，發現他們合計共被逮捕了八百次。

目前美國有超過一百萬名的孩童深受鉛中毒之苦，每年更導致超過四十萬美國人死亡。

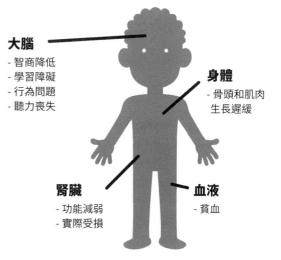

大腦
- 智商降低
- 學習障礙
- 行為問題
- 聽力喪失

身體
- 骨頭和肌肉
生長遲緩

腎臟
- 功能減弱
- 實際受損

血液
- 貧血

「DDT 對我最好！」

菸草、鉛和石棉產業把懷疑當成最為有力的宣傳工具，方法是製造出無中生有的爭議。這個做法成功製造出足夠的困惑，讓消費者再也不知道該相信什麼，並因此變得懶得去思考。所以才說懷疑是破壞科學與真正專家信用的最佳辦法。美國媒體要務（Media Matters）研究中心的阿里・拉賓－哈夫特（Ari Rabin-Havt）做出了以下觀察：「編得恰到好處的謊言是阻礙政治行動最有效的工具。」

幾乎所有涉及巨額資金的產業，都曾上演過這種否認與懷疑的戲碼——而重大後果都是勞工在擔：煤礦工人得到了黑肺病（black lung disease）；棉紡工人得到了棕肺病（brown lung）；石油化學工人則因暴露在苯之中患上白血病與淋巴瘤；原子核科學家得了鈹疾病；固特異和杜邦工廠的工人因接觸鄰甲基苯胺（ortho-toluidine）而罹患了膀胱癌；軍火工人因接觸到三硝基甲苯（TNT）而出現黃疸症狀。

對民眾的傷害則包括：過去是用來製造聚氯乙烯（PVC）的氯乙烯（polyvinyl chloride）導致肝癌；雙對氯苯基三氯乙烷（DDT）和除草劑農達（Roundup）這類殺蟲劑中含有的化學物質，導致癌症與先天畸形；孟山都的多氯聯苯（PCB）氯化合物導致肝、腦和腸胃道癌症；太平洋煤氣電力公司使地下水充滿了鉻，導致攝護腺癌和胃癌；石油化學公司則使汞流入地下水，造成了水俁病（Minamata disease）……實在罄竹難書。

每次只要有人試著要求業界承擔起責任——為保護大眾健康，犧牲些許企業利潤——自由市場的純粹主義者馬上就會跳起來反對改革，認為這是在侵犯自由企業的權利。而懷疑論就是他們最常倚仗的標準操作。若要說誰是當今社會最大的罪人，非石油和天然氣產業莫屬，因為化石燃料是全球暖化的主要肇因。

石油公司心知肚明全球暖化的責任就在他們，最早可追溯至一九七七年。就連由來自埃克森（Exxon）、殼牌（Shell）、美孚（Mobil）與德士古（Texaco）的科學家組成的委員會（該委員會係代表「美國石油協會」〔American Petroleum Institute〕行事），其提出的報告亦表示是燃燒化石燃料導致了全球暖化。

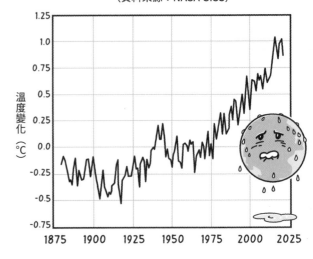

全球平均溫度變化
（資料來源：NASA GISS）

「科學界已有共識，人類最可能影響全球氣候的方式就是燃燒化石燃料、將二氧化碳釋放到大氣之中……」

埃克森美孚科學家詹姆斯·F·布萊克
（James F. Black），約一九七〇年代

「人類在未來五到十年內，就必須做出改變能源策略的重大決策，否則便可能面臨存亡危機……一旦影響範圍到達可測量的程度，可能就無挽回餘地了。」

正當科學家組成的專家小組還在努力想辦法控制溫室氣體排放，石油巨頭直接解散了該組織，並換上「全球氣候聯盟」（Global Climate Coalition）上場，該遊說組織的目標不是解決問題，而是掩蓋真相。

石油公司花費千百萬美元進行氣候相關遊說

石油與汽油公司在氣候遊說活動的年度開支

5300萬美元
4900萬美元
4100萬美元
2900萬美元

bp
英國石油

殼牌

ExxonMobil
埃克森美孚

Chevron
雪佛龍

光是在一九九〇年代，該組織就花費了六千三百萬美元在打擊氣候科學。他們想盡辦法散播猜忌種子，手段包括詆毀科學研究的威信，同時加倍努力穩固政治界的支持力量——這是借鑑菸草公司的戰略守則。事實上，當初參與菸草巨頭宣傳活動的公關專家這次也都再次登場。

「菸草業者開創的模式現已成為其他產業依循的典範，這個帳必須算在他們頭上，」學者瑪麗昂・內斯特爾（Marion Nestle）在《難堪的真相》（*Unsavory Truth*）一書中如此寫道（請參閱本書第 202 頁，看看製糖業巨頭如何耍同樣手段）。「不論產業為何，原則就是堅持不懈、反覆執行以下整套策略：

・對相關科學表示質疑，

・贊助研究以產出想要的結果，

・提供贈品和顧問合約，

・成立掩護組織，

・鼓吹自我監管，

・提倡個人責任才是根本議題，

・透過法院挑戰各方的批評聲浪與不利的監管規定。」

和菸草巨頭有志一同，石油巨頭也成立了公共政策掩護機構，其中的員工都是由安可顧問公司（APCO Worldwide）與博雅公關公司精心挑選。安可顧問公司在侵權法修正運動時就扮演了重要角色，而博雅公關公司則製作了知名的「哭泣的印地安人」公共服務公告，兩者都是拿菸草遊說團體的錢辦事。

「推動健全科學聯盟」（The Advancement of Sound Science Coalition）一開始是菲利普莫里斯公司的掩護機構，該組織試圖輕描淡寫環境煙霧的危險性。為了打擊嚴謹的氣候科學，他們四處散播垃圾科學，但又將之標記為「健全科學」，因為聽起來好像真有那麼一回事，但實則不然。垃圾科學成功破壞了真正科學的可信度，滋生出漫天亂飛的懷疑與混亂，使相關辯論陷入了僵局。

一九九三年，比爾・柯林頓總統首度試圖對抗全球暖化，博雅公關公司在當時便協助成立了另一個掩護機構「美國能源產業聯盟」（American Energy Alliance），後來成功推翻了柯林頓的化石燃料稅提案。公關公司長期以來都在幫忙漂綠企業汙染者，從三哩島核洩漏事故到埃克森油輪瓦迪茲號（Valdez）的漏油事件，全都可見他們的身影。

為什麼有科學家不同意全球暖化
哈特蘭研究所出版，贊助者為埃克森美孚、
美國石油協會以及科氏基金會。

石油公司也成立了非營利智庫「競爭企業研究所」（Competitive Enterprise Institute）和「哈特蘭研究所」（Heartland Institute），兩者至今仍致力於推動反環境監管法規。

在二〇〇二年，政治顧問法蘭克・藍茲（Frank Luntz）公開了一份名為〈贏得全球暖化爭議〉（Winning the Global Warming Debate）的文件，其中詳細記載了各種建議，說明如何透過使人誤會的語言重新框架議題，進而讓懷疑論四處萌芽茁壯。

氣候變遷一詞就是商人部署的框架戰術之一，就是為了讓消費者不採取行動，因為該詞聽起來不像全球暖化這麼令人警惕。

科學家對此議題根本鮮有爭議，二十年來幾乎每篇經同儕審查的研究都認定氣候變遷確有其事，而且是人類一手造成的。全球超過 97% 的氣候科學家都同意此事。

1991 年到 2012 年間共有 13,950 篇經同儕審查的氣候期刊文章

其中 13,926 篇都表示全球暖化不容否認

換個方式說好了……

所以說最大的汙染者和政治打手經常是同聲共氣——比方說科氏兄弟就資助了至少九十二個否認氣候變遷的掩護組織。科氏工業集團（Koch Industries）是私人跨國企業，其主要業務是精煉石油以及製造肥料、化學儀器與紙類等產品。

科氏集團同時也是美國最大的汙染者。在二〇〇〇年，該公司因違反了美國的《淨水法案》（Clean Water Act），繳出史上最高額的罰鍰——三千五百萬美元——原因是該公司在美國六州共有三百處石油洩漏，其中一處更發生致命的爆炸意外。

科氏工業集團花在破壞氣候科學的錢甚至比埃克森美孚還多。在二〇〇五到二〇〇八年間，該公司共花了二千四百九十萬美元在否認氣候變遷議題，而埃克森則是八百九十萬美元，前者高出了近三倍。

雖然埃克森的遊說專家已表示石油巨頭願意公開支持部分碳排放限制，像是碳排放權交易法案，也就是針對超過限額的排放量徵收稅金，但科氏集團仍絲毫不肯讓步。研究顯示，他們花了數百萬美元的宣傳活動確實收到了奇效：在二〇〇六年，77% 的美國人相信全球暖化，兩年後降至 71%，而到了二〇〇九年就只剩下 57% 了。

「科氏章魚」（Kochtopus）是記者珍・梅爾（Jane Mayer）用來形容科氏遍布各地的政治影響力網絡，該集團在美國的三十八州共部署了一千六百名行動人員，並由另外四百名百萬富翁提供贊助，這些人都有共同的經濟目標：打造沒有稅金、政府管制，和環境監管的商業環境。* 到了二〇一五年，76% 新成立的偏右翼政治組織都和科氏網絡有關，而共和黨以外的黨派資助有高達82% 都是由科氏關係企業經手。

但不是只有科氏與其經濟同盟在這麼做。煤炭產業也資助如「綠色地球協會」（Greening Earth Society）和「煤炭之友」（Friends of Coal）等掩護機構；化學公司贊助「國際氣候變遷合作關係」（International Climate Change Partnership）；石油和電力公司則為美國能源產業聯盟提供資金；汽車製造商資助穩健經濟公民組織（後來變成「自由奏效」〔FreedomWorks〕），該組織試圖主張《清潔空氣法》（Clean Air Act）違憲；而以上這些產業都有贊助美國最大的遊說團體：美國商會。

在二〇〇〇年到二〇一六年間，石化燃料產業共斥資二十億美元進行遊說行動，反對限制溫室氣體排放。自二〇一六年起算迄今，他們又花了十億美元。

美國氣候變遷反對運動的資金去向，2003-2010 年

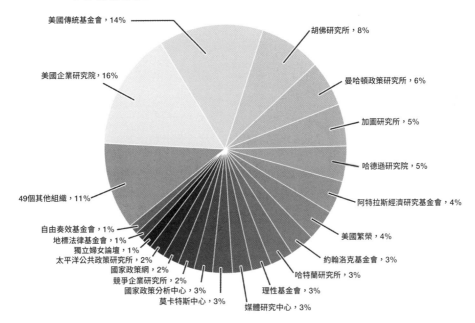

美國傳統基金會，14%
胡佛研究所，8%
美國企業研究院，16%
曼哈頓政策研究所，6%
加圖研究所，5%
哈德遜研究院，5%
阿特拉斯經濟研究基金會，4%
49個其他組織，11%
美國繁榮，4%
自由奏效基金會，1%
約翰洛克基金會，3%
地標法律基金會，1%
獨立婦女論壇，1%
哈特蘭研究所，3%
太平洋公共政策研究所，2%
國家政策網，2%
理性基金會，3%
競爭企業研究所，2%
國家政策分析中心，3%
媒體研究中心，3%
莫卡特斯中心，3%

*科氏工業集團在其發源地堪薩斯州，成功遊說政府完全免除其旗下二十間有限責任公司的稅金。與此同時，排名老三的威廉・科赫（William Koch）在三個國家營運的化石燃料公司，也成功避稅十億美元。

每次有人提出要制定氣候監管規定，這些反氣候團體就會開始大聲疾呼，說是政府過度干預、社會主義，以及可能造成大規模失業。

他們還提出了另一個敘事，即個人的碳足跡會對全球暖化造成某種程度的影響，這也是化石燃料業的宣傳戰——試圖將責任從燃料公司轉嫁到消費者身上。這個概念受到英國石油公司的大力宣揚，該公司還率先推出了個人碳足跡計算器。然而，自一九八八年起，僅僅一百間公司就占了全球溫室氣體排放總量的 70%。

這些掩護機構大都能成功左右公眾輿論，即便我們已親眼見證了日益增加的龍捲風、乾旱、颶風、洪水、野火、天坑、病媒蚊傳染疾病（茲卡、西尼羅、登革熱病毒），以及食物中的營養素不足、土壤肥沃度不足以及大規模的移民情勢。

紀錄中最熱的 10 年

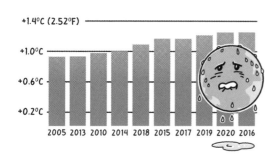

+1.4°C (2.52°F)

+1.0°C

+0.6°C

+0.2°C

2005 2013 2010 2014 2018 2015 2017 2019 2020 2016

地球上近半數的物種目前都面臨著區域性滅絕的危機。在過去十年間，有九年都是史上最熱的年度。沙漠範圍不斷擴大，以每年一千四百平方英里的速度在增加。缺水、無法種植作物，加上資源稀缺，導致中東衝突不斷，比方說敘利亞戰爭的導火線是毀滅性的乾旱，致使作物嚴重歉收並出現難民危機。

野火發生的次數已翻了七倍，加州前二十起最嚴重、最具破壞性的火災，有十七起是出現在過去二十年間。在過去十五年間，洪水次數也翻了三倍。沿海濕地面積縮減了50%，而路易斯安那州在過去一世紀就有一千九百平方英里的沿海土地遭到侵蝕，預計在接下來四十年間該數字還會翻倍。

美國損失達十億美元以上的災難事件，以年度分
（已根據消費者物價指數調整）

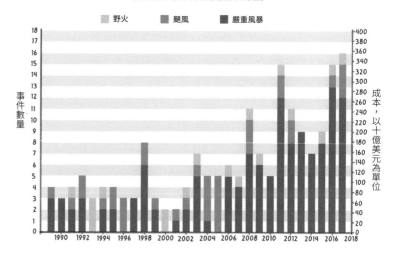

儘管驚人的數據就擺在眼前，共和黨國會議員在二〇一五年還是關閉了美國中情局的氣候中心，這是專門研究如何對抗這些氣候條件的組織。反之，他們改為資助軍事工業化複合體，而這些複合體消耗的化石燃料比全球任一實體都多——甚至高出了許多國家。

200

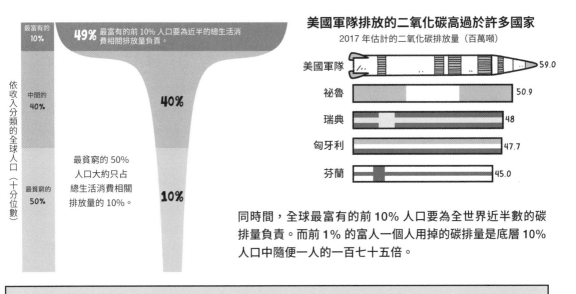

依收入分類的全球人口（十分位數）

最富有的 10%	**49%** 最富有的前 10% 人口要為近半的總生消費相關排放量負責。
中間的 40%	40%
最貧窮的 50%	最貧窮的 50% 人口大約只占總生消費相關排放量的 10%。 10%

美國軍隊排放的二氧化碳高過於許多國家

2017 年估計的二氧化碳排放量（百萬噸）

美國軍隊	59.0
祕魯	50.9
瑞典	48
匈牙利	47.7
芬蘭	45.0

同時間，全球最富有的前 10% 人口要為全世界近半數的碳排量負責。而前 1% 的富人一個人用掉的碳排量是底層 10% 人口中隨便一人的一百七十五倍。

懷疑論欺騙策略不是只有否認科學證據的企業在用，在個人事務上也大有用途。想想那些有權有勢的男性，包括哈維・溫斯坦（Harvey Weinstein）、馬特・勞爾（Matt Lauer），以及西爾維奧・貝盧斯科尼（Silvio Berlusconi），他們都故意質疑性侵指控的真實性，儘管不實指控的情況極其罕見，大約只占 5%。但焦點就因此模糊，讓原本的掠奪性犯罪變成各執一詞的辯論，結果拖上好幾年、有時甚至是數十年才能達到突破點。黛博拉・杜克海默（Deborah Tuerkheimer）在《誠實可靠：為什麼我們懷疑指控者、保護施暴者》（*Credible: Why We Doubt Accusers and Protect Abusers*）一書中寫道：「我們在判斷誰比較可信時所犯的錯誤並非隨機出現。事實上，這些錯誤的方向很一致：反對比較弱勢的一方、支持比較有權勢的另一方。」

拿更近期的事來說，川普在二〇二〇年的總統大選中製造出如此多的謠言，導致成千上萬支持他的選民相信，是拜登偷走了這場選舉的勝利。這個錯誤信念重複了如此多次，最終在二〇二一年一月六日變成了暴動者攻擊美國國會大廈的戰鬥口號，就是不想讓國會驗證大選結果。

因為此事件，美國不再是全球民主歷史最為悠久的民主國家，自二〇二一年起被降級成**虛民主**（anocracy），意即「介於民主和獨裁狀態之間」的政府型態（由於假消息太過氾濫，美國早在二〇一六年就從「完全民主」〔full democracy〕被降級成「有瑕疵的民主」〔flawed democracy〕）。

這就是宣傳戰的力量，再加上鋪天蓋地而來的懷疑論攻擊：
宣傳危及我們的地球、健康，甚至是民主本身。

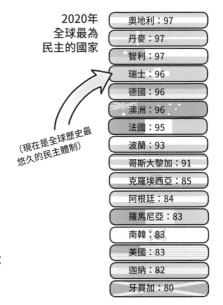

2020年
全球最為
民主的國家

（現在是全球歷史最悠久的民主體制）

| 奧地利：97 |
| 丹麥：97 |
| 智利：97 |
| 瑞士：96 |
| 德國：96 |
| 澳洲：96 |
| 法國：95 |
| 波蘭：93 |
| 哥斯大黎加：91 |
| 克羅埃西亞：85 |
| 阿根廷：84 |
| 羅馬尼亞：83 |
| 南韓：83 |
| 美國：83 |
| 迦納：82 |
| 牙買加：80 |

深入調查：糖業

「這世上帶來問題的不是人們不知道的事，而是人們自以為知道、卻並非如此的事。」
——馬克·吐溫

攝取糖分有害健康的理論最早可追溯到一九五七年，但「糖類研究基金會」（Sugar Research Foundation，簡稱SRF）在一九六〇年代發起了一項宣傳行動，質疑糖類在冠狀動脈心臟病與體重增加上扮演的角色，然後把過錯全推到膳食脂肪上。

糖業在一九四三年創立了糖類研究基金會，其本質就是偽裝成科學研究機構的遊說單位。一九四九年，他們並成立了公關組織「糖類資訊有限公司」（Sugar Information, Inc.），為的是進一步推動支持糖類的宣傳戰。在五十多年間，糖類研究基金會資助了醫學院、醫院和大學的多項可疑研究，透過推動低脂飲食形塑了現代美國飲食習慣。他們精心挑選對己方有利的研究，包括暗指攝取脂肪會導致疾病的研究，同時忽略把矛頭指向糖分攝取的研究。

生物學家安賽·基斯（Ancel Keys）帶頭宣揚脂肪是造成心臟疾病的元兇，但其理論不過是出於假設，並非實證科學。儘管如此，基斯還是在醫學界步步高升，成功在「美國心臟協會」（American Heart Association）和美國「國立衛生研究院」（National Institutes of Health）擔任要職，並得以把資金分配給與其立場相同之研究人員。

艾森豪總統（Dwight Eisenhower）在一九五五年心臟病發後，立刻在飲食中減少攝取飽和脂肪和膽固醇，但在一九六九年還是因心臟病發身亡。與此同時，位於大洋對面的法國人攝取的飽和脂肪居世界之冠，但心臟病的發生率卻是數一數二的低。

在一九五七年，英國營養學家約翰·尤德金（John Yudkin）發現，心臟疾病和糖分攝取的關係似乎大於脂肪，後來義大利的流行病學家亞歷山卓·曼諾帝（Alessandro Menotti）和美國的研究人員謝爾頓·萊瑟（Sheldon Reiser）都證

哪種才能**減少變胖？**

三匙多米諾糖比一顆中型蘋果所含有的卡路里更低。

Domino 多米諾 純蔗糖

實了這項發現。說到底，攝取糖分是當代才有的趨勢，而糖更是工業化與大量消費下的產物，但脂肪其實一直自然存在於肉類、乳製品，甚至是母乳當中。

尤德金在其一九七二年的著作《致命的純白：糖如何謀殺人類以及我們要如何阻止它》（*Pure, White and Deadly: How Sugar Is Killing Us and What We Can Do to Stop It*）中寫道：「關於糖在身體中會產生的效應，就算我們只揭露了任何一小部分，今天若換成是任何其他食品添加劑，該物質早就會被即刻禁用了。」

「世界糖類研究組織」（World Sugar Research Organization）將該類研究視為科幻內容，與大菸草公司提出的「健全科學」前後呼應（糖類研究基金會前主任在看見菸草遊說團體於一九五四年提出的誠實宣言後，主動聯繫了菸草巨頭，想助他們的宣傳戰一臂之力）。糖業的替代做法是讓尤德金的信譽掃地並毀掉其職涯發展。正因如此，「糖會導致心臟病」這個關聯從未引起大眾注意。

不難想見脂肪為何會成為最容易的標靶。光是其名在西方世界就帶有負面含義，儘管膳食脂肪跟身體脂肪完全不一樣，就像膳食中的膽固醇與血液中的膽固醇也不盡相同（研究顯示，排除飲食中的脂肪通常會導致身體脂肪增加）。

在一九八〇年，美國首度發行了第一版的《美國人營養指南》（*Dietary Guidelines for Americans*），史上頭一遭建議減少食用特定食物。在數十年來糖業贊助研究的影響下，美國政府建議移除美國人飲食中的飽和脂肪和膽固醇。

美國民眾家中的廚房很快做出了調整，把奶油換成了植物油做的乳瑪琳；米、義

午餐前一小口餅乾
糖讓你能量滿滿而食欲降低

午餐前享用甜筒冰淇淋
糖可以成為你節食的意志力

大利麵和麵包等精緻澱粉慢慢取代了牛排和高油脂的肉類；含糖穀片取代了早餐的培根和蛋；而脫脂與低脂牛奶也成了全脂牛奶的競爭對手。

在一九七〇年到一九九七年間，全脂牛奶的消耗量從每人 214 磅下滑到幾乎不到 73 磅，而同期間的低脂與脫脂牛奶消耗量則從 14 磅上升至 124 磅。*

雖然看起來不像健康上的隱憂，但其實鈣、維生素 A、D、K 和 E 等諸多重要維生素都需要和膳食脂肪一起攝取才能完整吸收。記者妮娜‧泰柯茲（Nina Teicholz）在《令人大感意外的脂肪：為什麼奶油、肉類、乳酪應該是健康飲食》一書中寫道：「比方說，如果沒有牛奶裡的飽和脂肪，鈣質反而會在腸道裡形成無法溶解的『皂塊』。營養強化早餐穀麥片裡的維生素，也只有在與脂肪未被抽離的牛奶同時食用時，才能更好吸收。同理，如果搭配無脂沙拉醬，沙拉裡的維生素也很難被吸收。」

拿掉產品中的脂肪後，通常味道也會減損不少，於是就靠糖來增添風味。所以當大家被說服要遠離高油食物後，含糖食物的銷量就開始飆升。糖業業者利用「無脂」作為包裝食品的品牌形象，成功用健康選擇的偽裝騙過民眾，使大家沒注意到含糖量有多高。

---

* 從牛奶中提煉出的額外脂肪總是得有地方去。乳製品業者並不打算降低產量，而是將這些脂肪變成起士，然後擺到愈來愈多排的乳製品貨架上賣給消費者。

美國現有超過六十萬種食品產品，每五種就有四種含有糖類添加物，而且光在產品包裝上就有超過五十五種不同的名稱。

在大量減少攝取膳食脂肪後，美國人的糖分攝取量直接翻倍，體重也開始直線上升。肥胖與糖尿病的發生率在過去數十年來不斷上升，現已創下新高。

當世界衛生組織（WHO）試著撥亂反正，希望將糖的攝取量限制在膳食卡路里的 10%，糖業便遊說美國國會進行友善勒索。他們威脅世衛組織若不讓步，就要拒付四億六百萬美元的經費。糖類產業提出的建議是每日卡路里要有 25% 來自糖類（WHO 建議量的二點五倍）。

糖業遊說團體的力量之強大，成功讓糖成為在食品營養成分表中，唯一不會顯示建議每日攝取量百分比的成分。這是因為許多產品的含糖量光一份就會超過100%。

美國心臟協會建議每日糖分攝取的上限是六到九茶匙，但光一杯柳橙汁就有六到九茶匙的糖分，一份優沛蕾優格就超過六茶匙，而一罐汽水更高達近十茶匙。美國人平均每天吃進二十茶匙的添加糖分，而小朋友吃進肚子裡的糖就更多了。

吃下這麼多糖的後果是什麼？現今美國有 75% 的健保開支都是花在與糖有關的慢性代謝疾病上，包括心臟病、糖尿病、

最受喜愛的飲品含糖量（單位：茶匙）

八倍。

包括可口可樂等含糖產品製造商也贊助了相關研究，為的是讓大家質疑糖對身體是否真的有害。可口可樂付錢聘請科學家組成了「全球能量平衡聯盟」（Global Energy Balance Network），把美國的肥胖流行病歸咎到缺乏運動之故（牛津大學的研究人員發現，在一百本期刊中，共有一百五十多篇期刊文章由四百六十八位作者著作與發表，都是由可口可樂贊助）。

好時（Hershey）和箭牌（Wrigley）等糖果製造商同樣也贊助了許多似是而非的研究，宣稱吃愈多糖果的孩童，體重愈健康。而瑪氏（Mars）也資助了其他主張，包括吃巧克力在某種程度上可降低蛀牙機率（對，你沒看錯）。但讀到此處，產業贊助研究產出的結果通常是有利於出資產業的，各位大概也不會感到意外了吧。

如果糖會害人變胖，為什麼很多小朋友都超瘦？

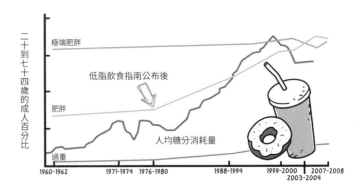

二十到七十四歲的成人百分比

極端肥胖

低脂飲食指南公布後

肥胖

人均糖分消耗量

過重

1960-1962　1971-1974　1976-1980　1988-1994　1999-2000　2007-2008
　　　　　　　　　　　　　　　　　　　　　　　　2003-2004

> 「框架是分類世界的輿論導向專家（公關、宣傳人員，與傀儡大師）。
> 如果分類是畫線界定，框架就是在線的交角上引領市場。」
> ——凱文·達頓（Kevin Dutton），《終結黑白思考》（*Black and White Thinking*）

研究顯示，語言的主要功能可能跟自我表達（或實用說明）比較無關，反而比較關乎發揮說服與影響的力量。

思考一下以下範例：Covid-19 變種病毒大爆發預計會殺死六十萬人，科學家提出二個方案來防止病毒擴散。

· 選項一可拯救二百萬人。

· 選項二有三分之一的機率可以拯救六百萬人，三分之二的機率誰也救不了。

你會選擇哪個方案？

現在換成另一組科學家提出的方案：

· 選項一：四百萬人會死。

· 選項二：有三分之一的機率誰都不會死，三分之二的機率六百萬人會死。

你會選擇哪個方案？

以上情境其實完全一樣，
只差在**框架**的方式。

框架技巧是影響公眾輿論的隱晦方式。一項議題的框架方式能將對話帶往特定的敘事方向，進而控制整場辯論的相關參數。其方法是透過精挑細選的用字遣詞，用以傳達特定的心智連結，就像愛德華·伯內斯將香菸重新貼上「自由的火炬」標籤，或是不抽菸的人故意嘲諷香菸是「癌症棒」；兩者皆會觸發情緒反應，只是一正一反。

將鬧出人命的暴亂稱為大屠殺也是一種框架手法。一七七〇年，反英情懷異常高漲，一群憤怒的波士頓人不斷騷擾一名英國士兵，最後演變成街頭鬥毆。在五個人被殺害後，山繆爾·亞當斯將該暴動重新框架成「波士頓大屠殺」，就是為了刺激美國殖民地的居民起身反抗英國統治。*

在一九九〇年代早期，汽車撞死人的事故頻傳，當時甚至被起了「汽車殺手」的名號，直到汽車製造商——急切想把汽車的罪過推到行人頭上——發起了一項宣傳活動，將該問題重新框架成「任意穿越馬路」。汽車遊說團體憑空捏造出是行人不好好走路的概念，完全無視汽車造成的種種危險情況。

* 亞當斯精心部署了波士頓茶黨的宣傳噱頭，帶頭抗議對大企業有利、於小本生意有害的稅法，搖身一變成為美國頭號公關大師。

更近期的案例發生在二〇二一年，德州在一場冬季暴風雪中發生了大規模停電事件。格雷格·阿博特（Greg Abbott）州長居然將該事故框架成再生能源的問題。

「我們的風電和太陽能發電都停擺了，兩者合計占電力網10%，致使德州陷入全州缺電的慘況。」

10% 的風力與太陽能發電

90% 天然氣、煤、核能發電

德州州長

當然，如果用另一個角度來框架這場災難，罪魁禍首就是 90% 的電力來自於天然氣、煤和核能。石油與天然氣產業完全缺乏準備，嚴寒的天氣導致天然氣井和管線凍結，甚至還用光了燃料。因為這些產業都是阿博特最主要的政治獻金來源，所以他才選擇怪到再生能源的頭上。

政治語言大師法蘭克·藍茲最擅長找出正確的語言來框架政治議題，在他將全球暖化重新框架為氣候變遷後，其職涯便開始發光發熱。*

「我的工作是找出能觸發情緒的文字……具情緒感染力的文字可以改變命運、改變我們所知的生活。我們已知文字可以改變歷史；我們已知文字可以改變行為；我們已知文字可以引發戰爭、阻止戰爭。」

「我們知道文字和情緒合而為一，就是人類最強大的力量。」

紐約時報暢銷書
NEW YORK TIMES BEST SELLER
有效的語言
Words That Work
It's Not What You Say, It's What People Hear
DR. FRANK LUNTZ
重點不是你說出口的話，而是別人聽到的內容。
法蘭克·藍茲博士

「如果你打算欺騙選民，就要不遺餘力地去了解他們的心理特質，並絞盡腦汁編出一套說詞，才能傳達出最具說服力的訊息。也就是利用一連串巧妙編排的流行用語，以虛偽的正經去掩蓋自私的動機。」行為學家艾倫·法蘭西斯（Allen Frances）如此解釋道。

* 法蘭克·藍茲已對其否定氣候變遷一事表示後悔，並試圖彌補部分已造成的傷害。二〇一九年，藍茲在美國參議院的氣候危機特別委員會（Special Committee on the Climate Crisis）中作證，表示「自己錯了」，並承諾會把「政策擺在政治之前」，協助參議院針對氣候危機提出更好的框架。

見識一下框架的轉變與因此而生的敘事：

將有毒廢棄物重新框架為**生物固形物**

汙水處理產業的主要遊說團體「汙水處理協會聯盟」（Federation of Sewage Works Associations）成立於一九二八年，於一九五〇年更名為「汙水與工業廢棄物協會聯盟」（Federation of Sewage and Industrial Wastes Associations），爾後又在一九六〇年改名為「水汙染控制聯盟」（Water Pollution Control Federation），最後在一九九一年改為「水環境聯盟」（Water Environment Federation）。好一個品牌重塑！

他們並決定要將有毒淤泥——廢水處理的副產品——重新包裝成相對討喜的名字。

在黑金（black gold）和可回收材料（recyclite）等選項被否絕後，最後屏雀中選的是生物固形物（biosolids）。該團體認為新的框架比較能夠代表「該產品的價值」，但更可能的原因是這個名字較能規避美國環保署的監管，好讓這種有毒廢棄物可被分類為肥料，就能更輕易的傾倒排放了。

將仇恨言論重新框架為**言論自由**

從奴隸主到《吉姆·克勞法》，從３Ｋ黨到白人至上主義者，言論自由的概念一直被用來壓制廢奴主義者和反種族歧視者的聲音。現今，該詞則被用來重新框架性別歧視者、種族歧視者和恐同人士的仇恨言論，使得約束這些言論的努力備受阻撓。

不僅如此，吹噓性侵的言論也被性侵犯重新框架為更衣室談話（locker room talk），試圖為自己背地所做的不可原諒之事找藉口。川普總統在二〇一六年就做了最佳演示。二〇〇五年《走進好萊塢》（*Access Hollywood*）的錄影帶流出，他在影片中向主持人比利·布希（Billy Bush）吹噓抓女性下體一事。權威人士和黨派死忠支持者替他找藉口，說該行為只是更衣室談話而已，藉此推卸一切責任或自省必要。

將遺產稅重新框架為**死亡稅**

遺產稅或稱繼承稅，是針對死者為繼承人留下的所有財產去課徵的稅金，但只有超過一千一百七十萬美元的遺產需要繳稅，僅占不到 2% 的遺產符合這個條件。這是美國唯一一條針對累積財富徵收的聯邦稅金，而且是在鍍金年代（Glided Age）嚴重貧富不均的情況出現後才制定的，為的是避免美國特權階級崛起。

當企業階級想將遺產傳承給後代、進而創造出極具政治影響力的財富王朝時，共和黨民調專家就必須想辦法重新框架整個對話。

文字魔法師法蘭克・藍茲市調了好幾個詞彙，直到找出最適合向一般大眾推銷的組合文字。他發現，將遺產稅稱為死亡稅最能激起消費者情緒上的共鳴，儘管在每年死亡的人口中，只有 0.1% 最富有的人才會受到影響。

智庫多年來一直在遊說反對遺產稅，而小布希在二〇〇〇年競選總統時也主張要廢除遺產稅。他的後代有望從此舉獲得六百萬到一千二百萬美元的好處，而錢尼的後代則可因此淨賺一千萬到四千五百萬美元。然而，美國政府年收入將會損失超過三百億美元。

「有效的語言」

這樣說：	不要說：
稅務減免	減稅
氣候變遷	全球暖化
個人化	私有化
能源探勘	石油鑽探
非法外勞	無合法證件的勞工

將煤炭重新框架為**潔淨煤**

意外和空汙導致的死亡率

煤炭是美國最不乾淨的能源來源，也是全球暖化的主因，其排放的二氧化碳是再生能源來源的十五倍。潔淨煤是煤炭產業對降低環境傷害的承諾，但政府不可插手干預。然而，該承諾不過是假動作，為的是拖延未來必須採取之措施。

即便煤炭產業實際上真有降低碳排量，但仍列在最不乾淨的能源來源名單內。潔淨煤是誤導用詞——試圖將不健康的產品重新包裝，好在環保走向的市場中競爭。

24.6 起死亡

18.4 起死亡

2.8 起死亡

0.07 起死亡

0.04 起死亡

0.02 起死亡

將健康照護重新框架為**健康保險**

當**照護**變成**保險**，健康就被放進了商業框架當中，暗指其重點是利潤、保費、行政費用，甚至是拒絕給付。而且健康保險聽起來像是可有可無、不具法律強制力（比方說租屋保險），反觀健康照護則顯示出其必要性，而且州政府有道德上的義務去執行。

語言學暨認知學家喬治‧勒考夫（George Lakoff）在其著作《政治思維：為什麼不能用十八世紀的腦袋去看待二十一世紀的美國政治》（*The Political Mind: Why You Cart' Understand 21st-Century American Politics With an 18th-Century Brain*）中解釋道：「如果健康照護被視為一種保護措施，其重要性不亞於警察與火災防護、食品安全等等，政府才會將之視為道德使命。如果我們把健康照護中的利潤和『行政費用』拿掉，然後不再把它當成商品，就能省下足夠的錢去照顧所有人。」

健康保險和健康照護之間的戰爭可追溯到資本和民主之間的緊張關係。健康保險是商業產品，由自由市場決定，反觀健康照護則是政府保護措施，是人民享有實惠照護和健康生活的權利。如果我們相信政府的角色是提供保護和賦予權利，自然會支持全民共享的美國醫療保險。如果我們相信企業獲利的權利高於大眾健康，當然就會站在反對那方。

排放的溫室氣體

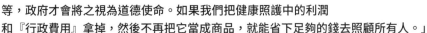

煤炭
占全球能源的 25%　　820 噸

石油
占全球能源的 31%　　720 噸

天然氣
占全球能源的 23%　　490 噸

核能
占全球能源的 4%　　3 噸

風電
占全球能源的 2%　　4 噸

太陽能
占全球能源的 1%　　5 噸

美國南方輸了內戰以後，報社記者愛德華‧波拉德（Edward Pollard）認為南方還是能在思想戰上拿下勝仗，就算南方人無法抹滅自己過去的所作所為，還是有機會美化歷史。波拉德提出了修正史學的概念，也就是大家所熟悉的「敗局命定論」（Lost Cause）——指稱這場戰爭是州政府為了爭取權利，而非為了保有奴隸制度——沒多久就受到「南方歷史學會」（Southern Historical Society）採納，接著「邦聯之女」（Daughters of the Confederacy）也接收了該理論。

敗局命定論的宣傳戰便是南方人在美國內戰站錯邊後，進而產生了認知失調，所以才想出來的應對機制。故意回頭宣稱這場戰爭是為了爭取州權而非奴隸權，就能把錯全怪到別人身上、不用承擔起任何責任。

在敗局命定論的另類歷史中，南方政府不再是**壓迫者**，化身成了**被壓迫者**；南方各州保護的不是駭人聽聞的**奴隸制度**，而是在**捍衛自由**，抵擋邪惡政府的過度干預；重點不再是奴隸的**人權**被莊園制度踐踏，而是**州權**被聯邦政府踐踏。

透過這種方式合理化脫離聯邦的行為，南方州政府得以聲稱自己是出於崇高使命才發動戰爭。當然，如果可以把逃往北方的奴隸全帶回南方，他們肯定是不會在意聯邦政府的權利在州政府之上。

儘管北方人認為南方脫離聯邦的行為是「支持奴隸制度的重大叛變」（Great Pro-Slavery Rebellion），而南方人只是跳針般的引述聯邦憲法中的奴隸制度、脫離宣言、南方政府的正式決議、軍事聲明、戰前的協商談判與遊說活動，但敗局命定論的神話仍持續出現在全美教科書當中，依然故我的表示戰爭的主因是為了爭取州權。

在一九六○年代，隔離主義者又在美國南方四處傳誦同樣的神話，拒絕聯邦政府的融合政策。這種反向歧視的主張——對受迫害黑人的補償措施，等於是對白人的壓迫——每每在美國全國開始討論平權時，就會再次冒出頭來。

甚至連李將軍本人都反對紀念邦聯政府的想法。

「我認為更明智的做法是……不要再度揭開戰爭的傷疤，而是要效仿有同樣經歷的國家，致力於消除內亂帶來的傷痕、想辦法忘卻因此而起的情緒。」

敗局命定論最初或許是為了讓南方邦聯能夠接受輸給北方聯邦的現實，同時又保有一絲尊嚴，後來卻成為白人至上主義的洗白手段，並使南方人在一百五十年多後仍無法好好面對過去的錯誤。

在南方各州，隨處可見的邦聯戰旗並非美國內戰的紀念物，反而比較像是壓迫的象徵，每當非裔黑人在美國社會取得進展，就會再次出現。該旗幟和邦聯雕像在二十世紀曾二度復甦：第一次是一九〇〇年代早期吉姆・克勞法剛開始執行的時候，第二次是在一九六〇年代的黑人民權運動時期。這兩個時期的3K黨也特別活躍。

使用這些象徵符號的目的不是為了慶祝南方文化遺產。記者亞當・塞爾（Adam Serwer）寫道：「這是白人至上主義的紀念碑，為的是提醒美國黑人他們在美國種族階級中應待的位置：最底層。」所以白人至上主義團體現今才會如此常使用該旗幟。

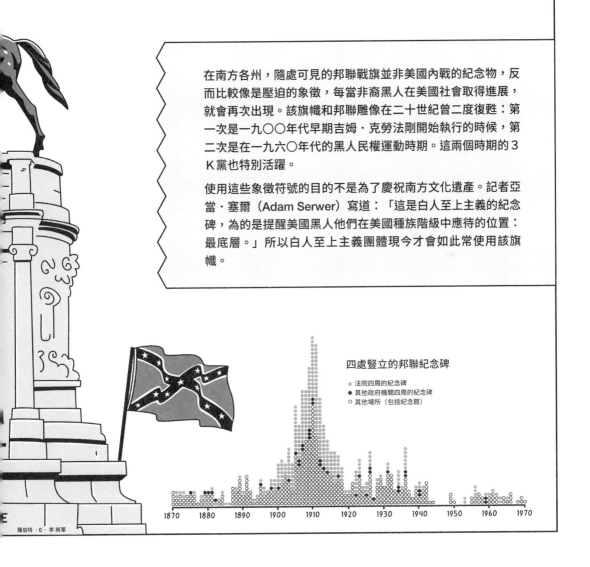

四處豎立的邦聯紀念碑

⬤ 法院四周的紀念碑
● 其他政府機關四周的紀念碑
○ 其他場所（包括紀念館）

1870　1880　1890　1900　1910　1920　1930　1940　1950　1960　1970

羅伯特・E・李 將軍

將戰爭部重新框架為**國防部**

在二戰過後，美國立法禁止侵略戰爭。一九四九年，美國戰爭部將原本的進攻行動重新包裝成防禦行動，並更名為國防部。

美國軍隊持續為許多相對不討喜的戰略行動，尋覓更多為眾人所接受的委婉說法。

將虐待重新框架為強化**審訊技巧**

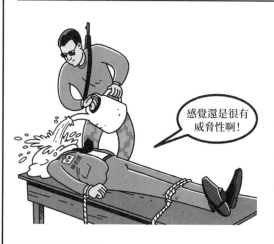

還有什麼方法比重新包裝更容易姑息虐待行為呢？睡眠剝奪、裸體、把被拘留者壓在牆上、水刑等中情局在戰時使用的戰術，現在全都重新框架為強化審訊技巧（enhanced interrogation techniques）。

戰犯哈立德・謝赫・穆罕默德（Khalid Sheikh Mohammed）在四十八小時內遭受了六十五次水刑的折磨，為的是從他口中取得關於賓拉登下落的細節，但最終並未挖出任何足以採取行動的情報。反觀賓拉登信使的線報——後來因此成功逮捕到他——反而是來自沒有受到折磨的受拘留者。

將平民傷亡重新框架為**附帶傷害**

附帶傷害（collateral damage）一詞是美國五角大廈用來稱呼在軍事行動中意外傷亡的無辜百姓。美國和盟軍光在伊拉克就殺死了超過一千名孩童，但為了美化這類殘暴行為，才用「附帶傷害」這種含蓄的方式稱呼。

媒體帶有「自由主義偏誤」（liberal bias）的觀念，是前美國軍方宣傳人員在越戰期間編造出來的，作為尼克森報復媒體的手段之一。他們的目標是「破壞媒體的信譽，讓民眾認為媒體親共——這是有意為之的策略，旨在拉高尼克森的政治支持聲量，包括對越南的政策、對智利的皮諾契（Pinochet）軍事政變，以及更廣泛地來說，美國對蘇聯採取更具威嚇性的軍事態度。」大衛·布洛克（David Brock）如此解釋，他本是前共和黨戰略顧問，後來創辦了非營利組織「媒體要務」，專門針對媒體上的假消息做事實查核。

當時美國家戶每晚都會看到與越戰有關的生動報導，而自由媒體一詞便是為了削弱這些報導的可信度。透過指責媒體是偏自由派，尼克森主導的白宮就能扭轉那些有損形象的報導，希望再次將公眾輿論轉到對自身有利的方向。藉由不斷重複該詞，他們敦促媒體管道多加自我審查，以及對保守派政治人物更加友善一些。

以對抗「自由主義偏誤」為幌子，這些批評實則是在攻擊「新聞界的事實查證倫理與新聞機構的編輯獨立性」，布洛克在《共和黨的噪音機器：右翼媒體與其破壞民主的手段》（*The Republican Noise Machine: Right-Wing Media and How It Corrupts Democracy*）一書中如此寫道。他們希望把客觀報導換成保守派世界觀——後來福斯新聞更將此策略發揮得淋漓盡致。

此框架技巧太過成功，就連尼克森因水門案醜聞請辭後，支持者仍相信這是因為媒體報導不公，而非尼克森真有犯下任何罪行。

自此之後，保守派評論家不喜歡的一切資訊，都被稱作帶有「自由主義偏誤」，等於在暗示使用該詞的那方才不具偏誤。

事實上，新聞媒體極度偏保守派，並引導全國對話往右翼的方向走去。想想看希拉蕊·柯林頓遺失的三萬三千封電子郵件，媒體花了多少時間報導，而且大多數的電子郵件其實是私人信件，爾後她也證明了自身的清白。與此同時，當布希做主的白宮「遺失」了二千二百萬封電子郵件，或是川普政府要求幕僚刪除自己涉及犯罪的電子郵件時，卻沒有任何一家媒體要求政府採取行動。

還記得希拉蕊在擔任國務卿時使用了私人電子郵件地址，引發多大騷動，但梅蘭妮亞·川普（Melania Trump）、伊凡卡·川普（Ivanka Trump）、傑拉德·庫許納（Jared Kushner）、史蒂夫·班農（Steve Bannon）、貝琪·德沃斯（Betsy DeVos）和史蒂芬·米勒（Stephen Miller）全都做了同樣事情，卻無人提出任何擔憂。

九一一過後，媒體一致支持小布希，卻沒幾家質疑過他為何沒有認真看待中情局數度提出警告——包括在二〇〇一年五月一日、六月二十二日、六月二十九日、七月十日與八月六日——表示蓋達組織的恐怖攻擊迫在眉睫（在類似情況下，歐巴馬總統大概不會得到這麼好的待遇）。

在總統初選期間，新聞播報員經常質疑民主黨候選人是否足夠中立、值得人民投他一票，同樣問題卻鮮少拿來質問極右派的候選人。同樣一批人經常質疑美國如何能夠負擔全民健保或大學免學費，卻從不問美國是否負擔得起減稅、邊界築牆或資助在中東的大小戰爭。

不僅如此，媒體一樣只會根據候選人對軍事開支的支持程度來評斷他們是否愛國，但從不過問候選人是否乖乖繳稅，即便納稅是所有美國人實質上能夠證明自己愛國的唯一辦法。

甚至企業相關新聞也是透過保守派的商業框架、而非勞工的框架在報導。當迪士尼等企業收購如皮克斯、漫威或福斯製片廠等公司時，媒體報導只在乎這些公司將可如何擴大投資組合，完全不管成千上萬的員工被以冗員名義解雇，進一步限縮了已顯委靡狀態的勞動力市場。而在 Covid-19 疫情過後，只聽聞「勞工短缺」的新聞，卻無人提及「工資不足以維生」的問題。

併購／失業

微軟＋諾基亞＝-12,500
卡夫食品＋亨氏食品＝-2,500
迪士尼＋二十世紀福斯影業＝-4,000

政治查核組織 PolitiFact 發現，新聞
播報中的不實陳述大都來自保守派主
播，而這些播報員極少對自己犯下的
錯誤負起責任。

廣播節目的偏斜狀態就更加明顯了，
保守派的聲音遠大於自由派，比例約
是十比一。

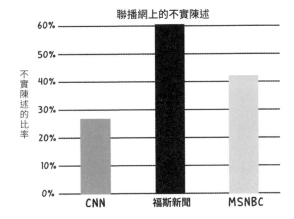

媒體動力相關研究發現，保守派媒體管道和其他媒體之間的關鍵區隔在於，那些被視為「左派」的
媒體一直忠於傳統媒體播報的標準實務，而「右派」媒體反而更常聚焦於黨派導向的宣傳戰。

想想其他常見的政治框架
案例：

· 稅金與開支

· 大政府

· 保母國家

· 國防薄弱

· 對犯罪手軟

· 法律秩序

· 激進法官

· 真正的基督徒

· 真正的美國

· 部分分娩流產

· 生命權

框架技巧仍是最為強而有力且祕而不宣的工具，可用來形塑公
共論述。舉例來說，雷根總統的政策制定者想要提高稅金時就
將徵稅框架為「開源」（revenue enhancement），但想要
減稅時便將課稅稱為「充公」（confiscation）。同時，他們
還把自己反對的社會福利計畫全叫作「浪費錢的社會實驗」。

或是拿二〇〇三年三月入侵伊拉克一事來說好了。該場戰爭被框架成反恐戰爭的主要前線，這
是由法蘭克·藍茲提出的品牌包裝策略說法。此標籤是為了把入侵伊拉克和二〇〇一年九月
十一日的恐怖攻擊牽扯在一起，即便此連結根本不存在。反恐攻擊讓小布希於二〇〇四年再次
當選總統，儘管他在追查賓拉登或打擊恐怖主義上根本毫無進展。

長久以來黑人一直被白人強行套上許多糟糕透頂的框架。在美國內戰爆發以前，黑人經常被描述成懶散、聽話且愚昧的物種——為了加強統治需求而捏造出來的刻板印象。種族歧視的框架在白人黑臉走唱秀的鼎盛時期不斷被傳唱，而吉姆·克勞這個角色正是因此聲名大噪。

內戰過後，為了取代奴隸的勞動力，實業家和莊園主轉而尋求定罪租賃（convict leasing）制度的幫助。為確保該制度運作順利，就必須將剛剛重獲自由的奴隸定罪。他們將黑人（尤其是男性）從「聽話」重新框架為「危險」。威脅性十足的刻板印象很快就深植人心，特別是黑人男性掠奪者會把白人女性當獵物的迷思，而此說法在美國南方腹地的影響力更是深遠。*

白人男性經常——且不實地——指控黑人男性強暴或侵犯白人女性，好正當化他們的私刑暴力，全是要讓黑人服從聽話與維持白人至上地位的威嚇戰術。在一八七七年到一九五〇年間，共有超過四千起黑人被處以私刑的事件，其中大多是白人暴徒犯下的罪行，有些甚至是出自於福音派教會之手（大約等於連續七十三年、每週有一個黑人被私刑處死）。

但現實情況卻完全不是這麼一回事，白人男性強暴黑奴的機率高上許多。這類強暴事件普遍到，歷史學家亨利·劉易斯·蓋茲二世（Henry Louis Gates Jr.）在《坎坷之路：重建、白人至上主義與吉姆·克勞的崛起》（Stony the Road: Reconstruction, White Supremacy, and the Rise of Jim Crow）中寫道：「至今每三位非裔美國男性，就有一個 Y 染色體性徵是直接遺傳至白人男性祖先。這個驚人的研究結果只能反映出一個事實，在奴隸制度實行期間，黑人女性有多常遭到白人男性強暴。」

在一百年後的民權運動中，黑人社運人士被重新框架為「煽動者」，因為他們害得美國南方白人情緒激動、做出可怕的暴力行為——把問題推到別人頭上，讓行使致命暴力的白人不用承擔任何指責。

悲哀的是，
最先提出的框架，
通常也是持續最久的框架。

* 從統計數據來看，大多數的犯罪——大約 80% 到 90% ——都發生在同種族之間。

部分框架技巧蠱惑人心的力量之大，形成了所謂的歐威爾式語言。**歐威爾式語言**是指某人宣稱的內容和該內容的本質完全相反，意即用其反對的每個字眼去包裝自身。

該詞出自於喬治·歐威爾的反烏托邦小說《一九八四》，書中的法西斯政府透過常態監控、警察與玩弄英語文字來控制人民，而「真相部」（Ministry of Truth）則負責散播假新聞、另類事實及荒謬的宣傳內容，像是「戰爭即和平、自由即奴役、無知即力量」。

川普總統把某件事稱為「假新聞」時，就是在使用歐威爾式語言——直接將真實新聞貶低為假消息，只因他不想承認新聞提及的資訊。

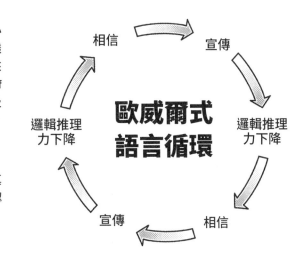

歐威爾式語言循環

相信 → 宣傳 → 邏輯推理力下降 → 相信 → 宣傳 → 邏輯推理力下降 →

歐威爾式語言簡單來說就是偽善：

《潔淨天空法案》（Clear Skies Act）是由美國最大的汙染者所提出，為的是削弱反空汙的監管規定。

《安全飲用水法案》（Safe Drinking Water Act）提供了漏洞，保護哈里伯頓公司（Halliburton）的水力壓裂技術不受法規監管，等於允許該公司汙染飲用水又不用受罰。

宗教自由法律被用來將特定一人的宗教信仰強加在其他人身上，像是雇主拒絕在健康照護計畫中負擔員工的節育項目。

川普政府提出的「強化科學監管透明度」（Strengthening Transparency in Regulatory Science）規定，反而讓美國環保署更難用科學發現和醫療研究去決定大眾健康政策。

法定權利（Entitlements）一詞被政治人物拿來形容由納稅人出錢、且納稅人會因此受益的政府計畫。

《通訊合宜法》（Communications Decency Act）讓網際網路供應商和網站得以散播仇恨言論又免於受罰。

政治正確一詞是反向歧視的一種形式，將不當言論重新包裝成「言論自由」，試圖要讓那些指證者噤聲。該詞原本是用在替大學校園中的性別歧視、種族歧視和恐同行為發聲。

該詞源自近一世紀前，算是左派人士的內部笑話，但在一九九〇年代成了右翼文化戰士的動員口號，被用來否絕女性主義教授的終身職位、切斷同性戀組織的資金來源，以及消滅平權行動。高喊政治正確的口號成了遏止社會變遷的另一個管道，其手段是將一切改革意圖曲解成極端主義者，並進一步刪減高等教育的資金。* 現在最流行的「取消文化」打的也是同樣的如意算盤。

*「政治正確」一詞的普及是出自社運人士迪內希・杜澤（Dinesh D'Souza）之手，受到智庫的經費贊助，先前是《達特茅斯評論》（*Dartmouth Review*）的編輯，並曾負責一篇關於 3 K 黨領袖大衛・杜克（David Duke）的封面故事；他個人還曾故意逼學生出櫃，出版了從「同志學生聯盟」（Gay Student Alliance）偷來的信件。幾年後，杜澤因競選經費詐欺而認罪。

希特勒的宣傳部長戈培爾曾觀察到：「精心塑造的文字能成為思想的偽裝外衣。」如同納粹為猶太人的死亡集中營取了歐威爾式名稱，像是玫瑰花園（Rose Garden）和快樂夜鶯（Happy Nightngale）。* 或是宣傳媒體蓄意將新聞一詞加入頻道名稱當中，好讓大家不會注意到他們的意識型態意圖，像是福斯新聞、新聞極限（Newsmax）以及布萊特巴特新聞網（Breitbart News）

* 美國也曾為核彈取了個歐威爾式名字：「和平維護者」（Peacekeeper）。丟在廣島的核彈則被叫作「小男孩」（Little Boy）。

這是掩護機構和智庫常用的手段。宣傳專家時常以歐威爾式名稱來掩飾真實意圖，也就是運用所謂華而不實的口號，或看起來好似在傳達正面意涵、實則空洞無物、毫無意義的文字。

在廣告中，「華而不實的口號」包括了**全新、改良版、最棒**。對智庫來說，則是**自由、自由派、繁榮、愛國者、企業**。這些字詞不僅傳達出正確氛圍，同時還可掩蓋真實目的。

隨便列舉幾個科氏贊助的組織，像是「自由與繁榮中心」（Center for Freedom and Prosperity）、「美國繁榮」（Americans for Prosperity）、「自由奏效」、「自由前線」（Frontiers of Freedom）與「學生爭取自由組織」（Students for Liberty），全都假裝成草根組織，專門混淆民眾對氣候變遷的認知。

這些團體使用自由一詞時，他們指的並非個人的自由，而是市場的自由。記者喬治・蒙比奧特（George Monbiot）在替《衛報》寫的一篇文章中表示：「如果缺乏組織工會和集體協商的自由，即表示可以自由壓低工資；擁有不受監管的自由，即表示可以自由毒害河川、危害工人、收取不公平的利率，以及規劃複雜無比的金融工具；免於繳稅的自由，表示可以不予理會足以使人民脫離貧窮的財富分配。」市場自由的代價通常是個人在擔。

非營利組織「消費者預警」（Consumer Alert）看似是保護消費者的機關，但其立場實則是在保護大企業，而且該組織受到各企業大亨的資助，包括雪佛龍、埃克森、酷爾思（Coors）、安海斯 - 布希、輝瑞（Pfizer）、禮來（Eli Lilly）。該組織反對服飾和汽車安全氣囊的阻燃劑標準——其立場是保護利潤、而非消費者。

掩護機構「言論自由基金會」（Freedom of Expression Foundation）成立的目的是為了廢除公平原則政策。該組織受到菸草與酒業公司的贊助，專門挑戰電視的廣告禁令；而奧林基金會和魯伯特・梅鐸同樣也有出資，目標是破壞電視新聞的平衡。

在一九三六年，「空氣衛生基金會」（Air Hygiene Foundation）創辦了一個實業家團體，故意誤導大眾對矽肺病的看法；這是致命的肺部疾病，殺死了數百、甚至上千名在西維吉尼亞州鷹巢隧道建設工程中工作的工人——可說是美國史上最嚴重的工業災難。該組織反對政府的監管，導致空氣品質和乾淨衛生絕對扯不上邊。它在一九四一年更名為「工業衛生基金會」（Industrial Health Foundation），並在接下來的幾十年間，分別代表了那些常見的空汙嫌犯，包括石油巨頭以及石棉、煤炭與化學公司。

就連川普把自己包裝成功成名就的生意人和財富典範，也是歐威爾式的扭曲手法。在一九八二年，他謊稱自己身價高達一億美元，才得以擠進第一屆的《財星》雜誌四百大富豪榜單，儘管其財富總計只有信託基金的一百萬美元和銀行帳戶中的四十萬美元而已。

在一九八〇和九〇年代，他聲稱自己的事業如日中天，結果《紐約時報》發現，他賠掉的錢比任何美國人都還多。到了二十世紀末，他已積欠超過七十間銀行近四十億美元。他在二〇〇四年宣告破產後，唯一肯借他錢的銀行只剩德意志銀行（Deutsche Bank），該行也曾為俄國客戶洗錢約一百億美元。

當川普選上總統時，他是經商失敗的不動產開發商，不僅破產過五次，還有數次授權投資失敗的經歷，包括川普航空、《川普》雜誌、川普伏特加、川普瓶裝水、川普牛排、川普遊戲、川普房貸公司，及 GoTrump 旅遊網站。

「墨西哥送來的都不是好東西。」

「他們帶來了毒品、帶來了犯罪、帶來了強姦犯。好啦，我猜其中也是有好人的。」

川普的歐威爾式
競選活動，
2015年6月16日

付給演員經紀公司招募背景臨演的款項：**12,000** 美元

付給每位演員的款項：**50** 美元

假裝鼓掌的次數：**43** 次

宣傳噱頭創造出的大眾支持假象：無價

川普在三十年間累積了四千件訴訟案纏身，並因川普大學的詐欺事件而面臨二起集體訟訴案。川普的高爾夫球場更損失了高達三億一千五百萬美元。

儘管川普宣稱自己是勤奮工作的生意人，但他有三分之一的總統任職期間都在自家的高爾夫球場和不動產中度過；當上總統的頭三年，他就花了納稅人近五億美元，相較於歐巴馬當了總統整整八年，只用掉九千六百萬美元。（而且川普吝嗇到有次甚至兌現了一張十三美分的支票。）

儘管川普聲稱自己是奉公守法的總統候選人，但我們隨便就能說出好幾個足以被彈劾的罪行，包括賄賂、妨礙司法、勒索、銀行詐欺、轉帳詐欺、干擾證人、洗錢、逃漏稅、濫用權力、偽證，以及妨礙國會。

顧我們光榮的旗幟和「幸運之星」引導並保護世界各地的各位

歐威爾式品牌形象塑造也可延伸到符號、標誌與其他圖像。以惡名昭彰的納粹卐字符號（或是帶鉤十字記號）為例，原本數千年以來都是代表平安吉祥的符號，直到希特勒把它與第三帝國畫上等號，便從此被玷汙。

卐字符號最初是佛教徒和印度教徒在使用，梵文的直譯便是「安康」。到了二十世紀，該符號在西方成了建築物、納瓦荷織物、可口可樂廣告以及童子軍徽章的裝飾符號，是到一九二〇年希特勒採用了該符號才戛然而止。

但希特勒其實不是第一個採用該符號的反猶主義者。諸如「圖勒協會」（Thule Society）等德國和奧地利右翼團體早就用過卐字符號當作白人至上主義的象徵。希特勒不過是挪用過來而已，並表示該符號象徵了「亞利安人勝利的鬥爭」。

歐威爾式語言將本來不會被大眾容忍的觀念，用正面表象去包裝它。因此，政客通常也會利用該策略，掩飾對其背後有錢金主有利的立法。

如同作家艾麗卡·瓊（Erica Jong）所說：「語言是重中之重，因為掌控文字就等於掌控了對話……因為只要框架了辯論，就能贏得辯論；因為美國充斥著歐威爾式新語，所以說出真相已是難上加難。」

「政治語言……就是要讓謊言聽起來像真的、謀殺看起來是值得尊敬的，並讓空穴來風之事看起來好像真有其事。」

喬治·歐威爾

戰爭即和平
自由即奴役
無知即力量

深入調查：公正與平衡

「謊言販賣者會加倍努力完善自己的銷售技巧；
真相推廣者反而會過於自滿，誤以為真相自己就賣得動。」
——艾倫·法蘭西斯，《美國心智的暮光》（*Twilight of American Sanity*）

或許濫用歐威爾式語言最惡劣的例子就是福斯新聞的招牌標語（與內部笑話）：「公正與平衡」。福斯新聞當然沒有身體力行做到公正與平衡，這不過是形象包裝而已。

該新聞網的概念是源自於尼克森的執政時代，旨在抵抗「異己的猛烈攻擊」，為的是阻止又一位共和黨總統再次遭到彈劾（他們在二〇一九年和二〇二一年確實成功做到了）。

福斯新聞創辦人羅傑·艾爾斯（是美國前總統尼克森和老布希先前的政治顧問，正是他「創造出『公正與平衡』和『我們報導、你們判斷』這兩句標語，不僅僅是為了否認福斯的傾右立場，更是為了把專業新聞報導的用語挪為己用，作為福斯品牌形象塑造計畫的一環，」前共和黨戰略顧問大衛·布洛克如此解釋。

在《屋裡最大的聲音》（*The Loudest Voice in the Room*）一書中，艾爾斯的傳記作者蓋博·雪曼（Gabriel Sherman）寫道：「年輕的職員都在懷疑，為什麼自家頻道要用『公正與平衡』這個標語來掩飾艾爾斯的保守派目標。其中一位前製作人記得某次交談如下：『大聲說出我們在做的事犯法嗎？大家都知道我們在做什麼

啊……為什麼需要保密？……明明已露骨到這種程度了。』這些問題的答案同時涉及了政治、歷史和心理學。保守派想要建立一股反媒體勢力，很大一部分必須靠說服觀眾相信自己接收到的是新聞、不是宣傳。『公正與平衡』是出自於商業上的考量。」

艾爾斯一九九八年曾在《哈特福德·庫蘭特》（*Hartford Courant*）日報中解釋道：「如果你公開說自己偏右，然後要做右翼相關新聞，那你就死定了，絕對逃不過被獵巫。」因此，艾爾斯只好拿平衡報導當幌子，隱藏自家其實是宣傳媒體的角色。前福斯新聞主播托賓·史密斯（Tobin Smith）也證實了該謊言：「我們把共和黨的宣傳廣告偽裝成談話節目片段。這個偽裝騙局的效果超好，94% 的年長白人觀眾都認為自己在看的是『新聞』（而且至今仍深信不疑）。」

儘管如此，福斯怎樣都和真正的新聞根

本扯不上邊，其員工每天都會收到寫在備忘錄上的編輯指示，告訴他們要如何扭曲當天的故事內容，以便配合上頭的政治意圖。舉例來說，講到全球暖化這個議題時，福斯寄了電子郵件給眾員工，建議他們「除非能夠立即指出這些理論的數據皆受到評論家的質疑，否則千萬不可表示地球曾在任一時期出現暖化現象」。在小布希執政期間，福斯新聞把反戰示威說成反美活動，但在歐巴馬時期，該頻道又將茶黨的抗議活動稱之為愛國行動。接下來換川普當總統，福斯又改變了風向，批評示威抗議就是反美。福斯的記者只要在報導中攻擊希拉蕊，艾爾斯就會親自表揚該員工；但如果攻擊的是小布希，公司就會質疑該員的忠誠度（與客觀性）。如果來上節目的名嘴沒有隨之起舞、認同共和黨的說詞，就不會再度受邀，比方說前布希演講撰稿人大衛·傅朗（David Frum）。

以名字中有「新聞」一字的聯播網來說，福斯獲得的報導獎項少得可憐，部分原因是福斯幾乎沒有原創報導，大都是

2021 年 皮博迪獎候選人	
PBS：	12
CBS：	2
ABC：	1
福斯新聞：	0

2021 年 愛德華·R·默羅獎得獎人	
ABC News：	4
PBS：	2
NBC／MSNBC：	2
CBS News：	2
CNN：	1
福斯新聞：	0

廣播電視數位新聞協會
愛德華·R·默羅獎

2020 年／2021 年 艾美獎 新聞及紀錄片獎項入圍名單		
PBS：	48	52
CNN：	33	44
CBS：	17	30
紐約時報：	14	19
NBC：	12	5
ABC：	9	22
MSNBC：	5	8
福斯新聞：	0	0

對其他聯播網的報導內容發表意見。事實上，艾爾斯鼓勵他手下的新聞播報員「多多發表個人意見」。

福斯聯播網沒有報名角逐任何新聞報導獎項，表示他們完全知曉其使命不是製作新聞，而是製造看起來像新聞的宣傳和娛樂內容。

當福斯新聞的記者塔克·卡爾森（Tucker Carlson）在二〇二〇年被告誹謗時，福斯自家的律師表示，沒有任何「有理性的觀眾」會把卡爾森的話當真，因為「他的看法不是基於事實的陳述」。他只不過是「為了做效果，用誇張的修辭去表達個人意見」，儘管他在直播時宣稱自己說的都是「與該報導有關的事實」。如果這樣都還算是個人意見，或許有人該去提醒提醒一下塔克——和他的觀眾了。在二〇二二年，塔克·卡爾森在福斯新聞對俄國入侵烏克蘭的報導，根本就是親俄派的最佳宣傳，連克里姆林宮都叫自家的宣傳管道播放該片段。甚至有份外洩的內部備忘錄上寫著「務必盡量⋯⋯多多使用那位受歡迎的福斯新聞主播的節目片段」。

以報導業務來說，福斯新聞網的員工數量比任何一家新聞網都還少，花在新聞蒐集上的經費也較低。該新聞網只有三個國際辦公室，相比之下 CNN 有二十七個，而且也沒設置常見的「廣播標準與執行」

部門。慣例來說，該內部機構負責監督新聞網的播報內容是否合乎道德與法律考量，簡言之就是自我監管。

或許這就得以解釋該新聞網某些見不得人的輝煌歷史了，像是遇到不喜歡的記者就修改他們的照片，把《紐約時報》記者雅克・斯坦伯格（Jacques Steinberg）修成大鼻子、大耳朵，把編輯史蒂文・雷迪克利夫（Steven Reddicliffe）的牙齒修黃、黑眼圈加深，還讓髮際線後退。或是刊登新聞廣告質問，為什麼 ABC、NBC、CBS、CNN 和 MSNBC 都沒有報導茶黨的抗議活動，但其實這五個聯播網都有報導相關事件，而且大多是直播報導。或是針對自家新聞網贊助的政治示威活動，故意誤導觀眾當時的與會人數，在直播中播放先前活動的畫面。或是宣稱川普停止金援「三個墨西哥國家」。或是意圖抹黑西雅圖「黑人的命也是命」示威活動，故意播放明尼蘇達州因喬治・佛洛伊德（George Floyd）抗議活動而起的城市失火畫面。或是在報導艾瑞莎・弗蘭克林（Aretha Franklin）逝世的消息時，故意放上佩蒂・拉貝爾（Patti LaBelle）的照片。又或是福斯的聖地牙哥分屬機構在報導一起強暴罪行時，放了歐巴馬總統、而非嫌疑犯的照片。

難怪維基百科在二〇二〇年判定福斯新聞並非可靠的政治與科學資訊來源，等於承認其報導內容和公正平衡根本八竿子打不著，尤其是當主播直接在現場讀出共和黨新聞稿，假裝自己在「播報新聞」。

就連福斯新聞網站的使用者協議都直接宣告他們提供的服務是「個人享受與娛樂」，反觀 CNN 的使用者協議就載明他們提供的「資訊」是「專供教育和資訊之用」。福斯的協議中完全看不到教育和資訊這兩個詞。

普拉卡尼斯和亞隆森在其著作《大宣傳時代》中點出把新聞當成娛樂存在著本質上的危險，而這正是福斯常態性的作為。心志不堅的新聞播報員會因此受到誘惑，不再憑藉合乎邏輯的論述來說服與影響大眾，反而是靠著冷嘲熱諷的方式激起觀眾的恐懼、憤怒、仇恨與憎恨等情緒。他們在書中寫道：「當說服的手段日益簡化，民眾獲得的資訊便愈來愈少，也會變得愈來愈不熟悉公民事務。當大眾變得更加無知，宣傳專家就必須用更加簡單的說服工具。結果就陷入了無知的惡性循環──憤世嫉俗的民眾被愈來愈多的無腦宣傳轟炸，變得更加缺乏處理資訊的技巧與意願，理解力也直線下滑。」因此，觀眾在毫無所覺的情況下，開始為了娛樂、而非資訊在收看節目，只想獲得情緒上的認可，而非智力上的挑戰。就像希特勒認為大眾是愚蠢無知、容易擺布的一樣，福斯這類的宣傳媒體把該信念化為了現實。

有趣的是，「公正與平衡」這個標語在川普當選總統的那年拿掉了──但這也只不過是川普在擔任總統期間丟掉的諸多政治偽裝之一，當時可說是新聞業化身娛樂業的巔峰時期。

真實的福斯新聞圖表

拉斯穆森

你覺得科學家是否故意捏造研究結果，好支持其全球暖化理論？

59% 似乎有可能
35% 很有可能
26% 不太可能

福斯

呃，加起來是120%誒。

「暴政的精髓在於否認一切錯綜複雜之事。」
——雅各‧布克哈特（Jacob Burckhardt），歷史學家

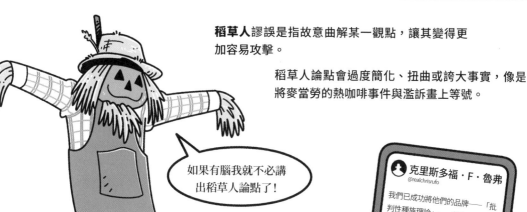

稻草人謬誤是指故意曲解某一觀點，讓其變得更加容易攻擊。

稻草人論點會過度簡化、扭曲或誇大事實，像是將麥當勞的熱咖啡事件與濫訴畫上等號。

如果有腦我就不必講出稻草人論點了！

克里斯多福‧F‧魯弗
@realchrisrufo

我們已成功將他們的品牌——「批判性種族理論」——鎖定在公眾對話中，並持續加深大眾的負面觀感。我們把美國文化的所有瘋狂行徑都歸咎在該品牌類別之下，大家遲早將該理論視為毒蛇猛獸。

二〇二一年夏天的稻草人是遭受猛烈炮火抨擊的「批判性種族理論」（critical race theory），這是一套用來了解美國種族不平等歷史的學術架構。該理論係於一九七〇年代由法學家發展出來，專門用來幫助法學生了解整個體制下的種族歧視，比方說刑事司法體系。儘管如此，如美國傳統基金會等右翼智庫在毫無憑據的情況下，聲稱該理論是具有種族歧視的課程大綱（並不是），而且全美高三生都必須學習（並沒有）。光是在二〇二一年，福斯新聞就提到這個根本毫無實質意義的問題四千七百零七次。

haritage.org

美國傳統基金會
The Heritage Foundation

Critical Race Theory 批判性種族理論

批判性種族理論的五大迷思（已破解）

多個組織聯合呼籲各州政府更加公開透明。停止在學校教授批判性種族理論

批判性種族理論的五大謊言

批判性種族理論將摧毀我們的軍隊組織

此爭議言論出自於克里斯‧魯弗（Chris Rufo）之手，他是美國傳統基金會的前任成員兼右翼政治運動人士，現在領的則是曼哈頓政策研究所的薪水。魯弗將重新包裝批判性種族理論的品牌形象視為個人使命，做法是持續提高眾人對該理論的負面觀感，讓大家將該理論「視為毒蛇猛獸」。民眾的憤怒接踵而來，批判性種族理論儼然成為最新製造出來的危機，為的是遏止大眾對美國種族歧視歷史日益高漲的文化意識。自二〇二一年起，已有四十二州推行法案限制或禁止教授該理論。

其他稻草人範例如下：

- 引用根本不存在的「死亡委員會」讓大家質疑《平價醫療法案》*
- 故意將「全民健保」的提案曲解成要「解散美國醫療保險」
- 反對性教育課程，擔心會導致性行為增加
- 故意將遏止仇恨言論說成「廢除美國憲法第一條修正案」
- 把槍枝管制講成「奪走人民的槍」或「廢除美國憲法第二條修正案」

「發育完全的胚胎，連心跳都有……而有人說我們應該維持其生命跡象，好摘取其大腦！」

菲奧利納

- 故意引用摘除墮胎胚胎器官的傳言，為的是斬斷「美國計畫生育聯盟」的資金來源
- 故意將監獄改革扭曲成「將罪犯放回街頭」
- 只要有人對軍費開支或開戰提問，就質疑對方的愛國心
- 大聲疾呼「定錨寶寶」（anchor babies）、「連鎖移民」與「開放邊界」等詞，為的是反對《夢想法案》（DREAM Act）和移民改革

就如同大部分的宣傳戰一般，這些政治事件都是出自空穴來風的恐懼，但大都足以讓辯論陷入僵局，甚至能夠推翻立法。記者亞莉珊德拉·凱蒂就曾寫道：「恐懼是足以讓人採取行動的強大工具，得以有效的使觀眾不去細查可疑的資訊。」

當然，也別忘了惡名昭彰的熱咖啡事件。

史黛拉·里貝克將麥當勞告上法院只是為了支付其醫療照護費用，包括二年的皮膚移植和物理復健治療。結果「美國侵權法修正協會」和美國商會等特定利益團體，以及「抵制濫用訴訟公民組織」、「終止濫用訴訟組織」（Stop Lawsuit Abuse）與「濫用訴訟觀察組織」（Lawsuit Abuse Watch）等一干掩護組織，蓄意將她的提告曲解成「無謂」之舉，全是為了保護自身免於受罰。

打翻熱咖啡
賺進幾百萬美元

---

* 充滿官僚主義的死亡委員會是根據配額在分配健康照護額度，這個說法來自於莎拉 · 裴琳在二〇〇九年八月的一篇臉書貼文，根本毫無事實根據，爾後因福斯新聞不斷重述，才成為家喻戶曉的詞彙。

無謂訴訟這個稻草人是因為政治策略專家卡爾・羅夫＊把該事件當成小布希的競選宣傳平台，才開始吸引到眾人目光。這是羅夫的一石二鳥之計：利用自己身為政策顧問的地位，去推動對其擔任顧問的公司有利的政策（像是菲利普莫里斯，該公司同時也是侵權法修正的重要支持者）。如此一來，就算陪審團判給原告的賠償金額高出許多，企業還是能降低損害賠償的支出。

「我決定把我的哲學和做法稱作激情保守主義。」

當這個稻草人箭靶無法在聯邦層級奏效，羅夫便開始在地方層級施展手段。他與美國商會合作，傾盡一切宣傳力量在美國各地的關鍵司法選舉競賽之上，投入數千萬美元的資金到小型選舉競賽當中。

終極目標是選出各州最高法院的大法官，好在日後做出有利於企業而非消費者的判決，就像他已在德州施展過的魔法一樣。

「無謂」訴訟成為政治階級在代表企業階級發聲時的呼喊口號。他們成功限制了受傷民眾上法院求償的權利，以至於二〇一五年的侵權訴訟比一九九三年少了一百七十萬件。

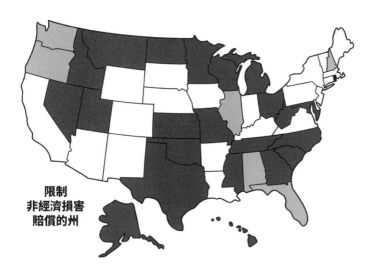

**限制
非經濟損害
賠償的州**

深灰色的部分代表這些州仍有法律限制生理疼痛和精神折磨方面的賠償。淺灰色的部分代表已廢除了這些限制的州。在對非經濟損害賠償設有上限的州當中，許多州的平均意外死亡率都較高。理由很簡單，支付損害賠償的費用比做好工廠安全防護或召回產品的成本便宜多了。

＊羅夫是在一九七二年第一次受到布希家族的注意，當時的共和黨全國委員會主席老布希正在調查羅夫身為共和黨學生會主席舉辦的「骯髒把戲研討會」。老布希之後還因政治刺探行為開除了羅夫不只一次、而是二次——都是因為向媒體洩漏資訊，其中一次是為了讓同事臉上無光。

深入調查：社會主義

「許多人認為政府為自己人做的事是社會的進步，
但同時又認為政府為其他人做的事是社會主義。」

——厄爾·華倫（Earl Warren），美國最高法院首席大法官

所有國家都是混合式的經濟體制——結合了資本主義和社會主義。社會主義計畫提供公共服務，不應負有利潤動機，像是警察局或消防局。那些關於社會主義的爭論其實是公共服務和私人利益之間的爭論——跟民不民主的關係不大，和資本主義比較有關。

我們在文明社會中享有的諸多福利都是社會主義的展現：

- 郵局服務
- 圖書館體系
- 消防部門
- 警察部門
- 聯邦執法機構
- 聯邦法院體系
- 大眾交通工具
- 高速公路和交通運輸
- 軍隊
- 車輛監理處
- 公共教育
- 垃圾清除／汙水處理
- 社會安全
- 美國醫療保險和聯邦醫療補助
- 國家公園

更別提國家航太總署（NASA）、聯邦調查局（FBI）、中情局（CIA）、食品藥物管理局（FDA）、聯邦緊急事務管理局（FEMA）、聯邦通訊委員會（FCC）以及維和部隊等機構了。

當政治人物高喊「社會主義」，不是因為他們擔心美國成為社會主義國家，即政府擁有並掌控多數產業。政治人物故意用這個稻草人來保護他們最忠實的選民：美國企業。哈利·杜魯門總統曾說過，那些高喊社會主義的呼聲根本是「特定利益遊說團體的註冊商標」。

當公共服務社會主義化時，利潤動機就會被移除，如此一來便能壓低費用、甚至是免費提供給大眾。比方說，如果消防部門私有化（曾發生過），企業股東會要求該服務要能賺錢。身為消費者的你，會選擇自己付得起、但無法即時拯救家園的消防隊？或是寧可負債也要選昂貴但能馬上

「社會主義是個可怕的字眼，被用來攻擊過去二十年來我們取得的每項進展。這些人把社會安全稱作社會主義，把農產品價格支持稱作社會主義。」

「他們也把存款保險稱作社會主義，把自由獨立的勞工組織稱作社會主義。這些人幾乎把所有對人民有益的事都稱作社會主義。」

哈利·杜魯門總統，1952年10月10日

現身救火的那間？你願意每個月付多少錢認購社區專屬的消防局？二百美元？五百美元？九百九十九美元？就像急診室一樣，消防部門是性命攸關的單位，不能在有需要時沒有使用權。

社會主義式計畫是順暢運作的民主體制必不可少的環節。爭論的重點不在於我們是否該有社會主義政策，而是哪些計畫應該要社會主義化。

美國只有不到 19% 的國民生產毛額是花在公益上面（像是反貧窮與失業計畫），相較於德國是 25%、瑞典是 26%，以及法國是 31%。而且美國僅負擔二十六週的失業補助，其他西方國家通常超過一年，難怪美國的貧窮率是已開發國家之冠。

如果我們擁有社會主義式的健康照護制度、如果我們的健康照護免費或費用極低，就跟其他工業化國家自一九六〇年代起的做法一樣，那該有多好。美國仍是唯一一個沒有全民健保的主要國家，我們的人民就跟南非人一樣，無時無刻不在擔心健康照護開支可能導致破產。

事實上，美國健康照護體系的失衡情況也是世界之冠。儘管美國的健康照護開支占全球的 40%（每年三點五兆美元），健康

全民健保

國家	人均健康照護開支（單位：美元）
美國	$7,538
加拿大	$4,079
德國	$3,737
法國	$3,696
澳洲	$3,353
英國	$3,129
西班牙	$2,902
日本	$2,729

各國人均
健康照護開支
（單位：美元）

照護品質卻落在第三十七名。我們時常為醫療服務、醫療裝置和藥物支付過高的費用，而且經常拒絕給付必要的醫療程序。拒絕給付的每一塊錢，都會落到健康保險業者的口袋。正因如此，利潤成了優先要務，醫療給付擺在後頭。

自一九七〇年代起，健康照護支出已上升了 500%，就算根據通膨調整也一樣。單單在過去二十年，相關支出便已翻倍，但服務品質幾乎未見改善。美國的藥價高到不可思議，以至於近三分之一拿連續處方箋的患者沒有再次拿藥，因為他們無法負擔藥費；而有 12% 的患者把藥片切對半或跳著吃，估計每年導致十二萬五千起的死亡事件。

日漸高漲的醫療開支成為破產的頭號肇因，也是房屋被法拍的主要原因。許多孩童深受父母破產所苦，甚至比離婚還多。健康照護開支對美國人造成的負擔之沉重，「GoFundMe」網站上有三分之一的群眾募資活動都是為了支付醫療帳單。

至少有三分之一的開支是用來支付利潤或行政費用，但只有 3% 是用在美國醫

療保險上，因為這部分毫無利潤可言。約翰霍普金斯大學彭博公共衛生學院的傑拉德‧安德森博士（Dr. Gerard Anderson）解釋道：「事實上，私人健康保險的行政支出是美國醫療保險行政支出的四倍。影印費、審查程序以及利益分配的協調程序，再加上高額的執行長薪水、廣告費、企業利潤以及槓桿債務服務等等，讓私人部門的行政效率更加低落。正因沒有長期獎勵動機去進行預防性治療，所以健康照護的支出才會不斷攀升。」

此趨勢始於一九八〇年代，當時為了提高市場競爭力而放寬對健康保險公司的管制，就像任何其他利潤導向的產業一樣。在此之前，70% 的大型公司都會為員工提供完整的健保。但在雷根政府敦促非營利「健康維護組織」（Health Maintenance Organizations）追求利潤後，健康保險費就開始不斷調漲，再加上為了滿足華爾街的要求，雇主為了縮減開支，便將成本轉嫁到員工身上。

難怪 61% 的美國人寧願選擇政府經營的健康照護。但這些事各位都不會知道，因為醫療工業複合體每年花二億四千萬美元在遊說活動上面。現在每位國會成員都分配到五名健康照護遊說專員，而其中半數的專員是前國會成員或其員工。

若美國真要實行社會主義式的健康照護體系，該產業一年可能會損失高達二百三十四億美元的利潤。為確保此事不會發生，該產業花在遊說活動上的錢遠高於任何其他產業——幾乎是第二高產業的兩倍。

當美國政府在一九四九年試圖提供公共醫療選項時，「美國醫學會」（American Medical Association）——最大的醫生遊說組織——發起了一項公關宣傳活動來抵制該政策。他們提倡的觀點是醫生在私人保險體制下可爭取更高的薪酬。該宣傳瞄準了教會團體、公民組織、女性俱樂部及企業。該組織妖魔化政府的介入手段，並聲稱任何聯邦計畫都是向共產主義看齊。此公關行動要價不菲：不到十二個月就花了一百四十萬美元。

在一九九〇年代，如「醫療保險選擇聯盟」（Coalition for Health Insurance Choices）這類醫療保險業者資助的掩護組織遍地開花，花了一千二百萬美元的經費在進行廣告宣傳活動，為的是對抗柯林頓政府的健康保險改革。羅傑‧艾爾斯曾擔任菸草遊說組織的顧問，協助挫敗政府的改革意圖。數十年後，「平價醫療保險議會」（Council for Affordable Health Coverage）也用了同樣戰術對付《平價醫

最大型的遊說產業（2020 年）

製藥與健康產品	3億623萬美元
電子與製造設備	1億5690萬美元
保險	1億5185萬美元
不動產	1億3184萬美元
商業協會	1億1953萬美元
石油與天然氣	1億1069萬美元

療法案》，還故意將該法案重新框架成「歐巴馬健保」，為的是建立起與歐巴馬總統的負面連結，影射歐巴馬想透過政府干預的方式來規定人民的健康照護選擇。

對公共健康照護的攻擊與對公共住宅的攻擊大同小異。隨著美國老兵在二戰結束後返回家鄉，私人住宅產業推出了一項公關行動，想要阻止政府打造聯邦住宅。大家開始議論紛紛「社會主義者」和「共產主義者」陰謀論這類空洞且無意義的對話。於是乎，聯邦住宅管理局改成放貸給退伍軍人買房，而這些錢就直接落入私人住宅產業的口袋裡了。

在較為平等的社會中，高等教育是常見的社會主義式機構。德國、瑞典、法國和挪威都有社會主義式大學，就跟初等教育一樣。美國也曾經有過，但只是曾經。在一九七〇年代，美國的高等教育體系幾乎等於免學費。當時還有隨時可申請的裴爾助學金（Pell Grant），足以補助大部分的學費，而且學費低到只要在暑假做三個月最低工資的工作，就夠支付整學年的學費。

在一九六七年以前的加州，州立大學是完全免費的，直到時任州長的雷根出於政治報復行動，決定以收取學費的方式來懲處破壞秩序的學生，這是加州史上頭一遭。「政府的工作不包括補助對知識的好奇心，」雷根還語帶諷刺的說道，而他也認為柏克萊「是共產主義和同性戀的溫床」。

雷根選上總統後，開始大砍高等教育的經費，幅度之大導致學費自一九八〇年起就漲了三倍。雷根政府也刪減了裴爾助學金，並大幅更動了《高等教育法案》的諸多條款，致使大學生更難符合依需求申請的補助條件。在一九八〇年，裴

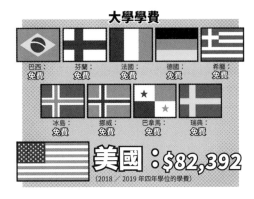

大學學費

巴西：**免費**	芬蘭：**免費**	法國：**免費**	德國：**免費**	希臘：**免費**
冰島：**免費**	挪威：**免費**	巴拿馬：**免費**	瑞典：**免費**	

美國：$82,392
(2018／2019年四年學位的學費)

爾助學金最高可補助 70% 的大學開支；到了二〇一一年，補助比例只剩三分之一。而各州的狀況也同樣慘烈：在過去十年，州政府分配給高等教育的經費減少了六十六億美元，同期間的學費每年上漲超過二千五百美元，使學生的負擔變得更加沉重（總是要有人來補上各種企業減稅帶來的缺口）。

舉例來說，政府曾提供德州大學奧斯汀分校近半的大學經費預算；現在政府資金已縮減到只剩 11%。在二〇一一年到二〇一七年間，堪薩斯州和威斯康辛州都刪減了州立大學的經費，等於每年每位學生少了三千美元。在過去十年間，北卡羅萊納州削減了近 16% 的大學經費，而學費則提高了 44.5%。

不幸的是，高等教育這類社會主義式的服務自民權運動時期起，一直都是砧板上的一塊肉，當時少數族裔的學生首次取得入學許可。到了二〇一〇年，補助經費已近乎腰斬，導致了現今的學貸危機。一九九〇年代早期，只有 25% 的大

路易斯安那州立大學每學期的費用 (美元)		
	1992	2022
學費	$1,085	$4,023
宿舍	$845	$3,740
最低工資	$4.25	$7.25

學畢業生有背學貸，到二〇二〇年已上升至 66%。學貸負債光在過去十五年已翻了五倍，現已超過一點五兆美元。金融產業也在積極遊說此事，因為學貸可以讓他們賺錢，而免費大學則對銀行的商業模式有害。他們甚至成功說服連任的小布希政府，不要把學貸列入破產的可免除項目之中。

與此同時，政府非但沒有提供更多公共服務經費，反而大肆提高企業福利，包括政府對石油巨頭和大型農場的補助，每年高達二百億美元。光是在二〇〇一年到二〇一五年間，就另有一百二十億美元的稅金流向大型企業，用來補助五十座新球場。

馬丁·路德·金恩曾說：「問題在於，我們太常把社會主義用在富有且強健的自由企業，又把資本主義套在窮人身上。」沒什麼比現行稅法更能說明富人社會主義了，也就是 1% 的人掌握了大部分的財富。

看看一九八〇年和現行的稅率，就能了解政府為前 1% 的人減了多少稅：

稅率	1980	2022
前 1% 的薪資和酬勞	70%	37%
未實現股利／利息	70%	15%
資本利得	28%	15%

簡單來說，未實現股利和資本利得就是華爾街的投資，讓有錢人可以用錢滾錢、無需付出勞力。同時間，中產階級的稅率因通膨之故仍在偷偷調漲。

想像一下，如此大量的財富如果要繳的還是雷根當上總統前的稅率，這些稅收便可用來提振整體經濟，就像二戰過後的新政時期一樣，並因此創造出美國的中產階級。事實上，我們在一九四六到一九七二年的經濟成長，其穩定繁榮程度是人類文明發展史上前所未見。

如果稅收增加，該筆資金就能挹注到社會服務當中，像是免費教育、健康照護、無利率貸款、甚至是「無條件基本收入」（Universal Basic Income）。這對政府來說是項投資，就像是高速公路和郵遞系統。人民手頭上因此多出來的錢就會湧入經濟市場中，讓消費者可以把錢花在住宅、購物、度假、甚至是創業上（而美國的現況是錢全流向海外的避稅公司，也就是前 1% 有錢人隱藏其財富的地方，或是拿這些錢去買自家公司的股份來拉抬股價，讓自己富上加富）。

多數美國人認為上述假設就是現行的財富分配方式。事實上，多數美國人相信這才是應當的財富分配方式（前提是他們沒有受到社會主義一詞被汙名化的影響）。在一項盲測實驗中，受試者包括五千五百二十二名美國人，其中有 92% 的人偏好瑞典而非美國的財富分配方式。

從表面上來看，在這個過程中唯一沒有

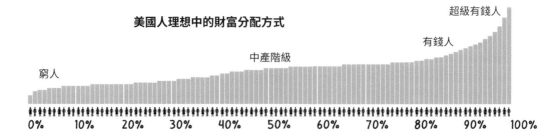

美國人理想中的財富分配方式

窮人　　　中產階級　　　有錢人　　超級有錢人

0%　10%　20%　30%　40%　50%　60%　70%　80%　90%　100%

因此過得更好的是那 1% 中的 1%，即 0.01% 的富人。話雖這麼說，但嚴格來說他們也能從中受惠，因為更多人會有可自由使用的收入並花在這些有錢人的公司上。

北歐斯堪地納維亞國家早就想出解方了。他們擁有免費健康照護、免費教育、免費喪葬服務、十六個月的產假、十週的年假、免費健身房會員資格，以及最短的工作週數——而這些國家人民的幸福指數經常是全球最高，且擁有最高的生活滿意度。這些國家幾乎沒有不平等、貧窮和犯罪問題。當然，出於政治利益去利用種族歧視的情形也少很多（第八章會進一步討論）。

但在美國，最大型的社會主義機構則是軍事工業複合體。美國花在軍事上的經費，比排在它後面的十個國家加起來都還多。記者羅莎‧布魯克斯（Rosa Brooks）曾寫道：「如果有人認為美國根本沒有社會主義，那絕對是沒造訪過軍隊基地。」軍事開支已過分鋪張到一個程度，只要拿其年度經費的 2%，就能根除美國的無家者問題；只要3%，就能終止全球的飢餓問題。一切不過是關乎優先要務而已（浪費掉的軍事開支如此之多，至今仍有超過 10 兆美元無法解釋用途的經費）。

美國在中東的戰爭花費早就超過了 1 兆美元——足以支付新政時期的所有開支，不是一次、而是兩次。從一九九七年到二〇一二年，美國國防經費翻了三倍。自從二戰開始，美國已把過半的稅金花在軍事行動上，並用企業福利讓國防承包商荷包賺飽飽。

雷根的星戰飛彈防禦系統——傳統基金會提出的想法——將六百億美元的稅金直接端給軍事工業複合體，為的是發明一個可以擋住導彈的神奇防禦系統。在每次測試都失敗後，國防部還假造了測試結果，試圖掩蓋自身錯誤。

接下來是花四千億美元發開 F-35 聯合攻擊戰鬥機（F-35 Joint Strike Fighter），這還不包括打造和維護戰鬥機的成本（順帶一提，這些戰機無法在惡劣天候或夜晚飛行，更別提什麼刁鑽角度了，不過最後它們還是上了戰場）。

問題在於，如此高的軍費開支長遠來看對社會有害。教育、健康照

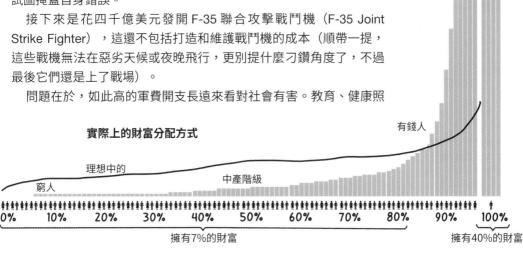

實際上的財富分配方式

前 1% 的富豪

超級有錢人

有錢人

理想中的

窮人　　　　　　　　　中產階級

0%　　10%　　20%　　30%　　40%　　50%　　60%　　70%　　80%　　90%　　100%

擁有 7% 的財富　　　　　　　　　　　擁有 40% 的財富

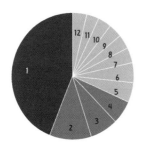

美國的自由裁量支出（2020 年）

1. 國防	7. 司法行政
2. 健康	8. 內政事務
3. 交通運輸	9. 一般政府
4. 退伍軍人福利／服務	10. 自然資源／環境
5. 社區／區域發展	11. 住房補助
6. 教育	12. 一般科學、太空／科技

護和基礎建設可以增進公共財的價值，並提供長期的投資報酬。反觀炸彈和航空母艦則是用來摧毀文明，以及將原本可用來改善納稅人生活的資源，用在讓大企業中飽私囊。如果我們花一百四十萬美元在世界的某處丟炸彈，這些錢馬上就碎成千萬片，沒有任何成果可言。接下來被炸毀的那個城市將需要重建，所以經費全都流入重建合約，直接落到國防承包商的口袋。

儘管伯尼·桑德斯（Bernie Sanders）是美國的現代社會主義代表，但他只不過是自視為民主社會主義者的眾多美國人之一，其他人包括亞伯特·愛因斯坦、海倫·凱勒、傑克·倫敦、厄普頓·辛克萊、馬丁·路德·金恩、法蘭西斯·貝拉米（Francis Bellamy）（他撰寫了〈效忠宣誓〉〔Pledge of Allegiance〕）、以及凱瑟琳·李·貝茨（Katharine Lee Bates）（她撰寫了〈美麗的美國〉〔America the Beautiful〕）。或許他們都同意尤金·德布斯（Eugene Debs）參議員的看法，他曾說社會主義不過是「基督教教義的實踐。」然而，資本主義的勢力從歷史教科書中幾乎完全抹去了自己過去的政治立場，一邊頌揚這些人的貢獻，一邊掩蓋會危及企業的歷史。

「製造出來的每枝槍枝、派出去的每艘軍艦、發射出去的每個火箭，以最終的意義來說，都是從那些飢寒交迫、衣不蔽體的可憐人身上偷來的。」

杜懷特·大衛·艾森豪總統

雖然納粹一詞是國家社會主義德意志勞工黨（National Socialist German Workers' Party）的簡稱，但不能將之與社會主義混為一談。在一九一九年，該政黨創辦之初是德國的勞工黨派，但希特勒加入後，他將該黨從勞工黨派轉變成反社會主義的保守黨派。在一場歐威爾式的宣傳戰中，希特勒保留下原本的名稱，只是為了吸引德國勞工，即便該黨都是受到有錢實業家的資助。在一九三三年，希特勒開始肅清異己，把所有社會主義者踢出行政部門、立法禁止工會，並把真正的社會主義黨員送進集中營。

「謊言跑得飛快，真相在後頭踽踽而行，人們幡然醒悟時木已成舟；
笑話功成身退，而故事的影響力業已傳開。」
——強納森・史威夫特（Jonathan Swift，《格列佛遊記》作者）

辯論金字塔

人身攻擊（ad hominem attacks）是針對個人品格的攻擊，而非他們的立場或論點。這是誹謗中傷的一種，也是最好用且常見的宣傳戰術。

誹謗的重點在於大力抨擊某人、破壞其名聲。所以青少女才會講同學的八卦，而青少男則是霸凌其他男同學。誹謗可以讓其他人無法同理或支持被鎖定攻擊的對象。

反駁主要論點	明確反駁主要論點
反駁原文	找出錯誤並解釋引用該內容的原因
駁斥	用邏輯和／或支持證據來駁斥對手論點
反對	提出反對觀點，但幾乎沒有任何支持證據
批評語氣	批評對手語氣，而非針對對手論點的實質內容
人身攻擊	攻擊對手的個人特質或威信，而非針對對手論點的實質內容
辱罵	聽起來大概像這樣：你就是個混帳

取自保羅・葛蘭姆（Paul Granhan）的爭論等級

人身攻擊跟辱罵半斤八兩，這是紀錄在案最古老的技倆，所以才會有專門形容該行為的拉丁片語。

為破壞合格政治候選人的競選情勢，狗急跳牆的競爭對手會採取這種人格暗殺手段，瞄準個人的名聲、個性、甚至是外表攻擊。

抹黑別人最省力的方式就是在他們的名字前加上具汙辱性質的形容詞；是不是真的不重要，只要看起來像是真的、會讓人留下印象就好，反正多重複幾次大家就一定會記得。

在一九九〇年代，眾議院議長紐特・金瑞契將人身攻擊做到沒有下限的程度，甚至會拿小抄給所有新進的共和黨議員，上面寫滿了各種貶損字眼，專門用來攻擊敵對政黨的其他議員：失敗者、賣國賊、可悲、激進、貪汙。這些標籤都和負面情緒密切相關。

以下列舉政治圈比較近期的幾個人身攻擊抹黑例子。

· 瞌睡喬（拜登）

· 瘋子喬（斯卡伯勒）

· 騙子泰德（克魯茲）

· 瘋狂伯尼（桑德斯）

· 小馬可（魯比歐）

· 邋遢的史提夫（巴農）

· 艾爾怪人（艾爾·弗蘭肯）

· 寶嘉康蒂（伊莉莎白·華倫）

· 狡猾的希拉蕊（希拉蕊·柯林頓）

去年的人身攻擊事件包括把所有偏左派人士都稱為社會主義者、共產主義者或激進分子，跟路易斯·鮑威爾以及在他之前的眾多實業家的做法如出一轍。還有反民權運動人士對甘迺迪總統與馬丁·路德·金恩的攻擊。還有瑞秋·卡森（Rachel Carson）在其一九六二年的著作《寂靜的春天》中，警告大眾 DDT 殺蟲劑對環境的危害時，遊說團體也開始群起圍攻她。

其他人身攻擊例子包括把和平示威者稱作「暴徒」，或是把川普的所有支持者都叫作「種族主義者」。

而**好戰分子、好戰女性主義者**或**好戰左翼分子**等詞彙的目的也大同小異，**極端分子**當然也不例外——常被硬套在溫和派的身上，為的是破壞他們立場的合法性。

我們常聽到的「狡猾的希拉蕊」，隱藏著厭惡、輕蔑和懷疑等情緒。即便研究顯示，希拉蕊·柯林頓實際上是現存最誠實的政治人物，而說她狡猾的那位在擔任總統的四年間就撒了超過三萬次的謊。

這就是宣傳戰的力量，就算徹徹底底是個謊言，也不會有人在意。「狡猾」的標籤被貼在希拉蕊身上太久了，以至於二〇一六年的一項研究發現，近半數的選民認為她「讓人無法信任」。

只要拿負面標籤或口號往某人的身上丟，像是「肅清貪腐」，就算你才是天下第一貪官。以政治的角度來說，這就是良好的品牌形象塑造。*

誰最常撒謊？

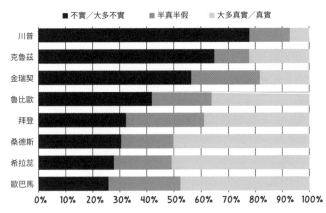

評估候選人在 2007 年到 2016 年做出的陳述，資料來源為政治查核組織 PolitiFact

*「肅清貪腐」（Drain the swamp）這句口號的普及要算在羅納德·雷根頭上，說的不是要減少貪腐行為（在雷根執政期間多到族繁不及備載），比較像是要削減聯邦政府的權力。

以下提供其他人身攻擊案例供各位參考：

假新聞

美國「假新聞」（fake news）的用法是衍生自「說謊媒體」（lying press）一詞，而該詞彙則是源自德文的「Lügenpresse」。當時希特勒的第三帝國特意用該詞來攻擊對帝國不利的報導。自此，**說謊媒體**和**假新聞**就成了常見的政治抹黑戰術，用來詆毀真實的新聞報導。

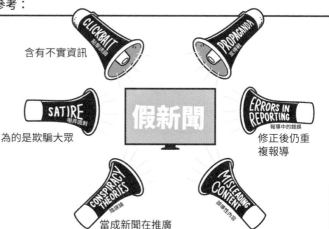

含有不實資訊

為的是欺騙大眾

當成新聞在推廣

修正後仍重複報導

故意斷章取義

九流媒體

極度偏自由派（不可信）	偏向自由派	主流媒體（中立）	偏向保守派	極度偏保守派（不可信）
Addicting Info **Palmer**Report Wonkette	MSNBC SLATE Vox The Atlantic HUFFPOST MotherJones THE NEW REPUBLIC	CNN npr PBS BBC AP REUTERS USA TODAY The Washington Post	WALL STREET JOURNAL NATIONAL REVIEW NEW YORK POST THE DAILY CALLER THE HILL	FOX NEWS INFOWARS BREITBART B NEWSMAX DRUDGE REPORT

九流媒體（Lamestream Media）跟假新聞和說謊媒體差不多，都是用來詆毀 CNN、ABC、CBS、NBC 和 NPR 等傳統主流媒體，在攻擊這些大型新聞媒體管道的同時，也是在暗示其內容並不正當或與現實不符。

此外，「每況愈下的《紐約時報》」（falling New York Times）這個說法亦屬同樣技倆，一直被用來中傷這家歷史長達一百七十年的報社。雖然美國的報社數量一直在下滑，過去二十年間已有二千多家關門大吉，但《紐約時報》的發展日益蓬勃，數位訂閱收入已超過十億美元，更有約五百萬的訂閱人數。

自由主義者

自由主義者一詞太常被黨媒造謠中傷，以至於許多人一講到該詞就認為是要對傳統和社會秩序進行徹底變革。這個貶義詞彙最早可追溯到一九五〇年代的威廉·F·巴克利（William Frank Buckley），他基於種族低劣的論點，以該詞譴責當時的黑人民權運動。結果該用語在一九六〇年代蔚為風潮，常被用來回應消費者運動、女權運動以及民權運動。

尼克森和支持隔離主義的州長喬治·華萊士（George Wallace）也以貶抑方式用該字眼去抹黑對手。記者湯馬士與瑪麗·艾德索（Thomas and Mary Edsall）在《連鎖反應：種族、權利與稅金對美國政治的影響》（*Chain Reaction: The Impact of Race, Rights, and Taxes on American Politics*）一書中寫道：「受到這些人的言論影響，自由主義對關鍵選民來說，就等同於支持黑人優於白人，且對藥物濫用、非婚生子、福利詐欺、街頭犯罪、同性戀、反美主義以及年輕人的道德混亂採取較容忍的態度。」到了一九八五年，**自由主義者**已成為最不受歡迎的政治標籤，僅次於**民粹主義者**。

自由主義者一詞單純是指提倡「進步或改革」，尤其是「個體的自由以及政府保障的個體權利與自由權利」。其宗旨是平權與法律保障，不論性別、性傾向或種族。所有其他聯想不過是宣傳戰的效果。

如果你剛好也認為法律之前應人人平等、不受歧視，那你應該就是個自由主義者（沒關係，我不會告訴別人！）。

「如果『自由主義者』是指具有前瞻性、不會固守過去，願意接受新觀念、不會陷入僵化反應，而且關心人民福祉……我很自豪的承認自己是『自由主義者』沒錯。」

小約翰·F·甘迺迪總統，1960 年 9 月 14 日

民主依定義來說就是自由主義，意即人人都有權投票、有權自由選擇。如果你不希望聽命於專制獨裁統治者，那你應該就是個自由主義者。

歷史學者暨哲學家哈拉瑞（Yuval Noah Harari）在其暢銷書《人類大歷史：從野獸到扮演上帝》中解釋道：

「自由主義政治的基本想法，是認為選民個人最知道好壞，我們沒必要由政府老大哥來告訴人民何者為善、何者為惡。自由主義經濟學的基本想法，是客戶永遠都是對的。自由主義藝術的基本想法，是各花入各眼，看的人覺得美就是美。崇尚自由主義的學校和大學，教學生要自己獨立思考。」

古典自由主義源自於啟蒙時期的理想典型，即運用理性和科學的標準去認識世界，而不是仰賴教義、權威、直覺或信仰原則。

自古以來，自由主義左派人士一直是推動民主與民主價值來對抗強權的要角。而不論是教會、國家或富人，都是靠宣傳戰在鞏固權力。

難怪這些人發明了一堆人身攻擊標籤來抹黑自由主義這個品牌：

· 「軟心腸自由主義者」（想幫助窮人的自由派）
· 「拿鐵自由主義者」（住在郊區、不是「正港」美國人的自由派）
· 「豪華轎車自由主義者」（有錢菁英階級的自由派）

除了汙衊信使外，哪還有什麼方式可以反對平等或自由？值得一提的是，我們找不到針對保守派使用的人身攻擊詞彙，這就足以證明最常濫用此戰術的是哪派人士了。

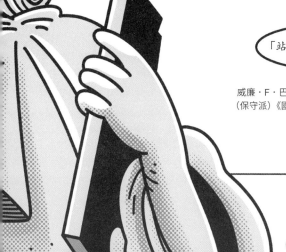

保守主義者是「站在歷史面前，大喊停止前進的人」。

威廉·F·巴克利，
（保守派）《國家評論》雜誌創辦人

「當初發明女性主義就是爲了讓不具吸引力的女性可以進入主流社會。」

「女權納粹」（Feminazi）一詞是因電台主持人拉什・林博（Rush Limbaugh）才變得廣為人知，暗指女性主義者對其主張絲毫不肯妥協，基本上可說是法西斯主義者了。事實上，女性主義者僅僅是想為女性爭取和男性一樣的權利與權力，但用納粹一詞去包裝女性主義者，就是在暗示她們想奪走男性的權力。

現在很多人以為女性主義者一詞指的是激進好戰的女權形式，事實上該詞不過是在形容認為女性應該獲得和男性同等權利的主張，包括男女同工同酬與機會平等。所有負面聯想都是宣傳戰的效果。所以說，如果你認為女性的薪資應該和男性相同，而不是有八十美分對一美元的落差，那你應該就是個女性主義者（我保證不跟別人說！）。

如果無法反駁論點，那就攻擊提出論點的人。這是雷根和川普的前行銷顧問亞瑟・J・芬克爾斯坦（Arthur J. Finkelstein）給客戶的建議。「為反對而投票」（rejectionist voting）是他原創的概念——即贏得選舉最好的方式就是妖魔化對手。他利用負面偏誤的力量，透過激起負面情緒，讓選民為了反對其客戶的對手而前往投票所投票。

在二○二○年的總統大選中，出口民調顯示 30% 的共和黨選票是為了反對民主黨的候選人，而 68% 的民主黨選票是為了反對共和黨的候選人，也就是說約有四分之一的總選票是為了反對敵對陣營的候選人，而不是為了支持某位候選人。

在過去數十年間，政治人物一直在使用「正面對立」（positive polarization）的技倆來團結自家票倉，方法是透過反對敵方陣營的方式讓自身立場更加鮮明。

該詞是由約翰・米歇爾（John Mitchell）所創造，他是尼克森在一九六八年和一九七二年總統大選的競選總幹事（後來還擔任尼克森政府的司法部長）。「米歇爾所謂的『正面』是指只要在大選中將選民分化為敵對陣營，共和黨最終就能吸引超過 50% 的選民，」歷史學家丹・卡特（Dan Carter）在其著作《憤怒政治學》（The Politics of Rage）中如此解釋。換句話說，這類負面戰術可為尼克森的選情帶來正面效果。候選人只要運用此策略，就不用對任何議題表態，只要一個勁的反對對手就好，創造出「我們」對上真實或想像出來的「他們」，而最常見的做法就是操縱「文化與種族的情緒性議題」。

深入調查：麥卡錫主義

「從過往歷史來看，危險念頭如果能公開討論，並不會使之消滅，只會讓其更加壯大而已。」

——史丹利·費許（Stanley Fish），《前無古人：如何解讀仇恨言論、校園言論、宗教言論、假新聞、後真相以及唐諾·川普》（*The First: How to Think About Hate Speech, Campus Speech, Religious Speech, Fake News, Post-truth, and Donald Trump*）

早在美國因對共產主義的恐懼而投入越戰之前，一九五〇年代的「紅色恐慌」便已在美國國內掀起了一場謠言戰。這不僅和「共產主義恐懼症」有關，也和政治機會主義脫不了干係。

抹紅（red-baiting）正如其名，是一種恐懼戰術，右翼人士和其背後的大企業金主經常把它在進步主義者身上——這種抹黑手段過去常用來打擊工會、民權及任何與反資本主義有關的人事物。

這種人身攻擊策略在鼎盛時期的最佳代表人物就是威斯康辛州的參議員約瑟夫·麥卡錫，他在紅色恐慌出現前就已記錄輝煌，包括在媒體民調中被選為美國最差勁的參議員，以及收受一家軟性飲料製造商二萬美元的賄賂，交換條件是控制糖價，也從此被人戲稱為「百事可樂小子」（Pepsi-Cola Kid）。

麥卡錫在參議院的那幾年皆無所作為，當他在為一九五二年的競選連任活動尋找能拿來利用的話題時，意外發現指責他人這項攻擊力強大的武器。就算只是為了吸引目光，麥卡錫發現每當他胡謅有共產黨員偷偷滲透進美國政府中，媒體就會開始瘋狂猜測。而他收到的公開關注愈多，就會用更多抹紅手段去吊人胃口。

麥卡錫聲稱有二百零五名共產主義支持者在美國國務院工作，這可能只是他隨口編出來的數字。當媒體要求提供證據時，他就把數字調降成五十七名。麥卡錫完全不用證明誰是真正的共產主義者，就能造成不可挽回的傷害；他只要隨便使用人身攻擊的指控去誹謗他人便可達成目的。

沒多久，只要有人與他意見不同，他就把共產黨員的大帽子扣在對方身上——尤其是這麼做能獲得免費的媒體報導。有鑑於他是共和黨員，麥卡錫的主要目標就是敵對政黨，即支持新政的任何人，特別是在好萊塢和學術界的敵人；但他還無限上綱，把該詞用在任何他覺得不夠愛國或不夠支持企業的人身上。

在短短十五個月內，麥卡錫將其共產主義者陰謀論瞄準了近六百位無辜的公

「我手上這份名單共有205位在國務院工作的共產黨員。」

呃，那是張白紙。

民。身為參議院政府運作委員會（Senate Committee on Government Operations）的主席，他竭盡所能地運用此局勢，光在一九五三年就舉行了一百四十三天的國會聽證會；甚至還指控了諸如小說家達許‧漢密特（Dashiell Hammett）和詩人藍斯頓‧休斯（Langston Hughes）等人。

在這整場鬧劇中，麥卡錫所屬的黨派放任他肆意妄為，理由很簡單，控制他的行為會損失太多政治資本了——同樣的默許行為在七十年後川普主政的白宮再度上演了一次。

麥卡錫在他的十字軍東征中還獲得了聯邦調查局約翰‧埃德加‧胡佛的諸多協助與慫恿。這人的職涯都是建構在打擊不存在的共產主義者身上，收集了所有人的相關檔案，從拳王阿里（Muhammad Ali）到愛蓮娜‧羅斯福（Eleanor Roosevelt）。胡佛甚至還召募了年輕的羅納德‧雷根抹紅好萊塢。

「共產黨已再次下令滲透電影業。這些人正在暗處鬼鬼祟祟的展開行動。」

當然，他指控的這些人都不是共產主義者，但事實本來就不是雷根——或麥卡錫——的強項。雖然雷根後來否認自己參與了好萊塢黑名單的行動，但聯邦調查局的檔案看起來完全不是這麼一回事——全是蓋滿紅印的機密資訊。

麥卡錫和胡佛領的都是德州石油大亨的薪水，並有保守派國會議員為他們撐腰。聽到共產主義就歇斯底里的症頭是最好的助力，讓公共資金得以轉移到後來的軍事

工業複合體上面，這個行動當時還被讚頌是愛國之舉。與此同時，麥卡錫還拚命妖魔化諸如健康保險和退伍軍人住房補助等公共服務政策，將之稱為共產主義者的另一個把戲。

麥卡錫的宣傳戰實在太過成功，以至於全美都陷入了反共產主義恐慌當中。大部分的美國人皆支持他的討伐行動，其中有72%的美國人相信國務院已被共產黨員滲透了。超過一萬人因此失業，更有數百人因此入獄，但麥卡錫從未真正揭露任何一位共產黨員。

麥卡錫譁眾取寵的行為明顯是獵巫行動，劇作家亞瑟‧米勒（Arthur Miller）更寫了《熔爐》（The Crucible）這齣劇，說明該行為與塞勒姆審巫案（Salem witch trials）的相似之處。就跟多數的獵巫行為一樣，抹紅就是掌權者用來擺脫自己討厭之人的技倆。

麥卡錫的獵巫行為之所以畫下句點，是因為共和黨終於決定要他負起責任，不過是在他將標靶鎖定自家政府和最神聖的機構——美國軍隊——之後。一直到那時，麥卡錫才被剝去了領導職位並受到參議院譴責。麥卡錫主義（Carthyism，《華盛頓郵報》漫畫家發明的詞彙，意指「政治抹黑宣傳活動與獵巫行動」）用不了多久就成為麥卡錫主義過去式（McCarthywasm）——艾森豪總統如是說。

麥卡錫用的反共主義恐慌戰術不是從冷戰時期才開始的。此戰術一直都是保守

派用來對付左翼對手的武器，從３Ｋ黨和布爾什維克革命便可見其蹤跡，後來希特勒更是故意激發國家要被共產黨接管的恐懼，就是想指使德國人支持納粹黨。

麥卡錫於一九五七年逝世後，「約翰·柏奇協會」（John Birch Society）──最邊緣的邊緣組織──接下獵共的火炬，而且成功率同樣也不差。該組織是由全國製造商協會前主席所創辦，並受到科氏兄弟的父親弗雷德·科赫（Fred Koch）資助。他們甚至故意誹謗艾森豪總統是共產主義間諜。

二戰過後，幾乎所有散播恐懼的機會主義者某種程度上都傳承了這個火炬，從理察·尼克森到反女性主義的菲利斯·斯拉夫萊（Phyllis Schlafly），都曾為了自身政治意圖而任意用指控去中傷別人。眾所皆知，胡佛甚至認為馬丁·路德·金恩是共產黨員，即便金恩一直公開反對共產主義，因為該主義與基督教相互違背。儘管如此，胡佛還是在暗地裡不斷破壞金恩的名聲和其民權運動，直到金恩於一九六八年辭世才罷休。正當美國黑人為了爭取民權而進行示威，美國南方腹地各地的種族主義者為了反對該活動，就將該運動稱之為共產主義的把戲。同樣的論述也被用來為南非的種族隔離行為辯護（諷刺的是，真正的共產主義政府經常拿吉姆·克勞法來點出美國在公民自由的議題上有多偽善）。由於「黑鬼」一詞愈來愈不為社會所接受，所以換成共匪（commie）一詞堂皇登場，因為出現的頻率太過頻繁，以至於有 50% 的美國人相信共產黨是民權示威抗議的幕後黑手。時不時就會有人在「全國有色人種協進會」（NAACP）和聯合國上大喊共產主義，甚至是連氟化飲用水以預防蛀牙的議題，都可以被當成共產主義來大做文章。到了一九七〇年代，

共產主義被害妄想症帶給非主流科學家靈感，決定為菸草和石油巨頭代言，兩者在不屑政府監管方面有志一同。

現在共匪一詞已換成更新潮的標籤，**包括社會主義者、政治正確警察、激進分子、覺青**，全都被用來概括稱呼少數族群、移民、進步人士、環保主義者，以及威脅到現況的任何人。在一九五〇年代，這些詞彙常被用來貶低支持新政時期計畫的人士，因為他們危害到大企業的利潤。

Ｐ·Ｅ·莫斯科維茨（P.E. Moskowitz）在其著作《反對言論自由：第一條修正案、法西斯主義以及異議的未來》（The Case Against Free Speech: The First Amendment, Fascism, and the Future of Dissent）中寫道：「麥卡錫主義帶給我們的真正教訓，不是要隨時留心政治狂熱分子意圖透過迫害他人來獲得權力，而是要擔心掌權的利益團體──即企業和政治家──可以輕易在美國人民的心中埋下強大的恐懼種子，接下來只要任其生長，終有一天人民會自動去迫害或噤聲他人，連教唆都不需要。」

麥卡錫的態度非常明確，只要你是在政壇活躍的左派分子，他就會摧毀你的人生。這就是煽動政治的危險之處。莫斯科維茨寫道：「政府無需特別去壓制整個運動本身，只要利用恐懼就能讓該運動灰飛煙滅。」

「這位先生，難道您沒有羞恥心嗎？」

「您還有任何一絲絲的羞恥心嗎？」

韋爾奇　麥卡錫

美國的共產主義簡史

一九二〇年代

女性選舉權

一九三〇年代

勞工運動

一九四〇年代

飲用水氟化

一九五〇年代

紅色恐慌

一九六〇年代

民權運動

一九七〇年代

反越戰示威活動

「公關專家為事實點綴了各種花卉裝飾，用盛開的花朵遮去不太美麗的枯萎花瓣。」
——亞倫·哈林頓（Alan Harrington），美國作家與社會評論家

轉移焦點是分散注意力的技巧，故意把不起眼的小問題誇大成難以越過的高山。如果是偵探小說的話，大概就是誤導讀者的小線索；如果用在政治宣傳戰上，就是故意誤導選民看不見眼前的議題。

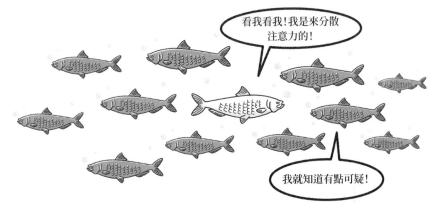

看我看我!我是來分散注意力的!

我就知道有點可疑!

出生地質疑運動（Birther Movement）便是川普使出的轉移焦點大法，試圖動搖首任黑人總統巴拉克·歐巴馬的合法性，即便總統候選人約翰·馬侃的選舉資格明明更加可疑。馬侃於一九三六年出生在巴拿馬運河區，但六個月後國會才通過法令，公告美國公民若在該區生產，產下的嬰兒都會自動被視為美國公民。

為什麼我們沒看到出生證明？

有啊，看過好幾次了。

巴拉克·「海珊」·歐巴馬真的是在美國出生的嗎？

為了破除出生地懷疑派的陰謀論，歐巴馬在二〇〇八年六月公開了簡短版的出生證明。到了二〇一一年，他再次公開完整版的出生證明。這兩份資料在在確認他出生於夏威夷，甚至有記者在夏威夷地方報紙上找到他於一九六一年的出生公告。儘管如此，一直到二〇一七年還是有過半的共和黨人認為歐巴馬出生在肯亞。

出生地陰謀論這類的轉移焦點技倆就是為了激起負面情緒，把重點放在破壞歐巴馬參選資格的可信度、暗示其中必有疑點、在眾人心中播下懷疑種子，而且明顯帶有種族歧視色彩。

＊川普一家素有種族歧視行為的不良記錄。一九二七年，弗雷德·川普（Fred Trump，唐諾他爸）曾在皇后鎮的３Ｋ黨遊行中遭到逮捕。在一九七三年，川普集團因拒絕黑人租客而遭到聯邦政府起訴。而在一九九一年，川普廣場賭場（Trump Plaza Casino）更因歧視行為而遭開罰二十萬美元（該賭場過分到在川普即將蒞臨前，要求所有黑人離場）。

另一個知名的轉移焦點案例則是對聖誕節宣戰（War on Christmas）。該行動聲稱企業使用更加多元包容的「佳節愉快」（Happy Holidays）問候語，其實是在反基督教。

這個微不足道的小事被福斯新聞無限上綱，目的是要強化其公司在目標市場的品牌形象。政治新聞網站「Politico」將之稱為「年度鬧劇」，充滿濃濃的反猶色彩，該轉移焦點戰術的目標是要分化白人基督徒與所有其他異己——經典的「我們」VS「他們」思維。

這起行動始於二〇〇四年十二月三日某集的《歐萊利實情》（The O'Reily Factor）節目，而十三年後比爾・歐萊利（Bill O'Reilly）因多起性騷擾指控而下台。自此之後的每個佳節期間，該新聞網都會四處網羅更多想要更加多元包容的案例，為的只是把無關緊要的軼事變成全國爭相討論的爭議。

對聖誕節宣戰完全是憑空捏造出來的議題，畢竟美國的建國國父是蓄意讓國家與教會保持距離，並在美國憲法中清楚畫分宗教和政府的界線。事實上，美國的開國國父們大多是無神論者、不可知論者或自然神論者，拒絕相信任何超自然說法。到了一七九七年，約翰・亞當斯（John Adams）總統在參議院的一致同意之下，簽署了以下條約：「基督教宗教信仰在任何情況下都不可視為美國聯合政府的建國基礎。」

在美國的自由民主體制之下，每個人都有自由選擇宗教信仰的權利，不論是摩門教、山達基教，甚至是要慶祝伍基人生命節（Wookiee Life Day）都沒關係。電視新聞網沒有資格聲稱美國有國教，不管是基督教或任何宗教都不行。

除了黨媒以外，幾乎無人在討論對聖誕節宣戰一事，更沒多少人在意別人是如何慶祝節日的。多數其他宗教的信徒也不介意別人對他說聖誕快樂，或是收受、贈送聖誕節禮物。但每到十二月，所有宣傳戰都不會告訴你這些事。

聯邦對宗教的首肯大多是發生在美國建國滿一世紀後。「我們信仰上帝」（In God We Trust）一直到美國內戰期間才出現在美國硬幣上，而到了一九五五年，艾森豪總統才把這句話放在美國紙鈔上。艾森豪總統是受到「哥倫布騎士團」（Knights Of Columbus）的遊說，才在〈效忠宣誓〉的誓言中加入「在神的指引下」（under God），但浸禮會牧師法蘭西斯・貝拉米在一八九二年撰寫該宣誓詞時並未提及任何更高力量。艾森豪也在一九五八年宣布了美國國家祈禱日（The National Day of Prayer），這次是受到比利・葛拉罕（Billy Graham）傳道牧師的遊說。這些行動很大程度是因為紅色恐慌所導致，因為共產主義被認為是「不信神」（至少冷戰時期的美國宣傳是這麼說的）。

福斯新聞每天大量製造各種轉移焦點內容，好讓民眾不會去注意到貪腐、政策災難、甚至是聯邦調查局的調查案。當各家新聞爆出川普的競選總幹事保羅・馬納福特（Paul Manafort）收受維克多・亞努科維奇（Viktor Yanukovych）超過一千二百萬美元，好助川普當選總統的當天，馬納福特用了另一個聲東擊西法來轉移大眾的注意力：協助俄國散布不實故事，內容是穆斯林恐怖分子攻擊「北大西洋公約組織」在土耳其的基地，但全是編出來的。

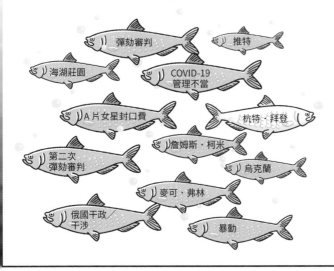

川普也用了轉移焦點大法讓民眾不再注意他和烏克蘭利益條件交換一事。他不斷把對話題轉到喬・拜登的兒子杭特（Hunter）以及其和東歐國家的關係上面。

每次有人暗指川普涉入不法活動或濫用職權，他就很自然的把過錯怪到任一個調查他的政府機關身上。

當凱西・葛蕾芬（Kathy Griffin）拍了一張與川普斬首面具的不雅合照後，川普總統馬上和福斯新聞合作，故意放大眾人對此事的怒火，好讓大家不去關心他的爭議政策，像是退出二〇一五年《巴黎氣候協議》。

在二〇一六年，《走進好萊塢》的錄影帶流出，川普在影片中吹噓抓女性下體的事，還說「如果你是明星，他們就會默許你的行為」。不到一小時，希拉蕊的競選私人電子郵件（俄國幫忙竊取的）就被張貼到網路上。而原本足以使川普事業終結的犯行，衝擊力道便因此大大減弱。

以下是其他的轉移焦點案例：
・攻擊媒體
・柯林頓基金會
・班加西調查案
・喬治・索羅斯（George Soros）
・邊境築牆
・批判性種族理論

川普退出巴黎氣候協議

BREAKING NEWS!

即時新聞

許多聲東擊西的個案——如果不是全部——都是捏造的。但就如同先前提到的睡眠者效應，即便這些虛假謊言不再是頭條新聞，我們還是會記得一清二楚，不論其真實性為何。

俄國歷來也是運用聲東擊西手法的行家，在國內與美國四處散布混亂和懷疑。「蘇聯國家安全委員會」（KGB）經常羅織出密不透風的不實資訊宣傳活動。

不實資訊（disinformation）指的是出於欺騙目的而製造與散播的謬誤和謊言。

錯誤資訊（misinformation）是指意外出現的錯誤、謠言或不實主張，在沒有欺瞞意圖的情況下不經意的散播出去。

錯誤資訊
- 含有如錯誤或嘲諷內容的不實資訊
- 無意造成傷害

不實資訊
- 故意捏造的不實訊息，像是陰謀論或深偽技術
- 有意造成傷害

惡意資訊
- 濫用私人資訊，像是公開揭露個人資訊或分享他人的個人資料
- 有意造成傷害

「新聞媒體操守已死。」

「一切都是為了把資訊當成武器。」

布萊特巴特新聞網編輯
馬修·博伊爾 (Matthew Boyle)，
2017 年在傳統基金會的演講

錯誤資訊包括分享都市傳說，例如在萬聖節糖果中發現刮鬍刀的刀片（從未得到證實），以及把「ONION」網站的文章當成新聞在分享。

不實資訊包括威克菲爾原始的研究將疫苗與自閉症連結在一起，糖業把心臟病怪到膳食脂肪上，以及川普的競選活動偷偷在社群媒體動態貼文中加入廣告，上頭寫著「希拉蕊認為非裔美國人是極端暴力分子」，故意想說服黑人在二〇一六年的總統大選放棄投票。

感染行動（Operation INFEKTION）是俄國眾所皆知的不實資訊宣傳活動，聲稱美國五角大廈科學家製造出愛滋病毒要拿來當作生化武器。

愛滋病毒迷思最初是在一九八三年發表於蘇聯贊助的一篇新聞報紙文章上。接著在一九八五年愛滋病毒開始在美國流行起來時，該主張又再次浮現，這次是蘇聯的一家雜誌引用了一九八三年的那篇文章。

行動代號：感染

OPERATION: INFEKTION

FAKE NEWS GUIDE: AIDS AS BIOLOGICAL WEAPON.

假新聞指南：把愛滋病毒當作生化武器

這只是親俄反美系列宣傳活動的其中一環，從對美國 COVID-19 疫苗的不實宣稱，到中央情報局在古巴散播登革熱都是。俄國甚至從一九〇三年起，就在想辦法讓「猶太銀行家打算掌控全球」的傳言永世流傳，並積極在美國的網路上散播九——真相者陰謀論。

現今在網際網路的幫助下，俄國針對美國大選設計了一場難以置信的攻擊行動。科學家暨麻省理工學院教授思南・艾瑞爾（Sinan Aral）在其著作《宣傳機器：注意力是貨幣，人人都是數位市場商人》（*The Hype Machine: How Social Media Disrupts Our Elections, Our Economy, and Our Health—and How We Must Adapt*）中說明了該宣傳活動的範圍有多大：

「俄國假新聞在臉書上至少曾經傳給一億兩千六百萬人看過，二〇一六年選舉期間至少獲得七千六百萬個讚、評論或其他反應。在 Instagram 上的觸及人數至少有兩千萬，但其效果更為顯著，因為獲得至少一億八千七百萬個讚、評論或其他反應。俄國從追蹤者人數超過六百萬以上的推特帳號發出至少一千萬則推文……分析顯示，選前三個月的臉書上，前二十個最多人接觸的假選舉報導，比前二十個最多人接觸的真實選舉報導有更多的分享和評論次數……有一億一千萬個達到投票年紀的美國人，造訪過少數被列為假新聞來源的網站，裡面不包括布萊特巴特新聞網、（極右翼的）資訊戰網站（Inforwars）、YouTube。有關二〇一六年大選期間接觸過假新聞、達到投票年紀的美國人總數，我們能做的最佳估計是落在一億一千萬至一億三千萬人間。」

俄國政府的帳號甚至組織了一系列給川普支持者參與的集會，而且川普的兒子還在選舉日當天轉貼了一則克里姆林宮帳號的貼文。

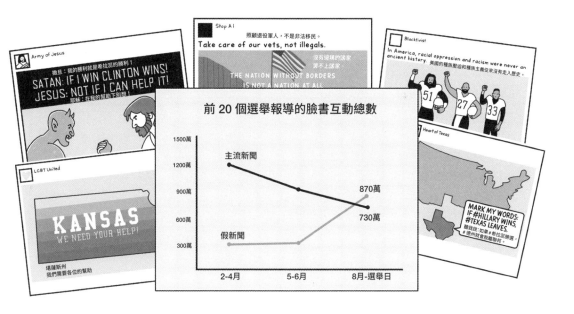

俄國宣傳戰同時瞄準了共和黨與民主黨，從美國全國步槍協會到 LGBTQ 社群，從高喊邊境築牆的人到黑人的命也是命的示威抗議者，從德州獨立主義者到寶可夢玩家，無一不放過。其唯一目標是在選民間散布懷疑猜忌與衝突爭端，而且成功奏效了。

在二〇一七年，前聯邦調查局探員克林特·沃茨（Clint Watts）在情報特別委員會（Select Committee on Intelligence）的參議院聽證會上，說明了俄國不實資訊宣傳活動背後的動機。

「俄國積極採取行動是希望透過下列五大互補目標來顛覆民主體制：

1) 破壞民主治理體制下的公民信心；

2) 煽動並加劇本已分裂的政治分歧；

3) 降低公民對當選官員和相關機構的信任；

4) 讓外國民眾熟悉俄羅斯的政策議程；

5) 模糊事實和虛構之間的界線，讓民眾普遍對資訊來源感到不信任或困惑。」

克林特·沃茨 先生

透過這些戰術，克里姆林宮希望可以從內而外瓦解民主體制。如果俄國可以解散歐盟並讓北大西洋公約組織的結盟失敗，就有機會奪回全球霸權的地位。

俄國於二〇二二年二月入侵烏克蘭，利用不實資訊的宣傳活動，聲稱其目標是要協助該國家「去納粹化」，儘管事實上烏克蘭的民選總統澤倫斯基是猶太人，而且還有家人死於大屠殺。

另一個常見的聲東擊西技倆則是「那又怎麼說主義」（Whataboutism），這是用來轉移責任的詭辯術。

那又怎麼說主義是指故意將話題帶離指控者的有效論點，方法是用某些毫不相關的案例來進行不當對等比喻。當政客或權威人士不得不面對不願面對的事實時，這個戰術就會被用來轉移注意力。

舉例來說，當大家要求川普總統譴責二〇二一年極右翼分子攻擊國會大廈的暴行時，他的死忠擁護者將之與二〇二〇年「黑人的命也是命」示威抗議以及波特蘭的暴動相提並論。

那又怎麼說？那又怎麼說？

毫無真相可言！

那又怎麼說主義的宗旨是死不認錯，主張大家都一樣爛。這是把矛頭指向別人、完全轉嫁自身過失的終極大法。

轉移焦點造成的最大問題是，我們會因此無法解決國家的真正問題。我們面臨的最大威脅不是選民舞弊或是對基督教宣戰，而是下列議題：

1 **全球暖化**：地球上近半數的物種正面臨區域滅絕的危機。氣候導致的災難數量在過去三十年間已翻倍。到二〇五〇年時，資源會愈來愈稀缺，世界銀行預測有超過一億四千萬人會被迫成為氣候難民，而邁阿密和紐奧良等城市很可能會有滅頂之災。

世界末日之鐘

1991 年：
再 17 分鐘就到午夜

2020 年：
再 100 秒就到午夜

2 **收入不均**：前 1% 的美國人目前擁有的財富等於最底層 90% 美國人的總財產，而前 0.1% 的人現今一天賺的錢，則是最底層 90% 的人一年的總收入。這種貧富不均的現象使社會階層涇渭分明，區分成「有」和「沒有」兩邊，進而導致社會動盪，重現了經濟大蕭條時期的所有條件。事實上，收入不均是自殺率的主要預測因子。

如果用金融財富來畫分土地面積

1%
擁有43%

4%
擁有30%

15%
擁有22%

80%
擁有5%

3 **貧窮問題**：在二〇一五年，美國沒有任何一個城鎮的最低工薪符合當地的生活成本開支。在二〇一四年，美國沒有任何一州支付的最低工資足以讓勞工負擔一間一房公寓。事實上，若以中位數薪資的百分比來計算，美國的最低工資是所有先進國家中最低的。約 58% 的人口在一生中會經歷貧窮，76% 的人會接近貧窮邊緣，而有 79% 的人會有經濟不安感。這種經濟不安感會摧毀社會階級流動性、提高死亡率，以及增加無家者比例。

如果最低工資是隨著生產力一起成長

(美元)

■ 如果最低工資隨著生產力一起成長
■ 實際上的最低工資

無家者人口

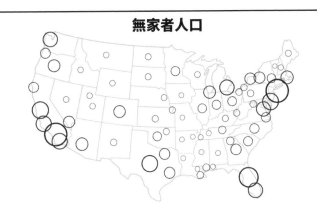

4 **無家可歸**：美國現今的無家者人口是一九八〇年的三倍，其中有超過十分之一是退役軍人。洛杉磯的無家可歸者人數高到一個程度，以至於每週有八百零二磅的人類排泄物留在好萊塢的街道上。

美國債務

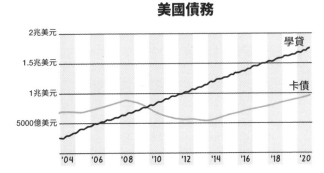

5 **債台高築**：現今大學畢業生累積的債務比先前任何一代都還要多，但收入卻比三十年前的畢業生少，而且是百年來賺得比父母少的第一代。現在，過半數十八到二十九歲的年輕人必須和父母住在一起，這是自大蕭條時期以來從未出現過的數字。

住院和破產之間的關聯

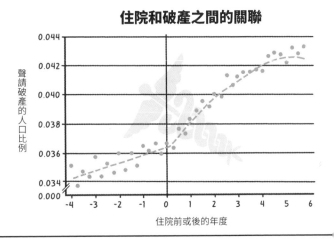

6 **健康照護**：房屋被查封的頭號原因是破產，而破產的頭號原因則是健康照護開支高漲，就算明明 78% 的破產者都有健康保險（算起來每年有一百七十萬起破產個案是因為醫療帳單而致）。在過去五十年間，健康照護開支已上升了 500%。

7 **政治獻金**:在二〇一四年的期中大選中,前百大捐獻者捐給「超級政治行動委員會」(Super PAC)的金額,高於所有其他四百七十五萬名捐獻者加起來的總額。在二〇一六年的大選中,0.001% 最富有的美國人捐獻了 40% 的總競選捐款,反觀在一九八〇年只占了 15%。當最高法院於一九七六年裁定,政治行動委員會此後可在競選活動中支出的經費無上限,沒多久政治行動委員會的資金便飆破天際;到一九八六時,經費已從二千二百六十萬美元攀升至三億四千二百萬美元。而在最高法院做出「聯合公民」(Citizens United)訴訟案的判決後,等於允許無法追溯的地下資金得以全無限制地湧入政治競選活動;二〇一六年該數字已高達十四億美元。這導致政府被富人和企業把持,進而使納稅人對公共政策幾乎毫無影響力。

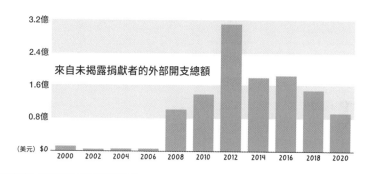

來自未揭露捐獻者的外部開支總額

8 **失業問題**:處於勞動年齡但未受雇的美國人口數已飆升至九千五百萬人,打破史上記錄。這個數字是自一九八〇年代起自由貿易政策積累下來的結果;這些政策允許大企業外包、裁員以及向海岸區域發展。獲得華爾街青睞成了首要之務,遠比維持當地社區的永續發展來得重要;讓 1% 的富人荷包滿滿也比讓 99% 的人有工作要緊。透過解除管制與停止實行反壟斷法,等於允許壟斷、寡頭壟斷和企業集團的形成,在過去皆屬違法行為。這些組織讓美國的工作減少、競爭低下、薪水下滑、物價上升、財富更加不均以及貧窮情況惡化。

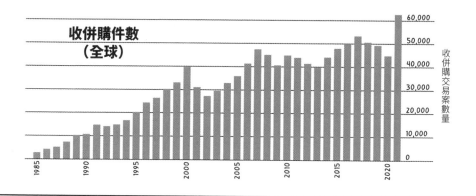

收併購件數
(全球)

收併購交易案數量

深入調查：選民舞弊

「如果希望宣傳戰成功，宣傳專家就必須創造出一場危機……
如果大眾認為危機事實上不過是待解決的問題，就不會支持激進的解決方案。
但如果〔該危機〕被視為真正的危機，宣傳專家基本上就能得償所願。」

——唐納德·葛斯汀（Donald Gustein），傳播學教授暨媒體分析師

選民舞弊根本不存在，但如果你常聽政客和右翼智庫不斷提及此事，就永遠不會知道實情。一項研究發現，過去十五年間只發現十個案例（即每一千五百萬名選民中僅一位舞弊）。其他研究發現的選民舞弊比例就更加微不足道了，約落在 0.0003% 到 0.0025% 之間。在二〇一六年的美國總統大選中，有一億三千六百萬人去投票，結果共發現四起舞弊事件，換算成比例則是 0.000003%。

選民看見幽浮或被雷劈到——並因此死亡——的機率都還比較大。

所謂的選民舞弊大概是每三千二百萬張選票中只有一張選票違規，而該選票影響選舉結果的機率大概是 0.0000017%。少數真正舞弊的情況，大多是因為文書上的錯誤——拼字錯誤、城市登記名冊過時，或是基本的人為失誤。

選民舞弊十分罕見（2000-2007 年）

目擊幽浮的次數
32,299 起

可能的冒名投票事件
9 起

因雷擊致死的數量
352 起

實際的選民舞弊
（<0.003%）

關於選民舞弊的謊言

選民舞弊（voter fraud）和**選舉舞弊**（election fraud）這兩個詞彙過去一直是與試圖不讓有色人種去投票有關。傳統基金會的共同創辦人保羅·韋里奇（Paul Weyrich）就曾在一九八〇年的一場致詞中表示：「我不希望大家都去投票……老實講，投票的人口愈少，我們在選舉中的影響力就愈大。」為了讓選民投票率維持在低點，韋里奇的另一個遊說組織「全美議會交流理事會」（American Legislative Exchange Council，簡稱 ALEC）開始起草選民身分證政策草案，好讓保守黨立法人員在州層級實施（ALEC 也曾為侵權法修正草擬法案範本，目的是要限縮個人因企業受傷而提起訴訟的能力）。

這種選民壓制策略（包括選舉稅、讀寫能力測驗、種族特徵分析〔racial profiling〕）可追溯到內戰剛結束的那段時期，理由是剛獲得自由的奴隸不應參與投票，因為他們會改變權力的平衡，並讓自己獲得財富（而白人會因此付出代價）。

第十五條修正案於一八六九年通過後，立法者再也不能禁止少數族群投票。於是乎，他們必須發揮創意，找其他辦法來壓制選民。比方說密西西比州的做法就很成功，一八六〇年代登記投票的黑人選民約有 70%，到了一九五〇年代只剩不到 5% 了。

選舉稅是常被用來嚇阻選民投票的策略，也頗受歡迎；此投票費最高可達個人年收入的 2%。該稅金會逐步調升，讓每次投票都變得更加昂貴。該政策預期的效果是將投票之舉限定在特定社會階層的白人，結果非常成功，導致二戰前只有 20% 符合資格的市民現身投票，而且只有 3% 的南方黑人登記投票。到了一九四〇年代中期，估計約有一千萬人被禁止投票，只因付不起選舉稅。

選舉稅一直屬於合法之舉，直到一九六四年《選舉權法案》（Voting Rights Act of 1964）通過後才被禁止；在短短五年內，登記投票的黑人人數大幅攀升──有些地方翻了二、三倍，在密西西比州甚至高達十倍。

另一項選民壓制策略則是要求黑人通過所謂的讀寫能力測驗，儘管在這之前教奴隸閱讀是違法的行為。這些測驗要求受試者正確回答一堆莫名可笑的謎語，像是西瓜裡有幾粒種子、罐子裡有幾顆豆豆糖、小黃瓜上有幾個小疙瘩、一塊肥皂可以製造多少泡泡。

另一個更加陰險狡詐的策略是部署在犯罪司法體制中。我們現在的執法部門其

實是自一群白人負責圍捕逃跑奴隸的夜間巡邏演化而來。在內戰結束後，這些執法者開始依據微不足道的罪行，逮捕剛剛重獲自由的奴隸，這要歸功於第十三條修正案的漏洞，即「奴隸制和非自願性的勞役均不得存在於在美國境內或受美國管轄之地，但依法被定罪之人對其懲罰不在此限……」。

根據該法條，一旦曾經為奴之人被定罪，南方各州基本上就可以利用定罪租賃的方式再次奴役這些人；在該體制下，這些人會在前奴隸主的莊園、工廠或鐵路工作，直至刑期屆滿。

重建時期（Reconstruction era，指一八六五至一八七七年，美國南北戰爭後當南方邦聯與奴隸制度一併被摧毀時，試圖解決戰爭遺留問題的時期）的流浪法（vagrancy laws）是效率極高的做法，專門用來逮捕黑人，太窮、在公共場所看起來不太正常或是沒有好好洗澡（以白人的標準來看）都是合法的理由。這些黑人一旦進入了犯罪司法體系，南方立法機關──通常是受 3K 黨員控制──就奪走他們的投票權。

佛羅里達州的刑法在經過修正後，任何可疑行徑都能被指控重罪，包括逗留在

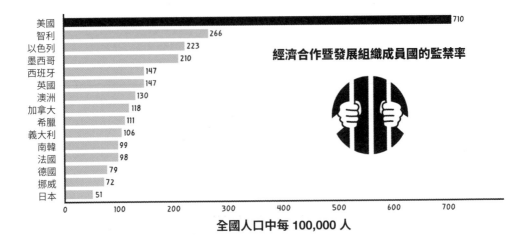

經濟合作暨發展組織成員國的監禁率

國家	每100,000人
美國	710
智利	266
以色列	223
墨西哥	210
西班牙	147
英國	147
澳洲	130
加拿大	118
希臘	111
義大利	106
南韓	99
法國	98
德國	79
挪威	72
日本	51

全國人口中每 100,000 人

在公共場所和任意穿越馬路。這些人被監禁後，佛州政府會永久褫奪重罪犯的投票權——即便**服刑期滿後**也不准投票。二〇一八年，佛州被定罪的重罪犯終於得以在出獄後重獲投票權。然而，到了二〇一九年，佛州立法機關想了個辦法使該措施失去效力：必須繳清法院裁定的所有罰款方能投票。四十八州仍禁止重罪犯在服刑期間投票，而剩餘三州——肯塔基州、愛荷華州以及維吉尼亞州——則是終生禁止投票。

在過去四十年間，美國人被限制投票的人數已上升不只兩倍。此趨勢和一九七〇與一九八〇年代的「毒品戰爭」和「打擊犯罪」政策直接相關，都是瞄準了有色人種，即便白人的吸毒比例和犯罪率都遠比黑人來得高。法學家蜜雪兒‧亞歷山大（Michelle Alexander）在其著作《新吉姆克勞法》（The New Jim Crow）中解釋道：「在一九八〇到二〇〇〇年間，美國監獄和牢房的監禁人數大幅飆升，從三十萬人左右增加至二百萬人以上。到了二〇〇七年末，已有超過七百萬名美國人——或是說每三十一名成年人中就有一人——被關進監牢、被判緩刑或在假釋期間。」現

在因毒品入獄的人數多過一九八〇年因任何罪名入獄的人數。而在入監服刑的人當中，超過 60% 是有色人種。

自一九八〇年起，美國人口成長了一點五倍，但失去投票權的定罪重罪犯人數卻成長了五倍。在一九八〇年，美國共九州將約 5% 被判重罪的黑人褫奪公權，而到了二〇一六年，該數字已增加至二十三州。

大規模入獄導致了大量的少數族裔被褫奪公權，再加上綠卡持有人和非法移民，不得投票的美國人口已高達二千二百萬人。

另一個限制有色人種投票的方法是清理選民名冊。在二〇〇〇年的總統大選中，僅靠在佛羅里達州的五百三十七張選票而被決定，有十八萬一千一百七十一張選票都被排除了。「民權委員會」（Civil Right Commission）發現，黑人的選票被丟掉的機率是白人的九倍。成千上萬張的選票被判定無效，只因為裝錯信封、標記不正確、折痕不正確或是簽名很可疑。

佛羅里達州費盡千辛萬苦不讓市民投票，包括把提交有誤的選民登記表視為犯罪、禁止在公立高中放置選民登記表格，

以及沒收放在福利辦公室的表格，即便聯邦法律規定這些表格必須可在政府辦公室取得。到了二〇〇〇年，州長傑布·布希（Jeb Bush）甚至命令地方書記官將在其他州犯罪的佛州人從登記名冊中除名，但此行為根本已違反聯邦法律。

當美國最高法院在二〇一三年對《投票權法案》（Voting Rights Act）做出裁決後，至少有二十個州開始實施選民限制措施。到二〇一六年為止，各州政府自登記名冊中排除了近一千六百萬名選民，其中大多是擁有最多少數族裔人口的南方州。在歐巴馬當選時少數族裔投票率愈高的州，大概就是當初那些對選民限制愈多的州。俄亥俄州排除了六年內沒投過票的選民，維吉尼亞州排除了與其他州的選民名冊相似的姓名。而喬治亞州則是刪去選民登記冊中有印刷錯誤的所有姓名（畢竟喬治亞州州長連他自己都擔心，如果所有喬治亞州居民都能投票，他可能會選不上，有影帶為證喔）。在北卡羅萊納州，共和黨立法機關在取得二〇〇八年選舉的選民投票率種族分析資料後，便取消了當天選民登記的政策，並將提前投票期限從十七天縮短到十天。

美國各州的保守派立法人員也開始減少投票所的數量，讓民眾更難去投票，尤其是主要由少數族裔構成的貧窮城鎮。在

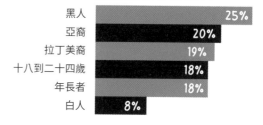

沒有合格附照片身分證明的成人

黑人	25%
亞裔	20%
拉丁美裔	19%
十八到二十四歲	18%
年長者	18%
白人	8%

歐巴馬擔任總統的八年內，超過一萬五千個投票點遭到永久關閉、提前投票受到限制，而且投票時間也縮短了。在二〇一一年，當阿拉巴馬州制定法律要求選民提出含照片的身分證明後，該州關閉了三十一處車輛管理局（核發附照片的駕照），都是位於黑人為主的社區。黑人也占了四分之三的州政府公共住宅居民，但聯邦發出的公共住宅身分證明並不符合投票規定，即便該證件上有照片。

在要求提供含照片身分證明的其他州，像是德州和田納西州，槍枝許可證是可接受的證明文件，但大學學生證就不行，因為年輕選民投給民主黨的可能性較高。更糟糕的還在後頭，德州有超過三分之一的城鎮都未設置車輛管理局辦公室，有些辦公室離他們負責服務的居民超過一百二十五英里（一項研究顯示，投票所每增加一英里，黑人的投票率就下降5%）。

IN 印第安那州	ME 緬因州	NV 內華達州
WY 懷俄明州	NE 內布拉斯加州	ID 愛達荷州
MT 蒙大拿州	KY 肯塔基州	AL 阿拉巴馬州
SD 南達科他州	PA 賓夕法尼亞州	AK 阿拉斯加州
AZ 亞利桑那州	IL 伊利諾伊州	HI 夏威夷州
ND 北達科他州	TN 田納西州	DE 德拉瓦州
KS 堪薩斯州	NH 新罕布夏州	MA 麻塞諸塞州
OH 俄亥俄州	OK 俄克拉荷馬州	
MI 密西根州	SC 南卡羅萊納州	
NJ 紐澤西州	RI 羅德島州	
DC 哥倫比亞特區	MD 馬里蘭州	
LA 路易斯安納州	MN 明尼蘇達州	

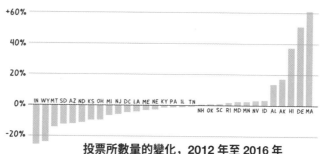

投票所數量的變化，2012 年至 2016 年

雖然要求提出含照片證件看起來不像是什麼大不了的阻礙，但「布倫南司法中心」發現，這個投票規定會影響到六百萬名年長市民、八百一十萬名西語裔人民、五百五十萬名黑人，以及四百五十萬名十八到二十四歲的年輕市民。每九位美國人中就有一位沒有身分證件。

因為這些限制，二○一四年的選民投票率創下七十年來的新低。目前有七千七百萬名的美國人沒有登記投票，包括 42% 的西語裔、43% 的亞裔、31% 的非裔，以及 26% 的白人。

其他民主國家好像沒有這些問題。比方說，加拿大公民不用登記就可以直接投票，滿十八歲的當天就會自動列入投票名冊。在澳州，公民如果沒有登記投票或現身投票，都會被罰款（難怪他們的投票率會超過90%）。另外還有高達二十五個國家規定公民必須投票。

但在美國，儘管有幾個州已放寬選民限制——比方說德拉瓦州，不再要求郵寄投票必須經過公證——但還是有許多州選擇繼續想盡辦法走向另一個極端。在二○二○年選舉投票率創下歷史新高後的幾個月，四十七個州級立法機關推行了三百六十一項法案，全是為了限制投票的

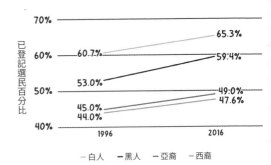

過去二十年間的選民投票率變化趨勢

已登記選民百分比

- 白人　- 黑人　- 亞裔　- 西裔

便利性。在二○二○年民主黨於喬治亞州的參議院選舉大獲全勝後，該州的立法機關提交了一項法案，認定為那些為了投票站了幾個小時、排在隊伍最尾端的選民提供食物和飲水是犯法行為——完全是南方吉姆·克勞法的翻版，當時民權人士也是因為在沒有證照的情況下提供食物而被逮捕。

加上在選舉期間恐嚇選民、摧毀 ACORN（先前是美國最大的社區組織，專門協助少數族裔的投票登記），甚至是在少數族裔的選區安裝運作不良的機器來拖慢投票速度，這些動作都使天平再次傾向年長的白人多數族群。政治策略專家卡爾·羅夫曾寫道，只要能夠擺脫 0.25% 的少數族裔選票，就足以扭轉選情、使其黨派得利。

歷史學家卡羅爾·安德森（Carol Anderson）在其著作《有人沒票：選民壓迫如何破壞美國民主》（*One Person, No Vote: How Voter Suppression Is Destroying Our Democracy*）中寫道：「選民舞弊的謊言已經深刻在美國人的想像當中，而且不管真相、研究、法院判例和報導如何提出反駁證據都沒用。謊言的觸手不斷層層深入我們民主的核心，揚言要扼殺美國的命脈。」

對 2020 年大選結果沒有信心的美國人百分比

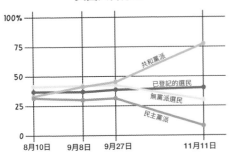

共和黨派
已登記的選民
無黨派選民
民主黨派

8月10日　9月8日　9月27日　11月11日

第八章

南方政策：
宣傳戰案例研究

「真相的最大敵人往往不是那些蓄意為之、精心策畫且虛假不實的謊言，
而是那些不斷重複、說服力十足且不切實際的迷思。對迷思的堅信，
可讓個人觀點得到安慰，且沒有思想帶來的不適。」

——約翰·F·甘迺迪總統

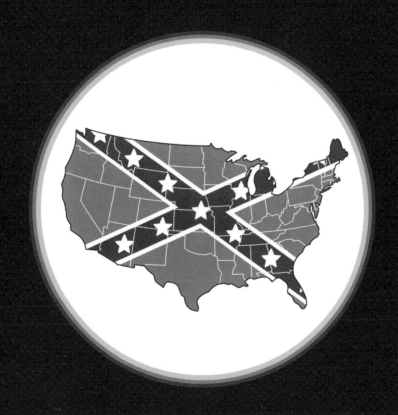

在一九七〇年代，泰勒被指控捏造不實搶劫案，聲稱損失價值一萬美元的物品。

她因為謊報案情而被傳喚；她表示自家遭到入室竊盜，損失了價值一萬四千美元的珠寶、皮毛製品和現金。

接著她又聲稱有人從她公寓偷走了價值一萬七千美元的珠寶。

然後她回到公寓偷走了室友價值八百美元的財產，包括一個電動開罐器和一台電視。

她宣稱自己是某位已故富有賭場大亨的女兒，意圖侵占該人七十六萬三千美元的財產。她指控該大亨的妻子試圖用番木鱉鹼毒害她。

她同時嫁給兩位男子，並聲稱自己殺了其中一位，而另一位則被暴徒殺害了。

她被起訴的罪名包括做偽證、重婚和竊盜罪。

在預測自己的朋友會在六個月內死亡後，她被指控以巴比妥類藥物謀殺了該友人。儘管泰勒聲稱其朋友是死於子宮頸癌，但驗屍報告也同意是巴比妥類藥物，可泰勒從未因此被起訴。

她因為攻擊一名十二歲女童而遭逮捕。

她被控盜領食物券、聯邦醫療補助、社會安全福利，以及撫養未成年兒童家庭援助。

警方曾因居住環境髒亂不堪而從她身邊帶走兩名幼兒，並將他們交付保護性拘留。

她不斷宣稱自己的小孩被綁架了，但後來據稱試圖在黑市販賣一名兒童，便因綁架罪而遭到逮捕。

她曾綁架一名年長女性，並迅速逃亡到佛羅里達州。後來泰勒幫該婦人買了兩份人壽保險，並將她名下一百八十五英畝的土地轉給自己，沒多久該婦人便因不明原因死亡。

泰勒不斷宣稱她的女兒是她妹妹。

她擁有三張社會安全卡、三十一個住址、二十五支電話號碼，以及三十頂不同的假髮。

兩位精神科醫師（和她的其中一位律師）說她精神錯亂。

如此多重的敘事，很難分辨哪件事最糟，是竊盜？誘拐兒童？還是謀殺？聽起來全都像是預錄好的真實犯罪 Podcast 節目。但在泰勒犯下的所有罪行中，我們多數人最熟悉的反而是其中較不嚴重的一起。

如果你還沒想起她是誰，那是因為你還沒聽到正確的關鍵字。

「芝加哥發現一位女子的輝煌記錄。她用了八十個化名、三十個住址、十五個電話號碼去搜刮食物券、社會安全福利，以及領取四位根本不存在、已故退伍軍人丈夫的退伍軍人福利，以及其他各種福利。她這些免繳稅的現金收入每年高達十五萬美元。」

在一九七六年一月，雷根向民眾公布了琳達・泰勒這個人，並稱她為「福利女王」（Welfare Queen）。

在一九七六年十月，雷根甚至又再次誇大事實──利用確認偏誤強化她的故事。

「她的蹤跡遍及十四個州，截至目前為止已用了一百二十七個化名，某段時間假裝自己是十四個小孩的母親，另一段時間則有七個孩子，更在四天內向同一位個案工作人員重複申請登記了二次……她光在芝加哥就有五十個社會安全碼和五十個住址……她有三輛新車、三件貂皮大衣，而且領到的金額估計可能高達一百萬美元。」

雷根聲稱的內容浮誇不實到了極點。他說泰勒藏了一整疊的公共補助支票，但事實上並沒有這項指控。他聲稱她被逮捕的原因是在她公寓中找到了這些支票，但其實也沒發生此事。他聲稱她犯下的詐欺案高達十五萬美元，但事實上頂多四萬美元，而且她被控竊盜的金額僅八千美元。他聲稱她有八十個化名，但她僅因使用四個化名而被起訴。他聲稱她擁有五十張社會安全卡，但其實只有三張。

沒多久，媒體就開始消費「福利女王」的故事了。

《芝加哥論壇報》（*Chicago Tribune*）在連續六年內，針對這個主題寫了至少八十篇報導。

就跟史黛拉·里貝克的「無謂」訴訟類似，福利濫用成為流行文化中的熱門話題，從政治漫畫到談話廣播電台，甚至還出了相關桌遊（在名為「公共援助」桌遊中，勞工階級玩家必須付錢去幫助懶散的福利收受者，這些人每生一個非婚生子就可以拿到二百美元）。

福利救助金

在福利辦公室的停車場中，你從社工的福特平托（Pinto）平價車中抽取汽油，再加到你的林肯高級車中。

獲得 20 美元。

福利救助金

只要在五個不同的福利辦公室哭窮，你就能飛去亞特蘭大市了。

獲得 700 美元。

正因如此，支持福利開支的美國人數沒多久就創下新低。

琳達·泰勒確實是雷根的福利女王。她原本可以用來說明心理疾患沒接受治療、放任不理，後果會有多嚴重，結果卻被粗暴的當成福利詐欺的代表人物。

我們沒把她的故事拿來說明為何我們需要兒童保護服務、政府觀察名單，或是公立精神病院（被雷根關閉了），反而把她用來當成不再為國家福利制度提供經費的理由。

我們沒叫她騙子、小偷、殺人犯或重罪犯，反而只給她貼上了福利女王的標籤。

琳達·泰勒同時扮演了以上所有角色，全部交織在一起，構成了她令人震驚的人生故事。但為了推銷福利女王的迷思，雷根選擇用單一的**非黑即白敘事**去表達他的主張。

透過單單點出泰勒濫用福利的行為，雷根成功創造出**稻草人**論點，把她貶低成簡單的種族**刻板印象**，成為最容易攻擊的目標：懶惰的單親媽媽，一邊欺瞞體制，一邊過上滋潤的生活。

為了讓這類宣傳深入人心，最好的方式是從少許的事實下手。

依種族和族裔分類的SNAP家庭，2019年

儘管雷根聲稱福利制度是「美國當下最重大的國內問題」，但現實中根本沒有什麼福利女王。福利制度的真實樣貌是貧窮人家在苦苦求生。使用福利的人其實不是住在市區的少數族裔，而是在偏鄉地區的白人──就是一直在反對福利制度的那些人，而反對的原由就是聽了福利女王這類敘事。

事實上，只有四分之一的福利收受者是黑人，即便黑人生活在貧窮中的機率是兩倍。

美國補充營養協助計畫（Supplemental Nutrition Assistance Program，簡稱SNAP）就是以前大家所知的食物券，旨在幫助低收入的美國人購買營養的食物，但每人每餐的平均補助金額只有一點三七美元。

SNAP的每月平均福利，2019年 （單位：美元）

多數申請 SNAP 的家庭使用該福利的時間不會超過三年，即便該計畫對他們而言無疑是救命稻草。研究顯示，近 60% 的美國成人在一生中，會有至少一年的期間活在官方發布的貧窮線以下。＊

＊ 近半數的美國兒童在某個時間點會收到食物券。兒童窮困會造成破壞力極大的長遠影響：生長遲緩、健康狀況較差、成年後有較高機率出現犯罪行為。

如第五章所述，大部分的稅金都是來自於大都會地區——比這些地區接收到的政府服務高出了一點四兆美元。這些稅金會重新分配給鄉村地區，其等獲得的政府服務比他們繳的稅金多了八千億美元。

美國最貧窮的
二十五個州

根據研究顯示，相較於民主黨代表的選區，更多共和黨政治人物代表的選區經常性的依賴福利制度。二〇一六年肯塔基州奧斯利郡（Owsley County）的家庭年收入中位數是全國最低，福利收受者的人數則是全國之冠，而該郡人口 98％ 是白人，且有超過 80％ 是共和黨人。

美國最紅
（偏共和黨）
的二十五個州

所以說為什麼有這麼多
需要福利制度的民眾不
斷投下反對票呢？

一言以蔽之：宣傳戰。

更深入的解釋：**利他懲罰**（Altruistic Punishment）——
即對自認極度不公平之事，產生情緒上的反應並做出相應
的行為。

民眾一旦被激怒，只要可以懲罰他們認定是卑鄙無恥的那些人（比方說福利女王），就算自身要承擔負面後果也義無反顧。也就是說，民眾投票反對食物券、社會安全及失業福利等計畫，只是因為有濫用制度的老鼠屎。

殘酷的真相是，這麼做只會害到那些窮苦人家和他們所處的偏鄉地區。

貧窮儼然已成為美國的流行病。

以下是二○二○年 COVID-19 疫情大爆發前的數據：

· 650萬人找不到工作

· 800萬人找不到正職工作，只好打零工

· 1300萬人做一份以上的工作

· 3570萬人在領食物券

· 3400萬人活在貧窮當中

· 1050萬名兒童活在貧窮當中

· 5300萬人（約44%的勞工）的年收入不到2萬美元

· 165萬人每天只靠2美元過活

· 567,715人無家可歸，其中有10%是退伍軍人

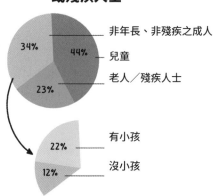

近三分之二的食物券
領取者是兒童、老人，
或殘疾人士

- 34% 非年長、非殘疾之成人
- 44% 兒童
- 23% 老人／殘疾人士
- 22% 有小孩
- 12% 沒小孩

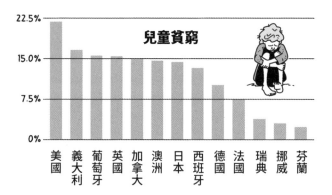

兒童貧窮

美國 義大利 葡萄牙 英國 加拿大 澳洲 日本 西班牙 德國 法國 瑞典 挪威 芬蘭

悲慘的是，這些數據無法像精心編造的故事般打動人心。所以說雷根才沒有提供與福利濫用相關的真實數據（因為可能會削弱他的論點），反而是塞個福利女王的敘事給民眾（事實上福利詐騙的比例大概不到 1.5%）。

研究心理學家羅伯·布萊瑟頓（Rob Brotherton）寫道：「當我們知道有人想要說服我們時，就會特別仔細審視他們的論點，但故事卻可以在我們無所察覺的情況下，形塑我們的信念。故事愈精彩，我們聽得愈投入；我們愈投入，就愈容易被說服。」故事就是有辦法繞過批判性思考，因為負責運作的是情緒層級。所以說，趣聞軼事總是比資料數據來得有說服力。

因此，《安妮日記》這類的故事才會比大屠殺統計數據來得能夠打動人心。死一個人叫悲劇，死太多人就只是數字而已。在議題中加上一個主角，是為事件增添人性與促使人們採取行動的關鍵步驟。所以說專業記者會找出能夠代表數據的個體，並想辦法賦予該人鮮明的形象。

然而，宣傳專家是逆向操作，先找個好用的個案來配合自己想要傳達的訊息，比方說福斯新聞就找出一位領取社會福利但買了龍蝦的個案，然後故意不提接受 SNAP 援助的人大都是兒童、老人和殘疾人士（同時無視有超過五十萬人流落街頭）。意識型態比什麼都重要，其他一切不過是任意挑選的佐證而已。這就是選擇偏誤。

大腦的捷思之所以會讓我們認定是黑人在仰賴福利過活，而不是窮到快活不下去的白人，就是雷根宣傳戰的最好證明。＊大腦靠的是**可得性捷思**，也就是第三章提到的概念，我們傾向於更加看重自己可輕易想起的例子。如果單一的濫用福利事件不斷被重複提及（比方說琳達·泰勒），我們就會假定濫用情事比我們想得還要常見，然後忽略了沒有濫用制度的數百萬人。

公共圖書館
自 1876 年起提供免費書籍

因為社會羞辱之故，所以仰賴社福計畫的民眾鮮少承認此事，使得美國的貧困人口成為真正沉默的多數，因為他們缺少只有金錢才能提供的發聲權。雪上加霜的是，研究顯示許多符合資格的民眾選擇不去申請安全網計畫，純粹是因為不想承受隨之而來的羞辱和汙名。

我們想不起使用社會福利的正面案件，因為相關機構沒有大肆宣揚這些故事。沒有任何宣傳人員發起公關宣傳活動，證明政府機關有在好好做事。

＊ 該宣傳戰在雷根的執政期間從未停歇，並將美國普查局（Census Bureau）的資源從研究女性議題轉移到研究濫用福利制度的貧窮未婚媽媽。

這種完全不對等的福利報導讓大腦形成捷思路徑，不斷壯大負面的種族刻板印象。我們看不見那些因政府計畫而脫離貧窮的人，就等於我們從沒想過有多少白人是靠社會福利活下來的。

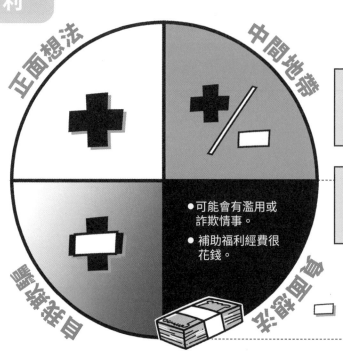

為了扭轉這個失衡局勢，讓我們一起來思考福利女王故事沒有講到的所有敘事面向吧。

如果把福利製作成四個象限的圖表，由政府提供經費的福利計畫有哪些可能的敘事呢？

提供福利計畫有哪些正面好處？

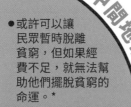

- 可以幫助民眾脫離貧窮。
- 確保孩童不會餓肚子。
- 實現照顧窮人的道德義務。

- 或許可以讓民眾暫時脫離貧窮，但如果經費不足，就無法幫助他們擺脫貧窮的命運。*

提供福利計畫的中間地帶是什麼？

* 貧困家庭臨時補助（Temporary Assistance for Needy Families，簡稱 TANF）的福利之低，大概落在美國全五十州貧窮線的 66% 以下。

- 可能會有濫用或詐欺情事。
- 補助福利經費很花錢。

最後一個象限是最多人對這個議題的看法，但也是其來有自。宣傳專家使用負面敘事讓我們移動到自我欺騙象限。思考一下，我們針對福利議題是如何欺騙自己的：

這些敘事結合起來，才是福利使用情形的完整畫面，其中有許多灰色部分。

- 我們**以為**自己支持停止補助福利計畫是因為申請者都是些不勞而獲的人（儘管有三分之二的福利收受者是孩童、老人和殘疾人士，他們根本無力工作），或是濫用體制者（儘管福利詐欺的比例不到 1.5%），或是他們一定做了什麼事才會落入貧窮當中（儘管財富多寡完全取決於一個人有多幸運），或是他們只要更努力些就可以往上爬（但這些人缺乏機會、優勢和支持架構，這些條件是較高社會階層與生俱來的）*。儘管如此，現實是我們不過是在找藉口，只因自己不願去幫助那些比較不幸的人，為的是想壓低稅金。如此一來，就不用把自己當成壞人了。

* 一項研究發現，出生在貧窮中的美國孩童，大概需要五或六個世代（一百二十到一百五十年）才能往上爬到中產階級當中。

269

宣傳的目的就是要讓我們走到自我欺騙象限。因為負面情緒是最容易操弄的，所以宣傳專家最愛販賣訴諸**負面偏誤**的敘事。他們不斷加強這些敘事，直到我們屈服在**可得性捷思**之下，不再去思索與之衝突的其他敘事。

是哪些情緒使民眾支持福利計畫？**同理心**。

同理心指的是能夠站在對方立場思考的能力，意即能夠正面認同其他人跟你一樣重要。這種感受可以引發利他主義、慈善、無私等行為，而且不求回報或認可。投票支持為福利計畫提供資金的民眾，之所以這麼做是因為他們會替較不幸的人感到擔憂，並且擁有社會責任感。

是哪些情緒使民眾反對福利計畫，好維持較低稅金？**利己主義**。

利己主義或貪婪是無私的相反。這不僅是缺乏善心，更是以犧牲他人為代價來幫助自己的欲望。如果我們因為假設的福利濫用而選擇不幫助不幸的人，那麼我們就會忽視他們的貧困，從而使我們的貪婪合理化。

正面想法

● 可以幫助民眾脫離貧窮。

同理心

……找勞。

● 我們以為自己支持停止補助福利計畫是因為申請者都是些不勞而獲的人（儘管有三分之二的福利收受者是孩童、老人和殘……，他們根本無力工作）……儘管福利詐……

利己主義

……勞和支持架俱來的）*。儘管如此，現實是我們不過是在找藉口，只因自己不願去幫助那些比較不幸的人，為的是想壓低稅金。如此一來，就不用把自己當成壞人了。

負面想法

多年以來，福利女王這類的敘事一直被用來合理化利己主義的行為，為的是讓民眾對使用福利計畫的人產生厭惡感。透過否定不幸之人的需求，許多人就能對普遍存在的貧窮問題視而不見，儘管此現象已成為美國風景中磨滅不去的一環。這表示貪婪的少數人已把多數人推到視若無睹的狀態。

作家麥克·哈靈頓（Mike Harrington）在其一九六三年的著作《另一個美國》（*The Other America*）中寫道：「窮人之所以貧窮，唯一犯的錯就是生錯了家庭、生錯了城鎮、生錯了產業，或是生錯了種族或族裔，這才是最真實的解釋。」

如果要打破這類宣傳的效果，試著辨識出各種敘事背後的情緒將有所助益。研究顯示，我們如果可以覺察自身情緒，尤其是對情緒的反應，就能有效駕馭它們。正確標示出當下感受，就得以減輕情緒帶來的衝擊，並讓思慮更加清晰。若不如此，我們愈是情緒化，就愈容易受到宣傳的影響。

是哪些情緒使民眾選擇對福利計畫採取中間立場？**漠不關心。**

漠不關心是指安於現況，代表著介於無私和利己主義的中間地帶。處於中間地帶的人不會受到正面或負面情緒的動搖。他們對目前的現況很滿意，即便當前局勢完全不可靠，無法幫助任何人脫離貧窮。

是哪些情緒使民眾反對福利計畫，因為他們覺得可能有詐騙或濫用情事？**厭惡感。**

對不幸之人的厭惡感源自於懷疑、不信任和怨恨（或是利他懲罰）。

美國人對少數幾起福利濫用事件有如此大的成見，導致了更多的貧窮問題，進而使社會動盪不安——這才是真正應該煩惱的事。

但如果我們對那些潛在的敲詐者只有厭惡感，而且重視自我利益勝過我們的美國同胞，就會處罰到那些無辜之人，而到頭來報應終將回到自己身上。

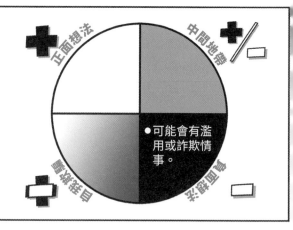

雷根就是靠狂打單一敘事，略過不提其他可能敘事，才能成功宣傳出全美最大的政治迷思。他的做法成功到在近五十年之後，還是有許多美國人選擇待在自我欺騙象限——這正好是狡猾的政治操作者期望的效果。

●可能會有濫用或詐欺情事。

如果細想只有多小一部分的聯邦總預算資金是流向福利計畫，包括強制和自由裁量支出，就會發現現實有多驚人。每年支付給 SNAP 的稅金約等於工作六小時的收入，相較之下支付給社會安全的經費是工作二週的收入，而支付給國防的經費則是工作一點五週的收入。想要達到這種等級的操弄，訴諸強烈負面情緒、對貪婪的依賴以及很多很多的偏見，缺一不可。

政府總支出

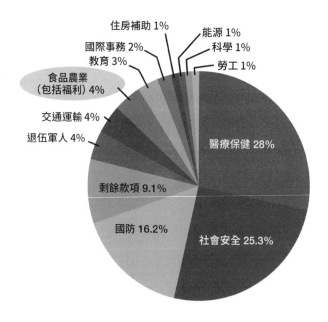

光憑把福利和濫用情事連結在一起，雷根就成功重新包裝了社會福利計畫。他暗指申請社會福利的人都是寄生的「拿取者」，而納稅人則是「生產者」——因此，我們應該對此感到憤怒並採取行動。這就是典型的「我們 VS 他們」範例。

為了激起族群意識，雷根不斷的刺激白人選民，故意喚起他們心中的黑人刻板印象。他甚至使用過一個畫面：「一位高大健壯的年輕黑人男性（buck）*」，正在「用食物券買丁骨牛排」。

這些刻板印象靠的是**隱性種族偏誤**（implicit racial bias），故意要讓民眾把福利計畫和種族聯想在一起。

* 過去「buck」一詞是用來形容令人害怕且渴望白人女性的黑人男性。

這個比喻最早可追溯到美國內戰過後的重建時期，當時白人至上主義者開始抗議，認為給予黑人權利就等於要重新分配白人的財富。「他們譴責黑人參政的行為，其主張是黑人根本就是懶惰，因此才會投票支持特定政策，想要讓勤勞工作的白人繳的稅金流入他們的手中，」內戰歷史學家海瑟・理察遜（Heather Cox Richardson）在其著作《南方如何贏得內戰》（How the South Won the Civil War）中如此寫道。想想同樣也是這些白人至上主義者願意為了拘禁黑人當作奴隸而發動戰爭，說有多諷刺就有多諷刺了。

所以雷根為什麼要選用這個種族敘事呢？林登・詹森（Lyndon Johnson）總統的看法如右所示：

「如果你可以讓一位最底層的白人相信，他比最厲害的有色人種都還來得高等，他就不會注意到你正在摸走他口袋的錢。不僅如此，只要給他一個可以看扁的對象，他還會心甘情願的把所有錢都掏出來給你。」

THE SOUTHERN STRATEGY
南方政策

福利女王是南方政策的宣傳要素之一，該政策屬於政治戰術，為的是取悅白人選民，主要的信念訴求是所有美國人都跟南方腹地居民一樣有種族歧視。*

甘迺迪總統於一九六三年六月十二日宣布，他會支持廢除吉姆・克勞法的民權法案，用不了多久白人便開始選擇脫離民主黨。甘迺迪總統的支持率從 70% 下降到 55%，而在南方白人的支持率則下滑到 35%。

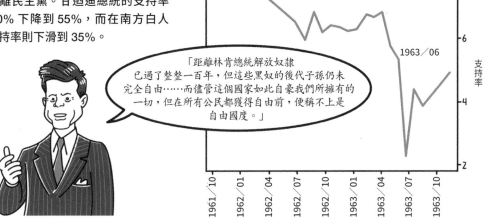

甘迺迪總統在南方白人中的支持度

1963／06

「距離林肯總統解放奴隸已過了整整一百年，但這些黑奴的後代子孫仍未完全自由……而儘管這個國家如此自豪我們所擁有的一切，但在所有公民都獲得自由前，便稱不上是自由國度。」

支持率

1961／10　1962／01　1962／04　1962／07　1962／10　1963／01　1963／04　1963／07　1963／10

共和黨策略人士發現種族敵意不僅僅存在於南方，而是遍及整個美國。阿拉巴馬州長喬治・華萊士曾表示：「他們全都痛恨黑人，所有人……天助我也！沒錯，他們全是南方人！整個美國都是南方人！」

---

* 反女性主義者和宗教基本教義派人士也在其中扮演了關鍵角色，但種族還是讓這些人團結起來的最大要素。

林肯所屬的政黨曾解放了奴隸，後來也是他們解散了少數族裔外展單位，
而現在又是他們一手謀畫了利用種族緊張關係的策略，只為了在選舉中勝出。*

共和黨策略專家暨共和黨全國委員會主席戰略家李·艾瓦特（Lee Atwater）曾說過：

「一九五四年時你會說『黑鬼、黑鬼、黑鬼』，但到一九六八年就不能說那個字了，這樣做只會傷敵一千、自損八百。所以你要改講其他議題，像是強制校車接送政策、州權等等……現在則是換成減稅和所有其他類似話題……全都和經濟有關，不然就是相關的副產品，而且黑人因此受到的傷害絕對比白人深。」

艾瓦特曾和福斯新聞的創辦人羅傑·艾爾斯密切合作，這人被稱作「政治廣告界的達斯·維達」，因為根據艾瓦特的說法，艾爾斯的行事風格「只有兩種模式：攻擊與摧毀」。這對搭檔會同時使用這兩個技巧去製作騙人的政治廣告，比方說一九八八年的威利·霍爾頓廣告就是艾爾斯的前員工所杜撰。

「這場選舉結果時，威利·霍爾頓會成為人盡皆知的名字。」

馬基維利
《君王論》

「唯一的問題是，我們要讓威利·霍爾頓手中拿刀？還是不拿？」

羅傑·艾爾斯

艾瓦特（福利女王一詞也是他發明的）曾在南卡羅萊納州參議員史壯·瑟蒙（Strom Thurmond）手下實習，這人為了反對民權法案，發表了破天荒長達二十四小時十八分鐘的阻撓議事演說，爾後便於一九六四年改加入共和黨（儘管他自己讓家中十六歲的黑人女僕生下了他的女兒）。

艾瓦特也曾教導卡爾·羅夫要如何使用骯髒手段，像是不實指控政治對手是戀童癖或有私生子等等，以及透過不法手段取得對手的醫療記錄並洩漏給媒體。

相信「認知即現實」的艾瓦特曾經自喻為馬基維利。羅夫後來也證明自己是足以匹敵的繼任者。

南方政策不是只靠艾瓦特一手策畫，而是由多位保守派領袖在數十年間做出的每個決定所成形，從一九六四年貝利·高華德（Barry Goldwater）在總統大選中敗陣下來（後來稱之為「狄克西行動」）後開始萌芽，一直到一九六八年尼克森的競選策士柯文·菲力普斯（Kevin Phillips）將之發揚光大，他說：「在南方登記為民主黨的黑人愈多，仇視黑人的白人就愈早退出民主黨並成為共和黨人。選票就有了。」

* 共和黨早在一八九六年就開始遠離民權，逐漸轉型成支持企業的政黨。與此同時，民主黨正緩慢的從支持奴隸制的黨派，進化成支持小羅斯福新政的黨派，最後蛻變成民權政黨。這兩個因素迫使認同種族隔離主義者的南方人（或稱「狄克西民主黨」），在一九六〇年代末期加入了共和黨的行列。

到一九六〇年代晚期，政治人物再也不能於競選活動中使用「黑鬼」一詞，更不能公然支持隔離制度，所以他們必須想出更微妙的方式來挑動種族緊張局勢。

他們開始使用隱晦的種族言語，又稱為狗哨用語（dog whistles）。這類文字透過對非白人的負面聯想來引發白人的仇恨心態。狗哨用語利用的是根深蒂固的種族主義，同時又不會顯得太過種族歧視，以免失去中立派的支持。這類訴求都非常隱約委婉，所以政治人物才能做足表面功夫、公開否認種族歧視。

專攻種族政治的法學教授伊恩・哈尼・洛佩茲（Ian Haney López）曾寫道：「狗哨政治……數十年來都是大企業政黨獲得勞工家庭支持的手段。」

「新品種的共和黨員已佔領了整個共和黨……試圖讓美國人接受跟人類歷史一樣古老的信條——即種族分裂的信條、種族偏見的信條、白人至上的信條。」

傑基・羅賓森（Jackie Robinson），前共和黨員與美國職棒大聯盟球員，在一九六四年共和黨全國大會結束後發表的言論

常見的狗哨用語如下：

・福利改革	・州權
・攔查搜身	・邊界牆
・打擊犯罪	・非法移民
・毒品戰爭	・內城
・正港美國人	・伊斯蘭教法
・傳統美國人	・負面指涉少數族
・社區學校	裔的任何言詞

狗哨用語的運作方式如下：如果你想講的是正方形，不需要明白的講出來，只要用其他形狀去暗示正方形的存在即可。

這些狗哨用語隱晦的傳達出「我們」VS「他們」的心理建設，將選民分化成白人內群和非白人外群。言外之意是「我們」（內群）需要福利改革、更嚴峻的毒品法律以及邊界牆來抵抗「他們」（外群）。

♪ "Rock-a-bye the voters with a Southern strategy; Don't you fuss; we won't bus children in ol' Dixie!

「搖啊搖，支持南方政策的選民；別大驚小怪；在老狄克西地區我們不會校車接小孩！

We'll help you save the nation From things like civil rights and integration!

我們會助你們拯救美國不受民權和種族融合的傷害！

Weep no more, we'll pack that court for sure We will fight for voting rights - To keep them white and pure"* ♪

別再哭泣，我們會確保法院都是自己人我們會為投票權而戰——只限又白又純的人民」。

* 這首歌是在一九七〇年的烤架俱樂部晚宴（Gridiron Dinner）上唱誦，用來譏諷尼克森的執政。

安琪・麥斯韋爾（Angie Maxwell）是政治科學家、黛安・D・布萊爾南方政治和社會中心（Diane D. Blair Center of Southern Politics and Society）主任，以及《歷史悠久的南方政策》（*The Long Southern Strategy*）一書的作者，她對此議題做了最精闢的說明。*

「馬上進行種族隔離、明天開始種族隔離、永遠都要種族隔離。」**

「南方白人的身分認同是來自於他們所反對的一切。沒有黑人，白人的存在就沒有意義。沒有北方洋基人，南方邦聯人的存在就沒有意義。沒有女性主義，家庭價值的存在就沒有意義。」

這就是所謂的「正面對立」戰術，尼克森和阿拉巴馬州長都運用得極為成功。

喬治・華萊士州長

「『我們』是靠『他們』來定義。嬉皮、煽動者、偽知識分子以及自由派社會主義者，全都是與華萊士相反的象徵，這就是非黑即白、我們VS他們的二分法。」

為了在南方取得優勢，共和黨策士便運用了這種華萊士流派的身分認同政治手段。

華萊士
競選總統

「這些人透過南方開闢了一條勝選的捷徑；如此一來，他們將南方白人的身分認同拓展至全美，成為共和黨的新品牌形象，然後將之變成在『女性主義者對上反女性主義者』、『生產者對上拿取者』、『基督徒對上異教徒』戰爭中的殺手 。」

簡而言之，共和黨在永無止境的文化戰爭中，用「生產者」（白人、反女性主義者、基督教福音派）讓「我們」團結一致，然後將「他們」妖魔化成「拿取者」（黑人、女性主義者和無信仰者）。而且「他們」會隨著時間變形與改變，像是移民、任何 LGBTQ 團體、甚至是戴口罩和打 COVID-19 疫苗的人。

「美國人愈是認定此事關係重大，我們就會愈團結，然後他們就愈容易被視為邪惡的存在。愈是重複強調該威脅，大家就愈吃這套。在零和遊戲之中，敵隊的優勢就等於是地主隊的劣勢，這就是南方白人身分認同的本質。」

* 取自二〇二一年六月十七日，本書作者與安琪・麥斯韋爾的訪談內容。
** 華萊士極端反對種族融合，所以他在一九六三年居然直接站在阿拉巴馬大學內某棟建築的入口前方，親自攔下了兩名黑人學生。

在一九六〇年代早期輸了總統大選時，尼克森的競選宣言是支持民權的，但為了贏得黨內提名，他需要更廣泛的聯盟支持，所以他將競選訊息改成某種「善意的忽略」（benign neglect）——不去執行民權相關立法。

儘管尼克森和馬丁·路德·金恩曾是朋友，但他私下其實就是個種族主義者。根據他的國內政策顧問約翰·埃利希曼（John Ehrlichman）的原話：「尼克森說他認為美國黑人只能從聯邦計畫中分到一點殘羹剩飯，因為黑人天生就是比白人低等。」

尼克森也是個重度性別歧視者。他對希拉蕊曾做出的評論是「智慧不適合出現在女人身上」。

由於一九六〇年代的社會動盪不安，尼克森就是憑藉著狗哨用語來操弄白人的恐懼。和平的民權遊行常常遭到執法機關和白人至上主義者暴力以對，包括毆打、私刑處死和炸彈攻擊。

在一九六三年某個星期日的早上，一顆炸彈在阿拉巴馬州伯明罕市的浸信會教堂爆炸，四位年輕女性因此身亡。在一九六四年，芝加哥發生了七十一起出於種族動機的炸彈攻擊事件，而在《民權法案》頒布前，南方腹地在二十年內就發生了超過兩百起教堂炸彈攻擊事件。從一九六九年到一九七〇年，美國又發生了超過四千起炸彈攻擊。

一堆自以為是的假正義使者持續以私刑處死美國黑人，並破壞他們的家園與生意，但這些人卻鮮少要承擔後果。歷史學家伊麗莎白·辛頓（Elizabeth Hinton）在其著作《從打擊貧窮到打擊犯罪》（*From the War on Poverty to the War on Crime*）中寫道：「這種暴力被視為維護『公共安全』的必要手段，意即當黑人在政治和經濟上取得勝利時，白人就必須想辦法鞏固自身的主宰地位。到了一九六〇年代末的叛亂時期，3K黨的影響力已逐漸消退，但反黑人的非法正義暴力卻從未停歇。」而這些暴力經常是來自執法機關。

在阿拉巴馬州的塞爾瑪市，黑人占總人口的 57%，但只有 1% 是選民。一九六五年的春天，共計六百名和平示威抗議者走上街頭爭取投票權；迎接他們的是超過一百五十名的州警，拿著棍棒、鞭子和裝上倒鉤鐵絲的水管毆打他們，導致五十八名示威者就醫。該事件成為眾所皆知的「血腥星期日」。

阿拉巴馬州的種族仇恨如此之深，就連一位來自波士頓的神體一位論教派白人牧師，飛來此處協助處理血腥星期日的善後事宜時，也直接被當街謀殺。該兇手被判無罪時，法庭上的民眾歡聲一片，而牧師的死被怪到民權運動人士身上，說是「共產主義者的眾多陰謀之一」。

一九六五年的夏天，警察暴力在洛杉磯的瓦茨區引發了一場暴動，該區的黑人失業率高達 33%。最後總計超過一千人受傷，死亡人數為三十四人。

一九六六年，幾位大學生創辦了「黑豹黨」（Black Panther）這個社區組織，為的是保護黑人不受警察和非法正義暴力的傷害。

當黑人開始抗議歧視、失業問題以及警察的暴力對待時，與警方的衝突便開始加劇，在一九六七年達到最高點，共計一百五十九場種族騷亂。局勢最慘烈的是底特律（四十三人死亡、三百四十二人受傷、七千人遭到逮捕）與紐澤西的紐華克（二十六人死亡、七百人受傷、一千五百人遭到逮捕），兩者的起因都是警方逮捕。

自一九六〇年代起，幾乎所有黑人帶領的示威抗議都是為了抗議警察的暴力行為，從一九九二年洛杉磯的騷亂事件，起因是殘忍毆打羅德尼・金（Rodney King）的四位白人員警被判無罪，到二〇二〇年喬治・佛洛伊德（George Floyd）死於明尼亞波里斯市警察之手後的「黑人的命也是命」抗議行動。

「世界的存亡都取決於各位手中的選票。」

一九六〇年代發生的流血衝突，受傷的大都是黑人，但光聽尼克森災難預言般的法律與秩序口號，是無從得知此事的＊；該宣傳戰是為了讓民眾心中滋生對深色皮膚人種的恐懼，儘管總統指派的「克納委員會」（Kerner Commission）在調查後發現，這些騷亂事件的根本原因是白人的種族歧視主義，更精確地說，是黑人缺乏平等的受雇機會、正常的居住環境，以及教育資源。

儘管如此，散播恐懼的行為從未止息——且成功到無以復加。

尼克森的一位撰稿人相信，一個人使用邏輯推理是為了「支持偏見，而不是為了形成意見」。所以尼克森的競選活動大量利用偏見，因為「讓人情緒激動容易多了。」

尼克森的幕僚長哈德曼（H. R. Haldeman）曾在日記中寫道：「總統強調，我們必須正視整個問題的核心其實是黑人。關鍵在於要設計出一套認同此觀點的體系，但又不能太過顯而易見。」

（尼克森的一名顧問甚至提議分送上頭印有民主黨黑人候選人的保險桿貼紙，促使更多白人選民支持尼克森。）

「我們要把更多這些死黑鬼〔加入〕福利名冊中……但我個人是不信這套……所以之後一定會再把他們除名。這才是重點。」

尼克森的國內政策總顧問約翰・埃利希曼在水門案醜聞中，因共謀與做偽證而在獄中服刑超過一年，而他對此種族歧視策略做了以下解釋。

「好啦，我們知道在美國不能直接把年輕人、窮人或黑人當成罪犯，但我們可以把他們常見的娛樂活動視為犯罪。我們知道毒品帶來健康問題並不像我們宣稱的那樣，但這對尼克森執政的白宮來說，是最適合拿來做文章的議題，叫我們怎麼能不用。」

該策略成了日後的「毒品戰爭」，這是尼克森自創的新說法。

* 美國媒體高喊「法律與秩序」口號的現象至少可以追溯到一九二一年，當時 3 K 黨在《紐約先驅報》（New York Herald）上宣稱，他們的立場不是「種族偏見」，而是為了「法律與秩序」，將自身的種族歧視重新框架成愛國心。

毒品戰爭是為了將不受歡迎、獲得公民權利的少數族裔逐出社會的手段。大多數如雨後春筍般冒出來的藥物管制法，都具有種族針對性。

白人要持有五百克的古柯鹼才會被判五年刑期，但黑人只要持有五克的快克就會被判同樣刑期。

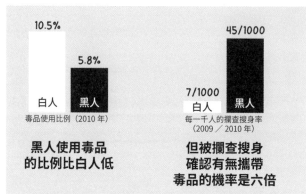

10.5%
5.8%

白人　黑人
毒品使用比例（2010 年）

黑人使用毒品的比例比白人低

45/1000

7/1000
白人　黑人
每一千人的攔查搜身率
（2009 ／ 2010 年）

但被攔查搜身確認有無攜帶毒品的機率是六倍

因此，毒品犯罪者（解讀：少數族裔）在監獄裡的時間，比那些納粹戰犯在紐倫堡審判中被判的刑期還長（在一九八八年前，毒品犯罪的最高刑期是一年，現在的平均刑期是將近七年，多數其他國家的刑期則大概落在幾個月）。

「尼克森在一九六八年的競選活動與在白宮的執政期間，共有二個主要敵人：反戰的左派分子與黑人。」

「透過讓大眾把嬉皮和大麻、黑人和海洛因聯想在一起，接著再加重兩者的刑期，我們就能夠同時瓦解這兩個族群。我們因此得以逮捕他們的領袖、搜查他們的房子、中斷他們的集會，以及每天在晚間新聞中不斷地詆毀他們。」

「我們知道這些關於毒品的說法都是謊言嗎？當然知道。」

約翰・埃利希曼

黑人和白人持有古柯鹼所受到的差別對待

56%
被警告
44%
被起訴
白人

22%
被警告
黑人
78%
被起訴

把黑人關起來比讓他們一起加入美國經濟體系中來得容易多了。

「毒品戰爭」取代了詹森總統提出的「貧窮戰爭」政策——該政策試圖從制度面消滅貧窮與改善邊緣人民的生活。該政策包括了《食物券法案》（Food Stamp Act）、「美國醫療保險」與「聯邦醫療補助」、「全國營養午餐計畫」、「啟蒙計畫」（Head Start，為窮人提供學齡前教育）、「繼續升學計畫」（Upward Bound，幫助窮困高中生上大學）、「就業團」（Job Corps，幫助境遇不佳的青年進入勞動市場），以及提供給窮人的法律服務，以上僅列舉出幾項計畫而已。

詹森總統相信社會學一直以來的建言：窮人是不幸和環境的受害者，再加上經濟體系於他們不利。對詹森總統來說，幫助那些相對不幸的人民是道德上的責任。

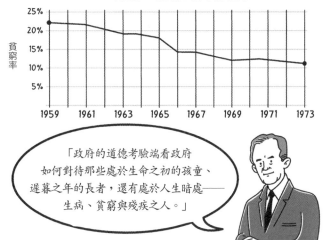

林登·詹森的貧窮戰爭

「政府的道德考驗端看政府如何對待那些處於生命之初的孩童、遲暮之年的長者，還有處於人生暗處——生病、貧窮與殘疾之人。」

副總統休伯特·韓福瑞，1965-1969 年

而在尼克森和之後雷根的執政下，犯罪和暴力從原本被視為因貧窮而導致的**症狀**，變成了黑人天生的道德缺陷，有點像是哈佛社會學家勞倫斯·波波（Lawrence Bobo）定義的框架：「自由放任的種族主義」。

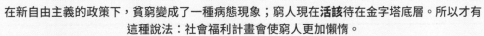

在新自由主義的政策下，貧窮變成了一種病態現象；窮人現在**活該**待在金字塔底層。所以才有這種說法：社會福利計畫會使窮人更加懶惰。

如蜜雪兒·亞歷山大在其著作《新吉姆克勞法》所說，福利被框架成「勤奮工作的藍領階級白人和拒絕工作的貧窮黑人之間的競賽。」*

這項政治宣傳——貧窮的人格特質——等於允許有錢人完全無需顧慮社會契約，進而促成了一九八〇年代的貪婪現象。如果窮人活該貧窮，為什麼別人要伸手幫助他們脫離貧窮？

* 為了強化「我們」VS「他們」的族群主義，雷根將使用社會安全福利的白人框架為「我們的長者」，但在提及使用食物券的黑人時則稱呼他們是「那些人」。

在毒品戰爭期間，費城郡縣看守所中的黑人從一九七〇年的 50%，在短短四年後就上升到 95%。州監獄和聯邦監獄根本無法應付犯人人數不斷上升的需求，而南方部分監獄的容納量甚至高達 175%。

從一九八六年到二〇〇〇年，每個月都有一間新成立的州或聯邦監獄，好容納爆炸性成長的監獄人口。在一九八〇年，美國花在福利的經費是花在監獄的三倍，而到了一九九〇年代中期，美國花在監獄的經費已是花在福利上的三倍。

儘管事實上監禁率跟犯罪率毫無關聯，但原本的「提供幫助」已被「直接關起來」取代（但就如前章所述，犯罪率跟鉛中毒確實有關）。

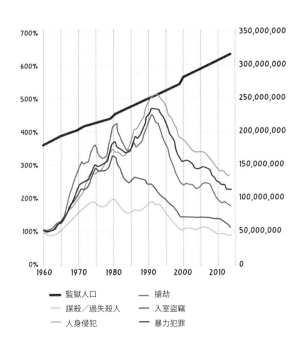

監獄人口 VS 犯罪率

- ■ 監獄人口
- 謀殺／過失殺人
- 人身侵犯
- 搶劫
- 入室盜竊
- ■ 暴力犯罪

雖然尼克森可說是把南方政策變成主流的功臣，但雷根更是將該政策推上前所未見的新高……

「如果有所謂的南方政策，我一定有所貢獻。」

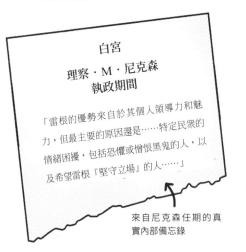

白宮
理察·M·尼克森
執政期間

「雷根的優勢來自於其個人領導力和魅力，但最主要的原因還是……特定民眾的情緒困擾，包括恐懼或憎恨黑鬼的人，以及希望雷根『堅守立場』的人……」

← 來自尼克森任期的真實內部備忘錄

雷根是在全美種族歧視最嚴重的其中一個城鎮，宣布參選一九八〇年的總統大選：密西西比州的費城；一九六四年三位民權運動人士在此處被 3 K 黨殺害，過程中連警長都有提供協助（電影《烈血大風暴》〔*Mississippi Burning*〕就是在描述此事件）。*

* 該區的種族歧視嚴重到有白人去殺害支持黑人權利的白人。

雷根在「尼肖巴郡農貿會」（Neshoba County Fair）展開競選活動，當天還是三位民權運動人士屍首被發現的第十六週年。他當時試圖博取「喬治·華萊士支持者選民」的支持，也就是那些隔離主義者。他是在保羅·馬納福特（在川普任期間被判數項重罪的那位）的強烈建議下才這麼做的。

尼肖巴郡農貿會長久以來一直是政治人物譴責諸如 NAACP 等民權組織的場合（事實上，一九八〇年與會的二萬人全是白人，在場的少數族裔皆是雇員）。

當時 3 K 黨的黨員人數一直在增加，而大眾對該團體的接受度也愈來愈高。 3 K 黨的帝國巫師（Imperial Wizard）甚至為雷根背書，因為其政綱「就如同 3 K 黨員寫的一樣」。*

3 K 黨大多數的代表形象——白袍、焚燒十字架——並非源自於一八六五年 3 K 黨的創辦之初，而是來自於一九一五年的一部電影：《國家的誕生》（The Birth of a Nation），為的是將 3 K 黨的隔離主義**重新框架**成愛國主義。

在密西西比州費城展開競選活動，是雷根發出的訊號，代表民權運動的時期即將結束。

州權一直是狗哨用語，讓政府無法干涉南方的種族歧視政策，最早可追溯到內戰時期，後來在捍衛吉姆·克勞法時又再次現身。

為了不讓大家注意到迎合種族歧視者的隱藏意涵，雷根指控其對手吉米·卡特（Jimmy Carter）總統「在 3 K 黨的誕生城市」開啟其競選活動。這個**轉移焦點**的說法徹頭徹尾就是個謊言。

*二〇一六年也出現過類似狀況，當時新納粹新聞網站《衝鋒日報》（Daily Stormer，名字是效仿一九三〇年代的納粹黨小報《衝鋒報》〔Der Stürmer〕）為川普競選總統背書，並呼籲其白人支持者「人生中第一次投給真正能夠代表我們利益的男子。」（《衝鋒報》的反猶主義嚴重到其編輯尤利烏斯·施特萊徹〔Julius Streicher〕，在一九四六年的紐倫堡審判中被判了死刑。

雖然尼克森曾許下承諾要「找回我們的國家」，雷根也承諾要「讓美國再次偉大」，而其中的「偉大」就是專門講給白人聽的狗哨用語（一九四○年也出現類似情況，希特勒故意迎合德國人的不滿，向民眾保證會讓德國「再次偉大」）。*

讓美國再次偉大
雷根 '80

競選總統
讓美國再次偉大。

「這些從非洲來的猴子……他們到現在還不習慣穿鞋吧。」

認為雷根是種族主義者的黑人	認為雷根在乎黑人困境的黑人
75%	**0%**

「如果有人在買賣或出租房子時想要歧視黑鬼或其他人，那是個人的權利吧。」

雷根攻擊如福利等政府計畫並不表示他一定是種族主義者（不過他或許真的是，因為他反對《民權法案》、《投票權法案》以及紀念馬丁·路德·金恩的國定假日，甚至試圖廢除反歧視法。）

他的行為舉止只不過是跟美國內戰前那些 1% 的人一樣，當時種族仇恨首次成為控制位於較低社會階層的弱勢團體的手段。

「美國內戰是一場為了鞏固種族和階級分級制度的鬥爭。南方邦聯擔心窮困的白人會受到北方聯邦訴求的吸引並投廢奴一票──因為奴隸基本上就是反映了有錢莊園主的利益……在南方各州中，種族優勢與階級優勢是密不可分的，而且兩者永遠不可能切割開來，前提是統治階級的白人菁英掌握了對政治的影響力，並持續操控經濟體系、使少數人受益。」

──南西·伊森伯格（Nancy Isenberg），《白垃圾：美國四百年來被隱藏的階級真相》

換句話說，奴隸為商人階級提供了不用付錢的勞動力，而這些人不想失去免錢的勞工，在一八六○年的價值高達四十億美元。** 所以為了說服白人勞動階級與企業站在同一邊，這些商人把種族和社會階層綁在一起──將白人的平等與黑人的不平等連動在一起。

1850 年奴隸人口

美國的奴隸主：	347,525
擁有 50 名以上奴隸的奴隸主：	<8,000
擁有 100 名以上奴隸的奴隸主：	<1,800
在有奴隸制州的白人人口：	600 萬
奴隸人數：	300 萬
全國人口：	2300 萬

* 隔離主義者的口號「美國優先」最初是源自於反猶／支持納粹的反抗勢力，反對美國參與二戰。
** 廢除奴隸制造就人類史上最重大的財富損失。

然而，這不過只是勞工和企業間的另一場鬥爭，其中勞工爭取的是人權，而企業爭取的是州權（又是民主威脅到了資本主義）。

簡單來說：白人莊園主（1%）成功說服中低產階級（99%）去仇恨黑人，為的是穩固大企業的金融利益。

在內戰爆發之前，美國的財富高度集中，全美最有錢的人有三分之二居住在有奴隸制度的州，而且有半數的百萬富翁居住在密西西比的其中一個莊園城鎮。再加上種族和社會階級有著密不可分的關係，所以每當棉花價格下滑，私刑處死的情事就開始增加。

「南方的非奴隸主啊！你們選出來管理榮譽與利潤事務的那些奴隸主、高傲的恐懼散播者，他們早就蒙蔽了你們的雙眼，利用各位的滿腔熱血和偏見去滿足他們的需要，誘使各位做出與自身最重要權利和利益完全相反的行為。」

辛頓‧羅雲‧海珀
（Hinton Rowan Helper）
《南方迫在眉睫的危機：因應之道》
作者，1857 年

THE IMPENDING CRISIS OF THE SOUTH HOW TO MEET IT

DEMOCRACY 民主　CAPITALISM 資本主義

「就如同許多並未擁有奴隸的南方人接受了南方邦聯成立的原因，許多南方白人投票支持有錢、自詡是『生產者』、主張刪減聯邦計畫的候選人，包括他們賴以維生的福利、社會安全以及健康照護，就是因為不願面對自己也是屬於『拿取者』的一方。」

「而且如果該計畫可以消除白人與黑人或是男人與女人之間的不平等境遇，或是由女性主義者或知識分子提出，那就一定要大力反對，不論自己看起來有多不理性都沒關係，這成為捍衛南方生活風格宣傳戰的主要攻勢，就算這個做法只會讓人民的日常生活更加艱困也在所不惜。」

自認是民主黨派的南方白人

「窮困的南方白人長久以來已被制約、放棄為自己而戰，只為了贏下一場他們無法從中獲利的戰爭。」

安琪‧麥斯韋爾

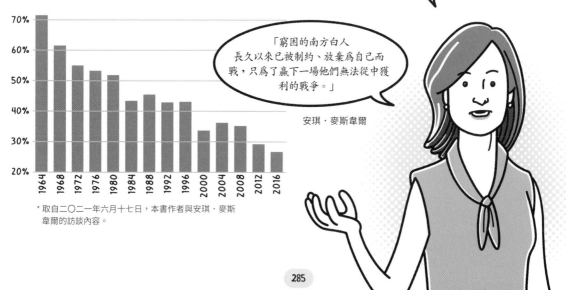

* 取自二〇二一年六月十七日，本書作者與安琪‧麥斯韋爾的訪談內容。

尼克森和雷根為了獲取政治利益，不惜部署了一場現代版的種族即階級戰爭來分化選民——正面對立戰術華麗登場。

尼克森的副總統斯皮羅·阿格紐（Spiro Agnew）十分自豪於他們的成就。

（在尼克森因水門案醜聞而被迫辭職的幾個月前，阿格紐便因貪腐醜聞而被迫辭去副總統一職。）

「分化美國人民是我對美國政治舞台的最大貢獻⋯⋯針對這項指控我是不會認罪的，但某種程度上我感到挺榮幸的。」

斯皮羅·阿格紐

新聞雜誌如何描述貧困人民

一九六〇年代中期　一九七〇年代早期

藉由加劇白人輸掉民權戰爭後的種族仇恨，以及妖魔化窮困的少數族裔，雷根得以刪減這些計畫的資金，成功倒退了民權時期取得的一切進展。

一直到民權相關立法確保了少數族裔使用社福計畫的權利後，這些計畫才成為政治宣傳的箭靶。而且一直到黑人能夠享有這些計畫後，白人才開始與他們作對。

這是經過策略安排的種族歧視：因為大企業黨派無法用其經濟議程來打動藍領選民，所以改成利用鄉下選民對社會議題的不滿來動員選民，而其中有許多議題不是被過分誇大，不然就是完全憑空杜撰而來的。

雖然從結構或體制面來看，種族歧視已深植於美國社會當中，是過去不公不義的遺毒，但策略性種族歧視卻是精心算計的策略，為的是利用種族分裂來換取政治利益。

伊恩·哈尼·洛佩茲在其著作《狗哨政治》（Dog Whistle Politics）中解釋道：「策略性種族歧視背後的驅動力並非出於純粹的種族敵意，或是出於仇恨而去殘忍的對待非白人；其追求的是權力、金錢和／或地位。」

「政府為白人和有錢人提供的特殊權利，他們稱之為『補助』。如果是給黑人和窮人的，就會被叫做『福利』。」

小馬丁·路德·金恩

雷根的策略專家成功設計出專為
達成前述目標而生的宣傳活動。
他們利用種族歧視來奪取權力，
並將反政府情結當成政治武器。

就像共產主義在戰後時期曾一度被
當成共同敵人，大政府也成為造成
當代美國所有問題的傳說怪獸，被
描繪成非黑即白道德故事中的惡龍，
而雷根則是臨危受命的屠龍者。*

「政府不是眼前問題的解方；政
府就是問題的根源。」

「英語中最嚇人的一句話
是：『我是來幫助你的政
府官員。』」

* 雷根誇張到直接指示政府職員將他們所屬的機關稱為「他們」，而不是「我們」，
　為的是將這些機關歸類成「外群」。

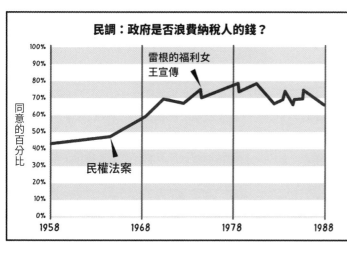

民調：政府是否浪費納稅人的錢？

雷根的福利女
王宣傳

民權法案

同意的百分比

一直到一九六〇年代晚期以
前，大多數的公民對美國政府
的感受都是正面的，畢竟是美
國成功終結了大蕭條、把人送
上月球、建造了巴拿馬運河與
金門大橋，並打造了原子彈終
結二戰。

在一九七〇年代，兩起醜聞削弱了美國人
對政府的信任：一九七一年的五角大廈文
件（揭露美國對越戰撒的謊）與一九七二
年的水門案（揭露尼克森政府濫用權力，
後來導致他在一九七四年下台）。

這兩起事件大大傷害了大眾對政府的觀感，
促使美國人更容易接受雷根的反政府宣傳，
而宣傳也真的奏效了。在一九六〇年代早
期、民權運動剛要展開之初，超過 75% 的
美國人相信聯邦政府，但到了一九八〇年
代早期，該數據已下滑到 25%。

「在一九八〇年代的競選活動中，
我們成功將……大政府……變成敵人，而不
是大企業。」

「如果民眾認為問題出在稅金太
高、政府干預太多，就表示我們
有好好工作。」

李·艾瓦特，
政治策略專家

到雷根上任之時，多數民眾皆支持他不再補助他宣稱效率不彰的那些計畫，而其中大多是用在服務窮人與少數族群。在資金不足的情況下，這些機構的辦事效率日益低落，因此雷根的主張便成了自我實現的預言，完全照著劇本走。

企業階級親手選了雷根來擔任「將我們的原則清楚傳達給大眾的代言人」，這是聯合石油（Union Oil）主席 A・C・魯貝爾（A. C. Rubel）的原話。身為奇異公司的推銷員，雷根成功證明了自己很會販賣不需要的東西給大眾。

奇異公司的廣告代理商最初提議雷根，是因為他們讚賞雷根身為好萊塢演員的銷售本領。雷根就是所謂的名流代言人，可以讓企業想傳達的訊息更具說服力，而這也是愛德華・伯內斯首創的戰術。

奇異公司戲院

我要寄 CHESTERFIELD 香菸給我的每位朋友。這對愛菸人士來說是最棒的聖誕禮物了。

I'M SENDING CHESTERFIELDS TO ALL MY FRIENDS. THAT'S THE MERRIEST CHRISTMAS ANY SMOKER CAN HAVE.

Ronald Reagan

寵納德・雷根

CHESTERFIELD

Buy the beautiful Christmas card carton

購買美麗的聖誕卡包裝盒

You need not inhale

無需吸入

to enjoy a cigar

享受雪茄美味

民眾對雷根傳遞的訊息照單全收，因為美國人太過相信自家總統，以至於沒發現他不是在搞政治，而是在搞宣傳。

雷根也不是一直都是反政府派的。他小時候家裡就是靠新政計畫才擺脫了經濟大蕭條的陰影，在一九五〇年代也曾替民主黨宣傳造勢。他的政治立場一直到一九五四年擔任奇異公司的發言人後，才開始有所轉變，當時他在每週電視節目上的表演模糊了娛樂與廣告的界線，同時贏得了媒體觀眾（與未來選民）的信賴。*

奇異公司請雷根造訪其全美一百三十九間工廠，不斷向各廠崇拜明星的員工灌輸反工會的宣傳內容。用不了多少時間，雷根唸久了公關擬的稿，連自己也開始相信那套說詞了，並稱之為「政治學的研究所課程」（其他人可能會稱之為「洗腦」啦）。

* 嬰兒潮世代（1946 到 1964 年間出生的人）在滿十六歲以前，平均每人觀看電視的時間是一萬二千小時到一萬五千小時。

NEW 19-INCH PORTABLE

$159.95

GENERAL ELECTRIC

全新十九吋攜帶式電視
奇異公司

謝謝你救了我們，大企業！

根據歷史學家金・菲利普斯－芬（Kim Phillips-Fein）的說法，雷根翻轉「政府是人民的公僕且會盡其所能去為勞工發聲這樣的概念，創造了另一個宇宙，在那裡企業是解放者，而國家才是勞工階級的壓迫者。」

為雷根的競選活動貢獻資金的那些有錢人被稱為「百萬富翁金主」（Millionaire Backers），大多是石油巨擘、創業家以及新興財富的產業巨頭，這些人和自由派智庫一樣皆信仰自由市場意識型態。他們一直在尋找能夠有效向大眾推銷這些基本原則的候選人，並在一九六〇年代成功招募了雷根加入政治圈。（雷根在一九六三年幫廣告委員會的「永保美國美麗」宣傳廣告配音，該廣告不僅大力讚美出錢拍廣告的石油巨頭關心環境，還責怪是消費者亂丟垃圾。）

當雷根在一九八〇年競選總統時，石油產業直接翻倍了他們的競選支出，等於每十美元的政治行動委員會資金就有一美元是來自該產業。有這麼多的經費來自石油業，難怪前任卡特總統為了朝再生能源的方向前進，於一九七九年在白宮安裝的三十二片太陽能板，會被雷根拆掉。雷根也解除了油價管制，讓石油巨頭淨賺了二十億美元。幾週後，二十三名石油產業的執行長為表感謝，送了他價值高達二萬七千美元的禮物讓他重新裝潢白宮。

當作是給石油巨頭的紅利，雷根也停止提撥資金給卡特總統新設立的「太陽能研究機構」（Solar Energy Research Institute）。不僅如此，雷根還從能源部門挪用了數十億美元；該部門是卡特總統於一九七七年設立，為的是協助美國進行能源轉型，要從石化燃油逐步轉移到再生能源（風力、水力、太陽能和熱能）。到了一九八七年，65% 的能源部門預算都被用在研究和製造核武上（意即落入軍事工業複合體的手中）。

雷根當上總統對勞工組織而言無疑又是一記重擊，因為雷根在擔任「好萊塢工會」（Hollywood union）主席之時就看不起這類組織了。在他執政期間，「全國勞資關係委員會」（National Labor Relations Board，最初宗旨是保護勞工權利）開始廢除對企業不利的勞工保護措施。大多數在一九七〇年代制定、對勞工有利的決策，該委員會在短短六個月內就撤銷了近 40%

但跟雷根為有錢人做的事相比，前述這些事根本算不上什麼。那些百萬富翁金主都獲得了極大的投資報酬，因為雷根從社會計畫刪減掉的那些錢，都重新向上分配到 1% 的有錢人身上了。

稅率	1980	2022
前 1% 的薪資和酬勞	70%	37%
未實現股利／利息	70%	15%
資本利得	28%	15%

雷根稅務政策的藍圖是來自於傳統基金會的智庫，該組織提出了一份共二十冊、高達三千頁的系列研究，好讓聯邦政府的決策得以符合大企業需求，特別是大砍教育、醫療服務、社會服務與貧窮計畫的預算。該研究發給了每位內閣成員，其中有高達二千項的建議，雷根在就任的頭一年就執行了超過六成。

其中包括一九八一年的大幅減稅，造成每年高達一千億美元的經費缺口，美國史上前所未有（傳統基金會也為雷根的過渡團隊提供了十幾位幕僚）。

「歷史學家如果想找出二十世紀晚期重大事件的真實意義，就必須好好回顧這類集會。」

雷根的反福利政策也是出自於自由派智庫，尤其是政治科學家查爾斯・默里（Charles Murray，受曼哈頓研究所與美國企業研究院的贊助）與政策顧問馬丁・安德森（Martin Anderson，受胡佛研究所的贊助）的想法。

默里最為知名的事跡是他一九九四年的著作《鐘形曲線》（*The Bell Curve*），他在該書中表示黑人在基因上就是比白人低等，加上黑人的智商分數較低，進一步合理化了他們無法脫離貧窮的原因。雖然這個「理論」早已被徹底推翻，但當時仍被用來當作刪減社會服務計畫的藉口，而默里的主張只是製造了更多貧窮而已。（默里進行的其他研究甚至還竄改了資料，並認為對少年犯罪來說，比起行為矯治或心理諮商，監獄才是更好的解決方案——這個結論充滿了種族動機，已遭到大多數的實證研究質疑。）

這些智庫在一九七○和八○年代推動的宣傳正是當今中產階級稅金如此之高的主因：
因為 1% 的富人繳得太少。

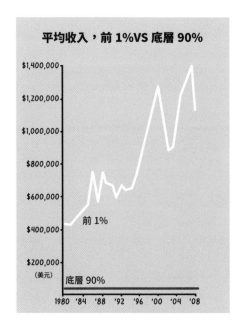

平均收入，前 1%VS 底層 90%

大多數前 1% 的人都不是靠薪水生活，而是靠信託基金的資本、股利及其他金流──不用工作就能得到的錢──但過去的稅率是 70%，現在則是 15%。

自古以來的邏輯是一個人愈努力工作賺錢，就應該被課更少的稅。所以如果一個人什麼事都不用做就能賺錢，就應該繳更多稅。亞伯拉罕・林肯簽署了一八六二年《國內稅收法》（Internal Revenue Act of 1862）後，就免除了大多數受薪階級的稅金（僅有 10% 的家庭需支付所得稅）。這是美國夢的核心信條──勤奮工作便可欣欣向榮，而不是像十九世紀的君主制那樣等著繼承財富。

雖然前 20% 的受薪階級在雷根執政期間獲得了 5.5% 的減免稅率，前 5% 則有 9.5% 的減免，但底層 20% 的受薪階級稅率反而增加了 16%。主因是社會安全的稅率節節攀升，而雷根更是把年收入不到三萬美元的稅率翻了一倍。* 一九八○年代的社會安全稅金比一九七○年代多出了一千二百四十億美元。

正因富裕階級現在享有極低的稅率，所以其餘美國人的負擔就變得更加沉重。減稅是大學學費貴到無法負擔的原因，也是為什麼社會安全的經費經常性的遭到削減，以及為何福利計畫不再擁有足夠的資金幫助民眾脫離貧窮。最慘的是，這些現象正是美國貧富不均如此嚴重的肇因。

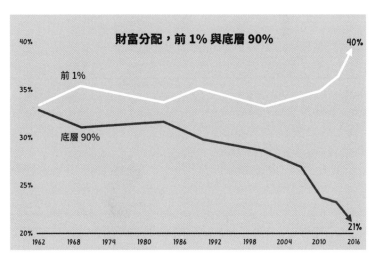

財富分配，前 1% 與底層 90%

* 雷根甚至三度試圖壓低對社會安全的生活成本調整。

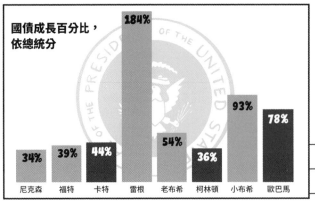

國債成長百分比，依總統分

尼克森	福特	卡特	雷根	老布希	柯林頓	小布希	歐巴馬
34%	39%	44%	184%	54%	36%	93%	78%

這些減稅政策也製造出美國全國性的債務危機，導致美國成為全世界最大的債務國，也創下人類史上在承平時期最大的財務赤字。

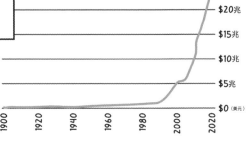

美國國債

美國國債在一九八〇年是九千零七十億美元，到了一九八九年已增加至二點八兆美元（雷根累積下來的國債比所有前任美國總統加總起來都還多）。在二〇二二年，債務已高達三十兆美元，而且每天都在以二十四億美元的驚人速度增加。

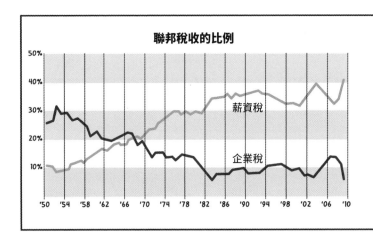

聯邦稅收的比例

薪資稅

企業稅

雖然大家都知道雷根很愛減稅，但實際上在他擔任總統的八年期間，有六年的稅收都是增加的。唯一實質上的減稅僅適用於有錢人和企業。他將企業稅率削減了一千六百四十億美元——美國史上最大規模的減稅。以國內生產毛額（GDP）的比例來看，企業稅減少了超過一半。

為了補足差額，只好調高受雇人員的薪資稅，也就是說由中產階級去扛（然後還要承受不平等待遇）。

在一九四〇年代，從企業徵收到的稅金占了 57%，而受雇人員支付了其中的 43%。到了一九八五年，企業支付了 15%、受雇人員支付了 85%。而到了現在，受雇人員付了 86%，企業僅付了 7%。

企業稅率的變化

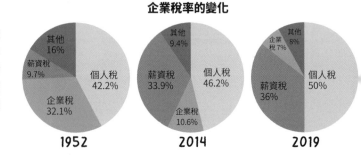

1952
其他 16%
薪資稅 9.7%
企業稅 32.1%
個人稅 42.2%

2014
其他 9.4%
薪資稅 33.9%
企業稅 10.6%
個人稅 46.2%

2019
其他 8%
企業稅 7%
薪資稅 36%
個人稅 50%

為了想辦法支付私人企業一千六百四十億美元的減稅額，雷根刪減的政府窮人服務支出高達一千一百四十億美元，進而導致美國窮人人口增加了一千一百萬人。

列舉幾個經費刪減的案例：

· 住宅暨都市發展部（Department of Housing and Urban Development）遭砍 57%
· 婦嬰幼兒食物計畫遭砍近 33%
· 兒童營養計畫遭砍 42%
· 高等教育支出遭砍 25%
· 再生能源相關研究經費遭砍 90%
· 國家環境保護局（Environmental Protection Agency）用於監控水質、空氣品質與有毒廢棄物的預算遭砍 33%
· 國家藥物濫用研究所（National Institute on Drug Abuse）的補助經費遭砍 80%
· 教育部（Department of Education）的反毒經費遭砍近 80%
· 職業培訓的公共經費遭砍近 58%
· 供窮人使用的法律服務遭砍 100%
· 失業給付從 39 週下調到 26 週
· 聯邦醫療補助遭砍十億美元
· 美國農業部對生計困難的偏鄉社區補助金遭砍 69%
· 聯邦提供給美國城市的補助經費，從每個城市 22% 下修到 6%

住宅暨都市發展部
-192 億美元

學生補助
-5.94 億美元

裴爾助學金
-3.38 億美元

國家環保局
-2.94 億美元

國家藥物濫用研究所
-2.17 億美元

職業培訓
-76 億美元

反毒教育
-0.11 億美元

依企業的要求，雷根也中止了數以千計的政府出版物，像是毒物預防、空氣汙染、高速公路安全以及環境致癌物質等手冊。職業安全與健康管理局（The Occupational Safety and Health Administration）甚至銷毀了千萬份專門用以向勞工說明棉塵與棕肺病危害的教育手冊。

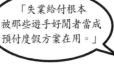

「失業給付根本被那些遊手好閒者當成預付度假假方案在用。」

然而，儘管所有公關宣傳的主軸都是要限制大政府的存在，但雷根同時間也將美國軍隊的規模擴編到美國史上最大，並編列了每年八百億美元的預算（在五年內又翻倍），而且還不知道經費打哪來。

當時近半數的白領黑人都是受雇於聯邦、州政府和地方政府（相較於在公部門工作的白領白人則為四分之一）。*因為雷根刪減的經費大多是在公部門（歧視較少之處），所以黑人受到的打擊也最大——而且是雙重的致命打擊，因為雷根也削減了職訓計畫的經費，並藉由在司法部塞滿反民權法律人員之方式，進一步削弱了公民自由的相關保護。

* 在一九六〇年到一九七六年間，超過 50% 的美國黑人工作成長都是出現在公部門。

針對這一切減稅行動，雷根給出的理由是只要把財富重新分配給有錢人，就能創造更多工作機會，而這些財富最終向下涓滴到每個人身上。* 唯一的問題是這個結論並沒有發生，也沒有任何理由相信它會發生──這個經濟政策在世界史上從未被證實過有用。

涓滴經濟學（trickle-down economics）又稱為雷根經濟學，也被老布希在一九八〇年的初選中戲稱為「巫毒經濟學」。老布希表示該理論極度不切實際，只不過比奇幻想法或巫毒好一點而已。事實上，一切都是為了合理化為富人所治、為富人所享的行為。

這場反稅聖戰是由保守派智庫（如傳統基金會）、遊說團體（如美國商會）發起的，決意要把奧弗頓之窗推到極限，讓原本繳稅不多的美國人開始**認為**他們繳太多稅了。一九七〇年代的通膨導致部分美國人收入進入較高的稅率範圍，再加上政府補助漸漸使愈來愈多非白人受惠，大眾認知開始有所轉變，而稅法也是。

因為收入最高的美國人獲得了美國史上最大的減稅幅度，所以最終便是由中產階級買單。

「有錢人需要的是胡蘿蔔甜頭，包括較高的稅後收入與較低的邊際稅率，好拿來儲蓄、投資並加倍努力工作；窮人需要的是棍子紀律，也就是更少的政府福利，才能逼他們好好工作。」

經濟學家艾德華·S·赫曼
（Edward S. Herman）

涓滴效應

替富人減稅

宣傳	現實

減稅增加投資

減稅導致錢流向房地產投資和避稅公司

經濟成長

貧富不均增加

較底層的人債務增加

造成經濟衰退

* 把富人框架成工作創造者是為了創造一個假象，讓民眾以為那些省下來的稅金會用來推動經濟成長。但現實的走向完全相反。在一九八〇年代早期，新成立的公司占了美國企業的 50%。到了二〇一一年，新公司只占了 33%，因為真正的工作創造者其實都是中產階級：至少 33% 的新企業創業資本不到五千美元，50% 以上的創業資本不到二萬五千美元，而且有 69% 是在家創業。

經濟合作暨發展組織（OECD）在二〇一一年已確認，為富人減稅不會帶動經濟成長，更不會使財富涓滴向下流動。反之，這些錢只會留在海外避稅港並不斷累積，造成逃漏稅並創造出權力與影響力無與倫比的王朝。在二〇〇七年的金融危機爆發之前，全球至少有五兆美元的財富藏在這些避稅公司中。而今，這類避稅港估計持有全球四分之一的財富。

《財星》雜誌五百大公司已創立了至少七千八百間子公司來持有這些未稅利潤。

以開曼群島為例，那裡的公司比人多，總人口數量才五萬三千人，但登記註冊的公司則有九萬三千間（某棟辦公大樓設有一萬八千五百五十七間公司）。

就連布魯斯·巴特利特（Bruce Bartlett）現在也揭穿了涓滴經濟學的迷思，他不僅是雷根的前國內政策顧問，更是雷根經濟學的共同發想者。

美國的利潤 VS 酬勞

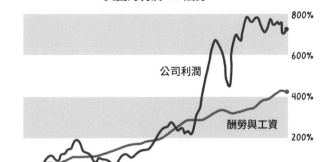

然而，現實情況恰恰相反。唯一為經濟注入財富的情況是窮人有錢的時候，不管是花在食物、房租、電玩遊戲、毒品或性工作者身上。所有的錢都回到了經濟體系當中。

而這些賣食物的人、毒販和性工作者也需要買食物、付房租等等，一直到食物鏈的頂端皆是如此，而一個有錢人能買的毒品和電玩遊戲畢竟有限。

美國商業部（Department of Commerce）發現，資本投資曲線攀升最快的時間點，都是發生在企業稅率高的時候；企業稅率低時，投資也開始下滑。當柯林頓總統在一九九三年調高所得最高者的稅率時，商業投資帶來了美國史上最長期的經濟擴張，到二〇〇一年才畫下句點。

雷根經濟學的所有損害扭轉了二十世紀的經濟大繁榮。

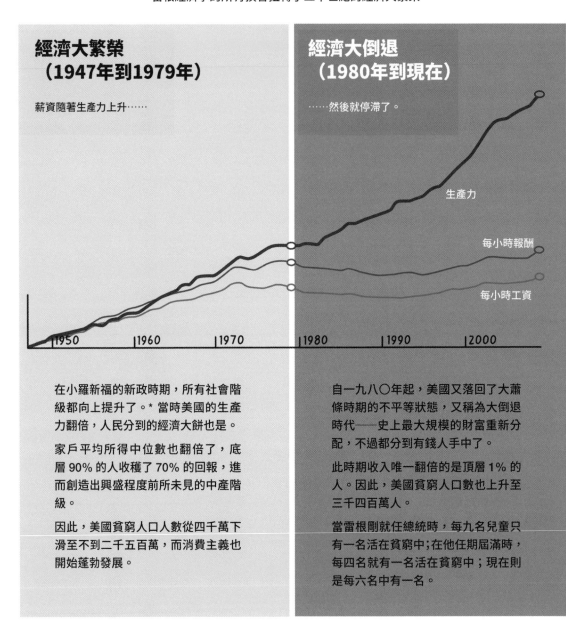

經濟大繁榮
（1947年到1979年）

薪資隨著生產力上升……

經濟大倒退
（1980年到現在）

……然後就停滯了。

生產力

每小時報酬

每小時工資

|1950　　|1960　　|1970　　|1980　　|1990　　|2000

在小羅新福的新政時期，所有社會階級都向上提升了。* 當時美國的生產力翻倍，人民分到的經濟大餅也是。

家戶平均所得中位數也翻倍了，底層 90% 的人收穫了 70% 的回報，進而創造出興盛程度前所未見的中產階級。

因此，美國貧窮人口人數從四千萬下滑至不到二千五百萬，而消費主義也開始蓬勃發展。

自一九八〇年起，美國又落回了大蕭條時期的不平等狀態，又稱為大倒退時代——史上最大規模的財富重新分配，不過都分到有錢人手中了。

此時期收入唯一翻倍的是頂層 1% 的人。因此，美國貧窮人口數也上升至三千四百萬人。

當雷根剛就任總統時，每九名兒童只有一名活在貧窮中；在他任期屆滿時，每四名就有一名活在貧窮中；現在則是每六名中有一名。

* 這種向上移動的助力是來自於大規模的政府投資，像是《美國軍人權利法案》（GI Bill）、《國防教育法》（National Defense Education Act，提供高等教育補助經費）、美國住宅管理局（US Housing Authority，為低收入家庭提供住房）、農業信貸管理局（Farm Credit Administration，提供農業貸款）、聯邦住宅管理局（Federal Housing Administration，為郊區房屋買家提供貸款），以及退伍軍人事務部（Veterans Administration，協助退伍軍人減免、甚至全免房貸分期付款的頭款）。到了一九五〇年代，美國已有超過 40% 的房屋是靠聯邦房貸補助買下，而一千一百萬名美國人能成為有房族都是因聯邦住宅管理局和退伍軍人事務部的補助。不過值得一提的是，大多數的黑人都被排除在這些計畫之外。

自一九七八年起，前 1% 有錢人中的前十分之一，其財富占比翻了三倍，已超過一九一六年和一九二九年的水平——正是如此高的貧富不均程度才導致了兩次的世界大戰。

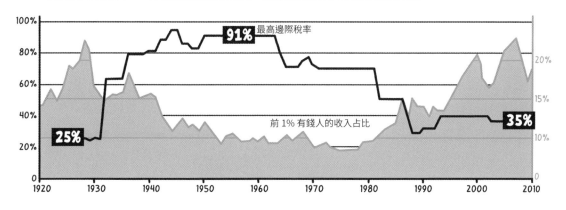

在大蕭條時代，前 1% 的美國人獲得了近四分之一的所有收入。現今前 1% 的有錢人則擁有近三分之一的財富——比底層 90% 的家庭收入加總起來都還多。從全球角度來看，這個數字就更誇張了：**前 1% 的有錢人擁有的財富比世上所有其他人類加總起來都還多。**

在一九四〇年代到一九六〇年代間，當時最有錢的美國公民每賺一百萬美元就要繳 70% 到 90% 的稅率，而美國人的所得中位數近乎翻倍，讓民眾普遍相信下一代一定會比上一代更昌盛。

然而在過去三十年間稅率大幅下降，後半段美國人口的收入成長完全停滯了下來，同時間執行長的薪資卻增加了 2500%（已依通膨調整），但看不出薪資跟績效表現之間有任何關聯性（一項在二〇〇四年到二〇一四年間針對八百名執行長的研究顯示，領導者薪酬最高的那些公司，整體績效表現都是最差的）。

「執行長竭盡全力在防止大多數的勞工薪資跟著生產力提升一起調升，所以更多的獲利才會歸到企業利潤，然後再落入高階主管、主要投資人以及股東的口袋當中，」前美國勞工部部長羅伯特・里奇（Robert Reich）如此寫道。

現今迪士尼和星巴克這類公司的執行長，其薪資是員工平均薪資的一千倍。在一九八〇年前，最頂尖的一百位執行長的薪資不過是一般員工的四十倍。而在一九五〇年代和六〇年代，更是只有二十倍。

美國前 350 大公司中其中一間的執行長平均薪資

1390 萬美元
（含股票選擇權則是 2420 萬美元）

執行長 VS 員工薪資（2020年）

員工薪資中位數

51,168 美元

中產階級在一九七〇年代占全國財富的 35%，到二〇一二年已落到僅剩 23%，而且至今仍持續下滑中，主因是過半數的美國勞工年收入不到三萬美元。

在一九七〇年代，無大學文憑的全職員工每年大約可賺五萬六千美元（已依通膨調整），現今該數字僅接近三萬九千美元。如果當代的收入可以像一九七〇年代那般分配，那每年都會有超過一兆美元進到 99%、而非前 1% 的美國人身上。

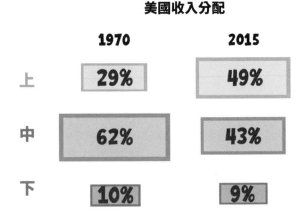

美國收入分配

	1970	2015
上	29%	49%
中	62%	43%
下	10%	9%

當通用汽車是美國最大的雇主時，其員工每小時可賺四十美元（已依通膨調整）。現在，沃爾瑪（Walmart）是全球最大的雇主，而其時薪是十一美元。因為沃爾瑪的低薪和兼職時數的關係，諸如食物券、健康照護補助與稅額扣抵等員工福利變成由納稅人買單，平均每名員工約需三千零一十五美元到五千八百一十五美元（資料來源為二〇一三年的一項國會研究）（另一項研究發現，沃爾瑪每創造二個工作機會，當地社區就會失去三個工作機會，因為沃爾瑪可以持續削價競爭，直到對手撐不下去為止。競爭對手倒閉後，沃爾瑪就會抬高價格，以獲得更高的邊際利潤）。

在二十一世紀，每日只靠不到二美元生活的美國人口數已將近翻倍。有工作能力但沒有加入勞動力的美國人口數也飆升至九千五百萬人以上。目前美國的工作機會中只有 44% 是全職，而有 40% 被視為低薪工作。自二〇〇五年起，有近一千萬個工作是臨時職位，並有 80% 的員工是月光族。

這並非因為美國人不努力工作，事實上當代美國人的工作天數比一九八〇年多出了整整一個月；和英國相比多出了五週，和法國相比多出了六週，而和德國相比更多出了十週。一部分是因為光是付房貸就需要二週半的工時，而在一九七〇年時大約是一週的工時。

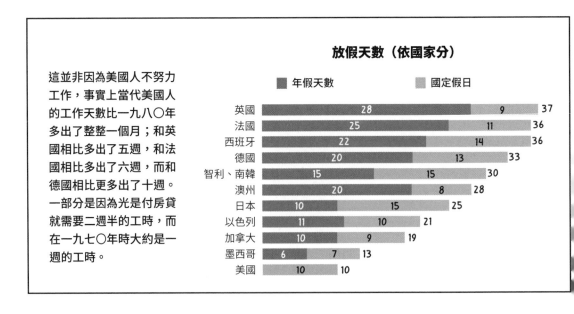

放假天數（依國家分）

■ 年假天數　　■ 國定假日

國家	年假天數	國定假日	總計
英國	28	9	37
法國	25	11	36
西班牙	22	14	36
德國	20	13	33
智利、南韓	15	15	30
澳州	20	8	28
日本	10	15	25
以色列	11	10	21
加拿大	10	9	19
墨西哥	6	7	13
美國	10		10

在二○○二年至二○○七年的經濟成長期間（後來導致了經濟大衰退），1%（三百萬人）得到了總經濟收益的66%；其餘99%的美國人（三億一千萬人）只能分剩下的33%。

光在二○一○年（也就是金融海嘯後復甦的第一年），1%的人得到了93%的經濟收益。與此同時，這些1%的人繳的稅僅占其收入的5.2%，反觀最貧窮的20%的人繳的稅，則超過其收入的10.9%。而在二○二○年的COVID-19疫情期間，全球億萬富翁的財富增加了三點九兆美元，而勞工的收入卻損失了三點七兆美元。

2020年COVID-19疫情期間的財富分配

+$3.9兆（美元）

全球勞工

全球億萬富翁

-$3.7兆（美元）

前1%和所有其他人的差距不斷擴大，這個現象在高等教育中就更加顯著了。目前，來自前1%家庭的哈佛和耶魯學生人數，多過來自底層後半段家庭的總學生人數。這種有錢人與窮人之間的教育差距，儼然已超越了廢除種族隔離制度前黑人與白人之間的學術差距。

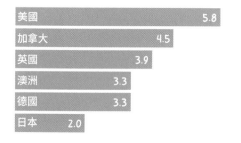

嬰兒死亡率
每1,000名活產嬰兒，2017年

美國	5.8
加拿大	4.5
英國	3.9
澳洲	3.3
德國	3.3
日本	2.0

日益惡化的貧富不均甚至對美國人的壽命造成衝擊，因為死亡率和收入階級有正相關。預期壽命在過去一世紀一直是向上提升的趨勢，但在二○一五年到二○一八年，連續三年都出現了下滑趨勢——這是美國史上頭一次遇到連續三年逆轉，也是自工業革命以來，第一次有民主國家的預期壽命在承平時期出現了下修情況。不僅如此，所有主要國家中嬰兒死亡率最高的也是美國。

在二○一一年，《廣告時代》（Advertising Age）雜誌宣布，美國的富裕大眾時代可能已走到盡頭。

「隨著貧富差距日益加劇，一小部分極有錢的菁英富豪在消費支出總額的占比愈來愈大，而且已具有超額的購買影響力——尤其是在科技、金融服務、旅遊、汽車、服飾與個人照護等產品類別。」

根據《廣告時代》的記者大衛·赫緒曼（David Hirschman）表示，年收入不到二十萬美元的民眾已經引不起廣告商的興趣了。美國的購買力現在全仰仗收入前10%的家庭，占消費者支出近50%。

Ad Age White Paper
《廣告時代》白皮書

The New Wave of **Affluence**
新一波的富裕浪潮來襲

100

It's time to rethink how to market to the 50% that drives consumer spending.
是時候重新思考如何鎖定帶動50%消費支出的行銷目標。

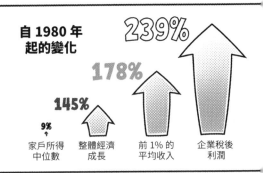

雷根擔任總統的期間是美國發展史上的關鍵轉折，政經體系的規則遭到改寫，導致美國重回鍍金時代；該時代的特徵是企業權力高漲、政府軟弱無為，以及財富高度集中在不講道義的工業巨頭手中。

自 1980 年起的變化

239%
178%
145%
9%

家戶所得中位數　　整體經濟成長　　前 1% 的平均收入　　企業稅後利潤

自 1980 年起：

· 底層 90% 美國人民的財富占比下滑。

· 薪資中位數減少。無大學文憑男性的薪資更是減少超過 40%。

· 最低工資凍漲，導致較低層勞工的薪資削減幅度達 33%。

· 工會力量變弱。工會一度代表了 25% 的私人部門勞工，現僅涵蓋 6%。

· 全職勞工被獨立承包商取代。

· 新成立公司的比例跌到只剩一半。

· 製造業工作消失。退休金無以為繼。

· 美國人因工作而搬遷的比例少了一半。

· 絕望死（用藥過量、自殺或酒精濫用）飆升了 150%。*

· 黑人與白人的死亡率差距原本自民權時期後一直在縮小，在公共衛生與反貧窮計畫被刪減後又開始擴大。

· 為員工提供醫療保險的公司愈來愈少，而保費卻飆至天際。

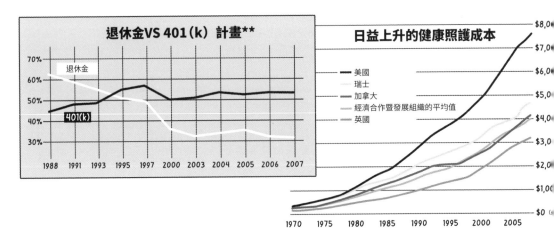

退休金VS 401(k) 計畫**

退休金
401(k)

70%
60%
50%
40%
30%

1988　1991　1993　1995　1997　2000　2003　2004　2005　2006　2007

日益上升的健康照護成本

美國
瑞士
加拿大
經濟合作暨發展組織的平均值
英國

1970　1975　1980　1985　1990　1995　2000　2005

\$8,0
\$7,0
\$6,0
\$5,0
\$4,0
\$3,0
\$2,0
\$1,0
\$0

* 用藥過量（常見原因是處方鴉片類藥物）現在是五十五歲以下美國人的主要死因（到了二〇一六年，每年因用藥過量死亡的美國人已超過越戰期間的總死亡人數了）。普度製藥要負很大一部分的責任，因為該公司明知其藥品疼始康定（OxyContin）具成癮性，卻在行銷時積極以不具癮性為賣點在宣傳（同時二〇一八年的自殺率也創下新高）。

** （編註）401(k) 是美國私人企業僱員的退休福利計畫，由雇主和雇員共同提撥金額到退休帳戶。

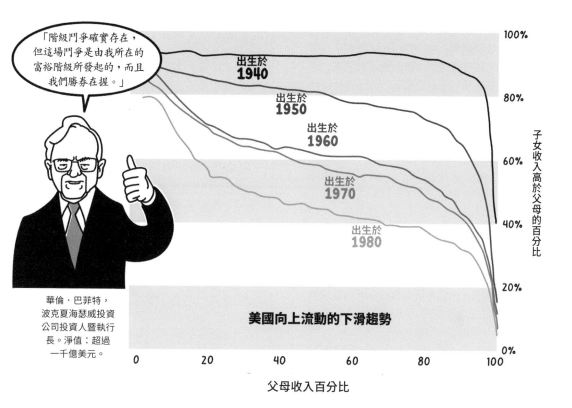

「階級鬥爭確實存在，但這場鬥爭是由我所在的富裕階級所發起的，而且我們勝券在握。」

華倫・巴菲特，波克夏海瑟威投資公司投資人暨執行長。淨值：超過一千億美元。

美國向上流動的下滑趨勢

出生於 **1940**
出生於 **1950**
出生於 **1960**
出生於 **1970**
出生於 **1980**

子女收入高於父母的百分比

父母收入百分比

- 因為雷根刪減了近三分之一的人力資本與基礎建設相關投資，所以美國現在的社會流動性比德國、瑞典、法國、加拿大和中國都還低。

- 由於放寬消費者信貸的相關監管，導致債務上升了 33%。

- 大學學費飆至天際，原因是大學的經費補助遭到大幅刪減。

- 學貸負債增加了十二倍。

- 勞工階級被迫承擔更多個人債務，比全球史上的任何勞工都還多。

- 破產和房屋查封數量多了四倍。

- 州政府撥給高等教育的經費少了 40%。

- 聯邦政府在兒童健康、教育、培訓和基礎建設等方面的開支少了三分之一。

- 因毒品被捕的案例翻了三倍。由於毒品法律變得更加嚴苛，因此監獄人口增加了 500%。

- 美國人口中遭合法剝奪公民投票權的比例從 3.5% 上升至 8.8%，等於每十位成人就有將近一位，因重罪或被定罪而不得參與投票。

- 解除有線電視的相關監管後，獨占市場的有線電視公司得以決定價格並大幅調漲費率——在過去二十年來每年都超過了通膨幅度。

雷根在執政期間完全摧毀了新政時期制定來限制企業權力的反壟斷法。**反壟斷法**是指用以防止組成壟斷企業（或稱托拉斯）的法律，目標是使自由市場保持競爭力。雷根任命了數百位法官（占所有地方法院法官與上訴審法官近一半），這些法官推翻了數十年來的案例法，並重寫了數百年的合約法。相較於卡特總統的執政期間，雷根的司法部門起訴的反壟斷法案件少了 75%。

雷根政府也不再阻止橫向併購——位於同一市場的公司相互併購（比方說臉書收購 Instagram、埃克森併購美孚、聯合航空併購美國大陸航空）。這導致規模較小的競爭公司被排除在外，進而使得巨型企業得以集中權力、壓低工資與抬升價格。

也就是說，如果一個小城鎮只有二間藥局——沃爾格林（Walgreens）和來愛德（Rite Aid）——他們會彼此競爭以提供更佳服務。但如果沃爾格林被允許買下來愛德（二〇一七年發生過了），該公司在那個城鎮中就沒有競爭對手了，等於獨占了該市場。沃爾格林接著就可以合併兩個據點、裁員、縮短營業時間並調高價格。

壟斷企業與寡頭壟斷企業，依數字分類

- 五間銀行控制全美半數的資產。
- 四間航空公司掌控了全美的天空。
- 四間食品公司控制 82% 的牛肉包裝、85% 的黃豆處理、63% 的豬肉包裝，以及 53% 的雞肉包裝。
- 三間公司控制整個租車市場。
- 三間公司控制 65% 的有線電視市場，而且有 75% 的消費者只有一間網路供應商可選。
- 兩間公司控制 60% 的床墊市場。
- 兩間公司控制 69% 的辦公用品市場。
- 兩間公司掌控 70% 的所有線上廣告。
- 兩間公司擁有 70% 的牙膏銷售量。
- 兩間公司控制 75% 的糖果市場。
- 兩間公司控制 89% 的藥局業務。
- 兩間公司控制 90% 的啤酒銷售量。
- 兩間公司控制 90% 的居家裝修業務。
- 一間公司控制 80% 的眼鏡市場。

隨時間變化的平均價格加成

自一九八〇年起，價格加成——產品零售價和製造成本之間的差異——已翻了三倍，從成本的 21% 上升至 61%。這些哄抬過後的價格代表會有更多財富從消費者轉移到企業手中，進一步加劇美國貧富不均的狀況，並導致通膨更加失控。

美國最高法院前大法官路易斯 · 布蘭迪斯（Louis Brandeis）看出這種大範圍不平等現象的根本問題。

「我們可以擁有美國的民主，或是放任少數人積攢大量財富，但我們無法兩者兼顧。」

隨著財富不均日益增長，金錢——與隨之而來的政治力量——集中在 1% 的人手上，然後這些人再藉此讓自己更加富有。隨著向上流動的美元愈多、被課的稅金愈少，就表示政府能用來維持運作效率的資金也會日益減少。

極端貧富不均對民主有害，因為那些富豪會認為特權是自己爭取而來且應得的，代價卻要由整個社會來付，所以才導致了極端貧窮。話雖如此，貧窮並非窮人造成的，而是源自於只會獎勵頂層階級的經濟體制。

富豪稅率（單位：美元）

	財富成長	總申報收入	已繳稅金	真實稅率
華倫·巴菲特	$243億	$1.25億	$0.237億	0.10%
傑夫·貝佐斯	$990億	$42.2億	$9.73億	0.98%
麥克·彭博	$225億	$100億	$2.92億	1.30%
伊隆·馬斯克	$139億	$15.2億	$4.55億	3.27%

「沒有任何一位美國人是靠自己變有錢的……你把商品拿到市場上賣，其他人花錢買東西。你聘雇勞工，其他人付錢教育他們。你能夠安穩坐在工廠裡頭，是因為有其他人繳的稅金在維持警力和消防人力。」

「你建了一間工廠，然後創造出不錯的成果……絕大部分都自己獨享。但社會契約的潛規則是你拿走一部分，然後就要為下一代略盡棉薄之力。」

美國參議員
伊莉莎白·華倫
（Elizabeth Warren）

當雷根的經濟政策導致成千上萬的美國人民不得不靠慈善廚房維生，政府卻表示造成此現象的原因是「免錢的食物比賺錢買食物來得容易」。當雷根執政期間的無家者人數可與大蕭條時期匹敵時，雷根竟表示這些人住在街上是「個人選擇」——這個麻木不仁的說法卻滲透進了民眾心裡。

現今的統治階級和前 1% 的人幾乎是完全重疊的，近半數的國會成員都是百萬富翁。

有錢人對公共輿論的影響力使種族主義高漲，為的是操弄貧窮白人支持專為富裕階級而訂的不合理減稅優惠。貧富不均會導致許多問題狀況，致使社會更加不安定、造成社會流動性降低、整體健康不佳、預期壽命縮短、信任度和寬容度下降，以及暴力和犯罪事件增加。就如我們在第五章的討論，這些狀況會導致尋找替罪羊的煽動者與威權統治的崛起。

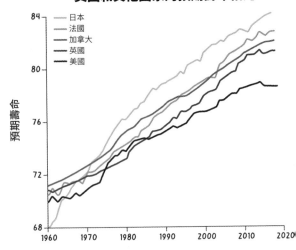

美國和其他國家的預期壽命相比

激起民眾對窮人的憤怒是掌權者屢試不爽的戰術，即上層階級說服中產階級仇視底層階級。只要中產階級把不滿全都投射在底層階級身上，這兩個階級就不會團結起來威脅到上層階級，跟內戰時期的局勢完全一樣。

「高明的政治宣傳巧妙的將任其擺布的底層階級納為己用。窮困白人的憤怒由來已久，因為分到他們手上的美國經濟大餅愈來愈小塊，而這些憤怒全被轉移到黑人、拉丁裔、女性，以及移民身上。菁英階級為保住其財富戰利品（與稅務漏洞），便故意加劇民眾不明就裡的恐懼與族群仇恨，然後分一點點甜頭給下面的人。攻擊『大政府』是菁英階級的自保措施，為的是避免可能會致力於公平分配財富的體制出現。極右翼的煽動主義不斷宣揚社會幻覺並受其滋養壯大──再用這些幻覺當成偽裝，掏光民眾的口袋。」

──艾倫・法蘭西斯，《美國心智的暮光》

雷根的宣傳戰太過成功，以至於我們至今仍相信他創造出來的迷思。我們愈是服從權力，以及愈是天真的相信世界是公平的──宇宙自會取得平衡──就愈容易相信合理化貧窮的福利迷思。社會學家馬克・蘭克（Mark Rank）在其著作《知識貧乏：美國對貧困的錯誤認知》（*Poorly Understood: What America Gets Wrong About Poverty*）中寫道：「把貧窮和道德感薄弱與個人缺點畫上等號，就可以把經濟困境的責任從體制機構轉移到窮苦人家和家庭身上，並削弱對結構性改革的支持。事實上貧窮一開始會出現不是起因於人格特質，而是經濟和政治結構沒為社會提供足夠像樣的機會和支持。」

雷根的繼任者持續怪罪貧苦弱勢族群濫用福利，同時允許企業福利漫天亂漲。

在雷根第一任期中，企業稅賦補貼（即企業福利）翻了三倍，從四百億美元上升到一千二百億美元，且有四十四間大型企業完全沒有支付任何所得稅。* 大約有 20% 到 30% 最有錢的企業仍然不用繳交任何稅金，還有許多公司能接受來自納稅人口袋的各種補助，基本上等於政府直接把繳稅人的錢財轉手交給企業。前五大公司（英國石油公司、殼牌、埃克森、雪佛龍與康菲石油〔Conoco〕）每年賺九百三十億美元，但仍享有二十四億美元的稅賦補貼。

美國最大的逃漏稅事件	營收	退稅
1. 江森自控（Johnson Controls，2015 年）	10億美元	4.77億美元
2. 國際商業機器（IBM，2015 年）	60億美元	3.21億美元
3. 全錄（Xerox，2015 年）	5.47億美元	0.23億美元
4. 美國航空（American Airlines，2015 年）	46億美元	30億美元
5. 太平洋煤氣電力公司（PG&E，2015 年）	8.47億美元	0.27億美元
6. 波音（Boeing，2001-2015 年）	520億美元	8.12億美元
7. 奇異（GE，2008-2013 年）	340億美元	30億美元*
8. 花旗集團（Citigroup，2013 年）	64億美元	2.6億美元
9. 輝瑞（Pfizer，2010-2012 年）	430億美元	22億美元
10. 威訊無線（Verizon，2008-2013 年）	425億美元	7.32億美元

在二〇一八年，亞馬遜的營收是一百一十億美元，不僅沒繳任何稅金，還收到一億二千九百萬美元的退稅，只比二〇一七年收到的一億三千七百萬美元少一咪咪而已。在二〇一九年，亞馬遜終於繳了一億六千二百萬美元的稅金，僅占其一百三十九億美元營收的 1.2%——遠低於 21% 的企業稅率（原本是 35%，川普就任總統期間調低的）。

與此同時，蘋果公司自二〇〇九年起領到的補助已累計超過了六億九千三百萬美元，而且規避的稅額高達不只五百億美元，這才是最可惡的，因為智慧型手機當時是受到政府的公共資金補助。

美國國防部開發了網際網路和 SIRI 的技術，中情局開發出觸控螢幕，而全球定位系統則是美國海軍發明的。納稅人基本上等於是為蘋果產品付了兩次費用：一次是用稅金資助公家機關，一次是花錢買實際產品，而且蘋果的銷售額還不用繳稅。反之，蘋果把他們的利潤全藏到了海外避稅公司。

聯邦政府每年支出的企業福利估計落在一億七千萬美元——而這些錢全都來自於納稅人身上。

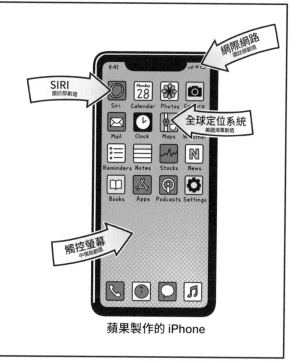

蘋果製作的 iPhone

* 在雷根第一任總統任期間，奇異公司賺了一百億美元，並繳了零元的稅金。

普羅大眾對此等避稅行為毫不知情，而且多數的美國公民都不曉得企業福利的範圍有多大，主要是因為沒有人特意宣傳此事。

沒有任何宣傳策略家為我們大腦中的捷思提供企業福利濫用相關資訊，更沒有公關宣傳活動利用確認偏誤再三強調避稅情事發生的次數。

非法

合法

特殊利益　政治人物

特殊利益　說客　政治人物

不僅如此，這些公司花在企業遊說業務上的支出比他們繳的所得稅還多——顯然這筆錢花得物超所值。

反觀我們太過在意那些微不足道的福利濫用，以及加州威尼斯（Venice）那唯一一位用食物券買龍蝦的男子——只發生過這麼一次。

因為政府是唯一有權限制企業權力的體制，所以我們才會不斷暴露在反政府宣傳當中，然後每次在拒絕政府為國家問題提出的解決方案時，我們腦中都會響起這個回聲；從反對在 COVID-19 期間強制戴口罩到拒絕救人性命的疫苗，從反對全民健保到破壞選民權利，無一不是如此。

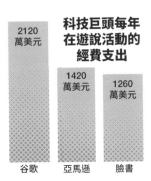

科技巨頭每年在遊說活動的經費支出

2120萬美元		
	1420萬美元	1260萬美元
谷歌	亞馬遜	臉書

「政治圈就跟所有其他產業一樣，有產品、有行銷策略以及成交機會——不論是政治人物、競選活動還是選票。在政治和商業界的研究皆顯示，在消費者毫無頭緒時，廣告是最有力的武器。」
——德瑞克・湯普森（Derek Thompson），《引爆瘋潮》（Hit Makers）

福斯新聞這類的宣傳管道千方百計的想要保持那種狀況，不斷加強南方政策的種族主義敘事。政黨持續把它當成競選賣點，我們也照單全收，直到損及我們的經濟生計——甚至是民主體制——也在所不惜。

這就是宣傳的力量：說服我們相信會讓生活變得更加悲慘的事物。

以南方政策為例：

1 過度簡化的非黑即白訊息（福利女王）…………

2 訴諸隱性種族偏誤（少數族裔濫用體制）………………

3 為的是激起負面情緒（憤怒、惡意、貪婪）………………

4 以及將民眾分化成「我們」VS「他們」（生產者和拿取者）………………

5 並使 1% 的人受惠（為富人減稅）。

種族態度依然是白人反對福利計畫的主因。雖然大部分的人皆支持在教育、健康照護或社會安全方面的經費支出，但福利女王造成的後遺症成了多數試圖處理貧窮問題的最大阻礙。

THE SOUTHERN STRATEGY
南方政策

《紐約時報》在一九七〇年五月十七日曾針對「尼克森的南方政策」做了相關報導：「政治上的成功將落在可以使最多族裔偏見聯合起來的政黨。」政治學家理查‧J‧巴耐特（Richard J. Barnet）在此篇報導中還做了進一步說明，引用了法西斯主義戰術中的代罪羔羊政治學：「所有要素全都到齊了──根深蒂固的社會分裂……意圖合理化與鼓勵仇恨的說辭……看不起少數族裔並把所有事都怪在他們身上……共和黨的新戰果是出自於維持現狀、阻止民權進步。」

南方政策是經過精心策畫的白人反彈行動，旨在激起憤怒與憎恨，並為了政治利益而製造種族分裂。哇塞，效果好得不得了：自那時起共和黨在每次總統大選中，都贏得了多數白人選民的支持，完全如詹森總統簽署《民權法案》那晚說出的料想一般。

「我想我們就在剛剛將整個南方永遠的交給共和黨了。」

L‧B‧詹森

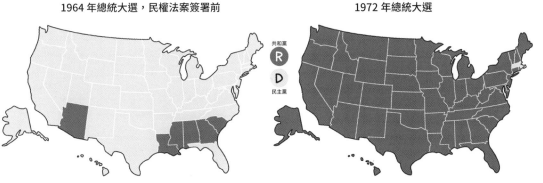

1964 年總統大選，民權法案簽署前

1972 年總統大選

共和黨 **R**

民主黨 **D**

在二〇一三年，布萊特巴特新聞網的史蒂夫・班農（Steve Bannon）、參議員傑夫・賽辛斯（Jeff Sessions），以及共和黨策略專家史蒂芬・米勒齊聚一堂，一同將南方策略帶到二十一世紀。他們的做法與前輩們相差無幾，決定直接放棄爭取少數族裔選民的支持，不打算根據人口結構的改變去制定政黨政策，反而寧願直接訴諸白人勞工階級的偏見。但這次的代罪羔羊不是黑人，而是瞄準了移民。記者里斯・瓊斯（Reece Jones）解釋道：「藉由妖魔化移民的方式，班農、賽辛斯和米勒深信他們可以獲得白人勞工階級的支持，這些人因全球化之故而失去了工作，所以才能說服他們相信移民正在搶走他們的國家與文化。」

與其想辦法為生計困難的地區再次創造工作機會，策動反移民情懷容易多了。川普是該訊息最完美的載體。回報有二：減少移民人口就跟減少能投票的選民一樣，都能降低未來投給民主黨的選民人數；加上透過訴諸白人焦慮，還能將心臟地帶僅存的幾個民主黨大本營由藍轉紅。這個做法又再次締造佳績了。當川普把移民議題當成競選的基石，支持度馬上從 16% 衝到 57%。而當此訊息完全滲透到民眾心中時，對「穆斯林禁令」的支持度馬上從 36% 飆升至 51%。完全就是南方政策的翻版。

為了爭取南方白人選民的支持，政治人物不斷想辦法讓種族敵意燒得更旺，使南方——和幾乎整個美國——注定會為了種族仇恨而犧牲社經地位。

或許前參議員喬治・麥高文（George McGovern）的話最適合拿來做總結。

十一個前南方邦聯州的國會代表席次變化

	1960	2020
參議院	民主黨22席 共和黨0席	民主黨3席 共和黨19席
眾議院	民主黨100席 共和黨6席	民主黨48席 共和黨89席

「南方政策是什麼？容我說明如下。」

「就是對南方人說：讓窮人窮下去，讓你們的經濟跟不上國家的進步，也不要管的同胞是否有正常房子住和全民健保用，反正只要官員反對任何為眾人利益而犧牲少數人的做法，投給他們就對了——回報就是我們會盡可能無視黑人的權利。」

「這個策略聰明至極，卻於南方人民不利，也於美國無益。」

永無止境的選戰

「因為無法改變現實，我們就改變看待現實的眼光吧。」
——尼可斯·卡山札基（Nikos Kazantzakis），希臘作家暨哲學家

每次講到雷根對後代的影響力，我們都會出現認知失調，這就是宣傳力量的最好證明。雖然雷根不是第一位在一流公關專家的幫助下美化形象的人，但他的團隊卻將之做到了全然不同的等級。

在一九五二年，艾森豪總統是首位聘雇廣告代理商來打總統大選的政治人物，而愛德華·伯內斯甚至出手幫了一把。在一九六〇年的直播電視辯論大會上，尼克森的表現糟糕透頂，面對完美無瑕的約翰·甘迺迪時滿頭大汗；後來羅傑·艾爾斯便想盡辦法要為尼克森營造出良好形象，試圖淡化其狼子野心、外露的敵意及不道德的行為。記者喬·麥金尼斯（Joe McGinniss）在一九六八年尼克森競選總統的期間曾寫道，未來的總統「對電視節目的依賴，就跟小兒麻痺患者依賴鐵肺一般」。

為了監控大眾認知，尼克森花了大把經費在民調上面——是甘迺迪的一點五倍。就算尼克森在水門案醜聞中被媒體逮個正著，他還認為這不是什麼大事，一點點公關活動就能解決了。

雷根的公關專家將總統的公共關係提升到舞台藝術的層級。他的副發言人萊斯利·詹卡（Leslie Janka）曾做出如下評論：

「這就是公關團隊變成總統、掌控國家的故事……對這些人來說，最初、最後以及最重要的活動就是公關。」

雷根不在攝影機前時做了什麼都不重要，只要他在螢光幕前呈現出最完美的一面就好。他投射出來的形象遠比他留下來的政績還要重要。

記者唐納德·葛斯汀寫道：「對雷根來說，電視形象就是現實，在他之前的總統沒人這麼想過。但在這個完美表象的背後，其實藏著一位頂尖的企業宣傳專家，在整整三十年的期間，致力於促進企業與有錢人的利益，方法是攻擊民主制度和政府本

「真相是愚蠢的。」

雷根錯誤引用約翰·亞當斯的話，
原句是：「真相是固執的。」

身……公關專家一手塑造了雷根、把他送進白宮、又讓他連任，而如傳統基金會等保守派智庫則負責提供刪減政府與社會計畫的劇本，讓雷根和其幕僚以極其有效的方式推銷給民眾……這整套流程都是靠企業公關專家天衣無縫的規畫。」

雷根第一次從政當上加州州長時，他的金主聘請了數名公關專家來打造其公眾形象。他入主白官時，這些人也成了他的內閣，包括副幕僚長麥可・狄弗（Michael Deaver，後來被判偽證罪）與內閣祕書克雷格・L・富勒（Craig L. Fuller，後來跑去為菲利普莫里斯公司效力，並編寫了菸草業手冊），以及「安可顧問公司」（APCO Worldwide，對否認氣候變遷和侵權法修正也所有貢獻）。雷根對宣傳產業並不陌生，其親兄弟便是「洛杉磯麥肯廣告」（McCann Erickson）的副總裁。

在雷根擔任總統的期間，他的團隊每天都會管理媒體相關事宜，向各家媒體提供依最新輿論民調精心編寫的訊息內容，完全是基於政府認為觀眾想聽的內容而量身打造，從朗朗上口的口號到狗哨用語，比比皆是。他們指導雷根在螢光幕前的一舉一動，就像專為這位演員轉總統所設計的「場景」一般。

當三分之二的美國人不認同雷根大幅刪減教育經費，以及停止為家境不好的學生提供免費營養午餐（這些孩子就靠這餐補充半數的每日營養量），他不但沒有修改政策，反而是讓內部的政治化妝師在公立學校發起一系列的宣傳噱頭，直到民調數據逆轉了才停手。

雷根不過是在帕運上傳遞了帕運火炬，民眾就忘了他剝奪了數十萬殘疾美國人的政府福利。他不過是在愛爾蘭酒吧和幾位藍領勞工喝杯啤酒，民眾就忘了他試圖廢

除企業所得稅。他只要在一間養老院的開幕式上露臉拍照，就不會有人注意到他大砍老人住房補助經費。預算刪減與削減美國心理健康疾病設施的資金，都成了當代無家可歸流行病的助因。（這些新出現的無家美國人，大多在雷根執政時期數量不斷增加的監獄工業複合體中，找到臨時的庇護所）。

狄弗曾如此解釋：「拍照的目的是為了抹除某個不得人心的議題造成的負面影響，利用精心挑選且完全與總統政策相違背的場景。」（而且他們真的拍了一堆照片：雷根的團隊製作出的短片比接下來五任的執政團隊加起來都還多。）

當住宅建築市場於一九八三年開始反彈時，雷根的形象顧問發現這是絕佳的宣傳拍照機會。他們交叉比對了成長最快速的地區和總統競選連任最需宣傳的城市，然後讓雷根戴上一頂工地硬帽，馬上便生出一份可供晚間新聞使用的電子媒體資料袋。

為了讓雷根做好準備，以便在一九八○年的總統辯論大會電視直播中，與當時的卡特總統正面對決，他的間諜偷了卡特總統的辯論問題答案。想當然耳，經過了無數次的排演，雷根表現得完美無瑕。就連

在雷根就職典禮當天釋放伊朗人質也是安排好的場景。卡特總統花了一整年的時間談判相關釋放條件，但根據後來上任伊朗總統的阿布哈桑 · 巴尼薩德（Abolhassan Bani-Sadr）的說法是，雷根出手把釋放行動延後到他就職之際，如此一來就能把功勞算在自己頭上。

最重要的是，雷根的公關專家很善於和媒體保持距離。他們僅邀請小部分喜愛總統的佳賓，而且舉辦的記者會比在他之前的任一位當代總統都還少（在他的第一任期間比卡特少了至少一半），並大幅減少雷根出席沒有經過安排的曝光活動。在某次的電視活動上，他們甚至拔掉燈光插頭，好讓總統不用回答他們不喜歡的問題。雷根的發言人在辦公桌上放了一個牌子，上頭寫著：「你不用跟我們說如何製造新聞，我們也不用告訴你如何報導新聞。」

如果沒有形象顧問團隊幫忙擬稿、安排現場與提供指示，雷根常常給人智商不高、笨手笨腳的印象。雷根以為自己可以「召回」發射出去的飛彈、曾表示多數的汙染是來自於樹木，而且還常常不認得自己的小孩，有次還是在自家兒子的高中畢業典禮上。

如果沒有看著自動提詞機讀稿，雷根通常會講錯話。白宮記者山姆·唐納德森（Sam Donaldson）曾觀察到，雷根「對當前事件無知到了極點」。比方說，他聲稱自己讓四十萬名加州人從食物券名冊上除名，但實際數字不到一半。他聲稱自己擔任州長的期間，並未增加加州政府預算，但事實上預算成長了 122%。他聲稱自己減稅，但在一九六七年通過了州政府最大幅度的一次稅賦調高──十億美元。他聲稱每花一美元在福利上，政府就要付出三美元的成本，但實際數目是十二美分。一次又

雷根一九六三年在養子畢業典禮上
發表完畢業致詞後

一次，大家都知道雷根常常搞不清楚現實與幻想，以為自己是過去演電影時的角色。

一些美國人對第四十任總統的堅定形象證明了宣傳戰塑造公共輿論的能力。有人認為雷根是溝通高手，這要歸功於隨時待命的溝通專家。有人相信雷根執政期間是美國偉大的象徵，皆是來自於公關的吹捧。他的幕僚共一百三十八位，累積下來的起訴、定罪和調查案比美國史上任何其他總統都還多。

雷根的形象是一名讓人喜愛的美國祖父，體現出美國最歷久不衰的神話，包括機會、卓越主義和堅忍的個人主義，其實全都是麥迪遜大道精心包裝、賣給大眾的產品。負責雷根所有表演的主要廣告公司被暱稱為「星期二團隊」，因為他們產品──美國總統──的發行日是在星期二（大選日）。

查克·克洛斯特曼（Chuck Klosterman）在其著作《如果我們都搞錯了怎麼辦？》（But What If We're Wrong?）一書中寫道：「歷史學家日後會回顧一九八〇年代的事

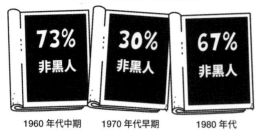

| 73% 非黑人 | 30% 非黑人 | 67% 非黑人 |
| 1960 年代中期 | 1970 年代早期 | 1980 年代 |

件,並假設美國人民肯定是集體得了妄想症,才會促使他們自我毀滅,將實際上把美國推入更糟境地的總統奉為偶像。在這些歷史學家的心裡,雷根將永遠被定義成糟糕透頂的總統(客觀來說),當然不包括他當總統的那八年,當時他是真的深受眾人喜愛、所向披靡,而且非常有情感渲染力。」

雷根對政治顧問極度依賴,為的是持續宣揚受眾人喜愛的品牌形象(才不會有人注意到他的政治議程),創造出日後眾所皆知的「永無止境的選戰」現象。

前白宮發言人史考特‧麥克雷蘭(Scott McClellan)在其自傳中寫道,永無止境的選戰操縱著公共輿論,「利用新聞媒體、政治部落格、熱門網站、付費廣告、談話電台、地方組織及利益團體來散布宣傳內容,為的是形塑出對某人有利的敘事。」換句話說,就是透過永不停歇的公關活動,不斷模糊宣傳和治理政府之間的界線。

透過部署頂尖的行銷專家、宣傳專家及廣告專家,雷根成功創造出和其真實所作所為完全背道而馳的形象。這就是為何我們當中有如此多人敬愛雷根,不論他實際上是差勁透頂的總統。而這也是為什麼所有美國人都認為八〇年代非常的繁榮興盛,即便過得好的只有那 1%,不是所有民眾。

八〇年代的繁榮假象不過是雷根團隊的品牌形象包裝。事實上,失業率到了一九八二年已上升至 10% 以上,而失去工作的美國人比自一九三〇年代起的任何時期都還要多,約為八百五十萬人——跟新政時期政策提供的工作機會一樣多。一百萬名美國人失去了領取食物券的資格,還有數百萬人的福利遭到刪減。即便貧窮率上升到 15%,雷根還是繼續削減迫切需要的計畫經費。

食物銀行一間間的設立,為的是幫助無家可歸者。公司倒閉的比例高到足以跟一九二〇年代媲美。縱使工作機會開始回升,但大多是服務業中的低薪工作,幾乎沒有晉升機會。所謂的榮景看起來只是另一個精心編造出來的公關訊息;全部都是雷根的品牌形象而已。

瑞克‧申克曼(Rick Shenkman)在《我們到底有多愚蠢?面對美國選民的真相》(*Just How Stupid Are We? Facing the Truth About the American Voter*)中指出:「所謂政治人物只是渴望當選的平凡人,那種年代已經結束了。現在他們不再只是一個人,而是一個品牌,就像盒裝玉米片一樣,一定會附上口號、圖像包裝以及廣告宣傳活動。而且這些人經常還有自己的主題曲。」

來賓點播李‧格林伍德(Lee Greenwood)的歌。

「我以身為美國人自豪。」*

---

* (譯註)這是美國愛國歌曲〈天佑美國〉("God Bless the USA")的歌詞,由鄉村音樂歌手李‧格林伍德創作與演唱。

結論

「不論何時，你最需對付的主要鬼扯來源就是自己。」

——尼爾·波茲曼（Neil Postman），媒體理論家暨社會評論家

心理學家馬科斯・韋特墨（Max Wertheimer）指出教育和宣傳之間的差異：前者改變的是思維，後者改變的是情緒。

教育可以打開人的眼界，而宣傳則是使人視而不見。教育可以使人獲得啟發，宣傳則是讓人無視真相。

「宣傳將複雜無比的議題或意識型態簡單化，以供大眾消費，因此不僅肯定充滿偏誤，而且還是為了達成特定目標，」歷史學家蘇珊・巴克拉克（Susan Bachrach）如此解釋，她同時也是美國大屠殺紀念博物館館長與《欺騙國度：納粹宣傳的力量》（State of Deception: The Power of Nazi Propaganda）一書的作者。「教育家的理念是致力於培育獨立判斷與思考能力，而宣傳家則是反其道而行，絕不鼓勵深思熟慮，當然也不會提出多元觀點、交由觀眾判斷何者為真。這些宣傳家只會傳達有利於其論點的資訊……然後將複雜的人類情緒全部導向他們想要的目標。」

宣傳用信念取代思考、用信仰取代事實、用迷思取代真相。宣傳戰靠的是激發民眾不合理的恐懼與族群憤慨、耗損同理心、不給人爭辯機會，以及在整個過程中製造一堆不實資訊等手段，癱瘓民眾的理性思考。

真相蛀蝕系統

驅動因素
認知程序與認知偏誤
資訊系統的改變
教育體系中的競爭需求
極化對立

真相蛀蝕的媒介
媒體、智庫、
說客、外國演員

真相蛀蝕的四大趨勢
民眾對真相與數據的不認同日益增加
事實與輿論之間的界線日益模糊
相對數量增加與由此而生的輿論影響力日漸
超過真相
民眾對可靠資訊來源的信任日漸下滑

後果
公民對話的品質劣化
政治麻痺
疏離與脫節
不確定性

現今宣傳戰滲透進各個角落，非營利組織蘭德公司（RAND Corporation）甚至將其帶來的傷害命名為：真相蛀蝕（truth decay）。由以下四種趨勢匯聚而成：

1 民眾對真相與數據的不認同日益增加，削弱了公民對話

2 事實與輿論之間的界線日益模糊，導致政治麻痺

3 輿論的影響力日漸超過真相，製造出更多的疏離與脫節

4 民眾對可靠資訊來源的信任感日漸下滑，導致更多的不確定性

認識宣傳的本質是最要緊之事。

ONLY YOU CAN PREVENT TRUTH DECAY 真相蛀蝕
只有你可以預防

由於我們大多是從家庭繼承信念系統和政治忠誠度，所以要做到這點並非易事。信念是跟了我們一輩子的事，對我們來說就像窩在最溫暖舒服的舒適圈一樣，要重新連接這些捷思捷徑超級困難。

心理學家亞當・格蘭特（Adam Grant）在其著作《逆思維：知道你所不知道的力量》（*Think Again: The Power of Knowing What You Don't Know*）中寫道：「我們大多數人都習慣依照信念、理念及意識型態來定義自己。當它阻止我們隨著世界改變及知識演化而改變我們的心意時，這就會成了問題，我們的看法會變得如此神聖，以至於光是想到它可能有誤，我們就會滋生敵意了。」

格蘭特表示，我們不該被信念所定義，而是要看見自己重視的價值是什麼，唯有如此才會不斷成長與學習。

這些價值觀就是我們的核心原則，可以是公平與自由、利他與誠實，或是責任與正直。格蘭特寫道：「依據這些原則為自我身分認同定調，才能抱持開放心胸、擁抱實現這些原則的最好方式。」

平等　心胸開放　慷慨
正直　CORE VALUES 核心價值　誠實
榮譽　責任
尊重　謙遜　公平

如果是依價值觀而非觀點來定義自身，我們就能保持靈活彈性，隨著人生進程更新自身觀點。否則便可能陷在過去，緊抓著過時的信念不放，甚至會危及自身健康福祉。

「二十一世紀的文盲不是指無法讀寫之人，而是指無能力學習、放下所學，然後再次學習之人。」

未來學家艾文・托佛勒（Alvin Toffler）

所以我們必須學著用健康的懷疑心態去看待個人主張。每個人都要勇敢質問自身的族群傾向，並將挑戰到那些假設和刻板印象的資訊納入考量。如果我們希望看見世界的真實樣貌，就必須突破在成長時被灌輸的教條。尼采曾說過一句妙語：「對真相來說，信念是比謊言更危險的敵人。」**信念和謊言經常是一體的兩面。**

在面對政治候選人時，我們必須訓練自己無視那些抹黑和誹謗的宣傳內容、散播恐懼的廣告，以及人身攻擊。這些輿論主張遠遠不及候選人的過往記錄和公共政策來得重要。

如果政治人物說要減稅，我們就要提問哪些公共服務會被刪減經費，以填補資金缺口：圖書館？學校？大眾運輸？

如果政治人物想要放寬管制，我們就必須問哪些原有的資源會因企業利潤而被犧牲：空氣品質？水質？工安？

我們必須盡力分辨具有下列良好特質的候選人：

- ・給民眾滿滿的正能量
- ・希望民眾團結一致
- ・訴諸人性良善的一面
- ・為真實問題提供實際解方
- ・激勵弱勢族群並提供讓未來更美好的希望
- ・競選更高職位是為了讓99%的人活在更好的世界

更重要的是，要提防具有下列特質的候選人：

- ・給民眾滿滿的負能量
- ・試圖將民眾分化成「我們」VS「他們」
- ・利用恐懼、貪婪與厭惡心理
- ・只會怪罪他人
- ・攻擊弱勢族群、受壓迫的人以及任何危及其權力之人
- ・競選是為了讓1%的人保有特權

這些都是宣傳的特徵。

「我們國家現今最大的國內危機不在於因為競爭力不足而無法生產足夠的商品，而是在於我們無法提供更人道、具療癒效果且對人類有益的修復式社會服務，主因出在競爭至上的社會風氣完全無法理解此做法的重要性。」

「在最好的情況下，大企業不會去執行這些服務；在最糟的情況下，大企業還會供養一群人，專門想辦法讓這些服務無法執行下去。」

歷史學家理察・霍夫士達特
（Richard Hofstadter）

- 美國有近十二萬間行銷公司,領英 (LinkedIn)上有一萬二千間公關公司。

- 共有超過一萬一千名說客,在過去五十 年增長了 6,300%。其中至少有 98% 都 是企業說客(相對於公共利益說客), 而且每位美國國會成員都被分配到超過 二十名說客。*

- 共有超過七千個政治行動委員會,在過 去五十年增長了 2,400%。

- 共有近二千個智庫組織,在過去五十年 增長了 3,300%。

在過去十五年間,隨著工業複合體的影響力 漸長,已有超過二千家的美國新聞報社關門 大吉。美國有三分之二的城鎮現在沒有日報 可看。而撐下來的那些報社中,新聞編輯部 被裁員近半,記者人數更從五十萬名下滑至 十七萬四千名。

「真正的反對力量其實 是媒體,而對付媒體最好的 辦法就是用一堆鬼扯塞爆他 們。」

史蒂夫 ‧ 班農,
川普政府前策略長

部分研究人員估計,可能有高達 60% 的新 聞報導是出自於公關專業人員之手。

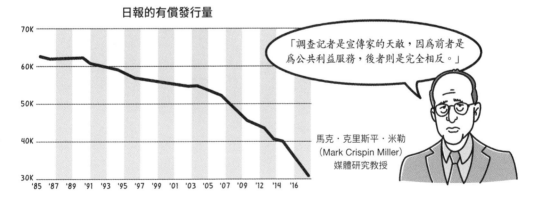

日報的有償發行量

「調查記者是宣傳家的天敵,因為前者是 為公共利益服務,後者則是完全相反。」

馬克‧克里斯平‧米勒
(Mark Crispin Miller)
媒體研究教授

隨著當地報社的數量愈來愈少,政府的問責程度與充分知情的公民人數都在下滑,政治貪腐和瀆職 情事持續上升,宣傳戰也更加無孔不入。只剩下為數不多的事實查核人員試圖在力挽狂瀾。

* 三分之一卸任的眾議員和半數卸任的參議員後來都成為說客。

由於資訊領域有著如此多的公共輿論製造者，但擔任監督之責的看守記者又如此之少，媒體將會充斥著愈來愈多經過精心設計的訊息，旨在誤導大眾並提供錯誤與不實資訊。

這些擁有私心的意識型態仔大聲喧囂，蓋過了真正專家的聲音。大屠殺歷史學家提摩希·史奈德（Timothy Snyder）提出了警告：「後真相是法斯西主義的序曲。而拋棄事實就是拋棄自由。」

因為我們每天花十一到十二小時與媒體互動，所以是時候該將媒體消費升級成媒體識讀了。

「若是由我決定，我們是要沒有報紙的政府，還是沒有政府的報紙，我應該會；毫不遲疑的選擇後者。」

湯瑪斯·傑弗遜

社會心理學家凱倫·迪爾-沙克勒福德（Karen Dill-Shackleford）在其著作《幻想如何成為現實：日常生活的資訊與娛樂媒體》（*How Fantasy Becomes Reality: Information and Entertainment Media in Everyday Life*）中寫道：「關於我們對媒體消費的擔憂，其中一個藉口是否認接觸媒體的影響力，根本是強詞奪理……如果我們不能面對自己受到操縱的真相，就等於讓自己門戶洞開，成為大企業手中的棋子，輕易受到他們各種手段的擺布。與其忙著捍衛大企業操縱我們的權利，並否認自己會受到媒體影響，我們應該選擇面對真相、採取行動並做出正面改變。但這需要真正強大的力量——人品的力量、智慧的力量，以及做出真正社會變革的力量。」

宣傳產業擁有制定資訊的權力，而該影響力足以制定美國的議程。

切記：

· 沒人花錢宣傳服務大眾的計畫。

· 沒人把廣告費花在無法推動私人產業銷售額的宣傳活動上。

· 沒人在為民主推動公關活動——只會為了對企業有利的利潤和權力

在此引用愛德華·伯內斯的名言：「那些在社會中掌控這種操縱機制的人會成為隱形統治者，而這些人就是我們國家背後真正的統治力量。」

該是將權力還給人民的時候了。

參考資料

如需完整資料來源與插圖出處，請造訪 quirkbooks.com/howtowinthewarontruth。

Abramsky, Sasha. *American Furies: Crime, Punishment, and Vengeance in the Age of Mass Imprisonment.* Boston: Beacon Press, 2007.

Abramson, Seth. *Proof of Conspiracy: How Trump's International Collusion is Threatening American Democracy.* New York: St. Martin's Press, 2019.

———. *Proof of Corruption: Bribery, Impeachment, and Pandemic in the Age of Trump.* New York: St. Martin's Press, 2020.

Acho, Emmanuel. *Uncomfortable Conversations with a Black Man.* New York: Flatiron Books, 2020.

Ackerman, Spencer. *Reign of Terror: How the 9/11 Era Destabilized America and Produced Trump.* New York: Viking, 2021.

Adamczyk, Alicia. "Full-Time Minimum Wage Workers Can't Afford Rent Anywhere in the US, According to a New Report." CNBC, July 14, 2021. https://www.cnbc.com/2021/07/14/full-time-minimum-wage-workers-cant-afford-rent-anywhere-in-the-us.html.

"ADL H.E.A.T. Map: Hate, Extremism, Anti-Semitism, Terrorism." American Defamation League. https://www.adl.org/education-and-resources/resource-knowledge-base/adl-heat-map.

Agin, Dan. *Junk Science: How Politicians, Corporations, and Other Hucksters Betray Us.* New York: St. Martin's Press, 2006.

Aiken, Mary. *The Cyber Effect: A Pioneering Cyberpsychologist Explains How Human Behavior Changes Online.* New York: Spiegel & Grau, 2016.

Aldana, Raquel. "Debunking Three Myths Behind 'Chain Migration' and 'Low-Skilled' Immigrants." Truthout, February 8, 2018. https://truthout.org/articles/debunking-three-myths-behind-chain-migration-and-low-skilled-immigrants.

Alexander, Michelle. *The New Jim Crow: Mass Incarceration in the Age of Colorblindness.* New York: New Press, 2010.

Allport, Gordon. *The Nature of Prejudice.* New York: Basic Books, 1979.

Alterman, Eric. *What Liberal Media? The Truth About Bias and the News.* New York: Basic Books, 2003.

Amato, John, and David Neiwert. *Over the Cliff: How Obama's Election Drove the American Right Insane.* Sausalito, CA: PoliPointPress, 2010.

Andersen, Kurt. *Evil Geniuses: The Unmaking of America.* New York: Random House, 2020.

———. *Fantasyland: How America Went Haywire: A 500-Year History.* New York: Random House, 2017.

Anderson, Carol. *One Person, No Vote: How Voter Suppression Is Destroying Our Democracy.* London: Bloomsbury Publishing, 2018.

———. *The Second: Race and Guns in a Fatally Unequal America.* London: Bloomsbury, 2021.

———. *White Rage: The Unspoken Truth of Our Racial Divide.* London: Bloomsbury, 2016.

Angelmyer, Andrew, Tara Horvath, and George Rutherford. "The Accessibility of Firearms and Risk for Suicide and Homicide Victimization Among Household Members: A Systematic Review and Meta-analysis." *Annals of Internal Medicine,* January 21, 2014. https://www.acpjournals.org/doi/10.7326/m13-1301.

Aral, Sinan. *The Hype Machine: How Social Media Disrupts Our Elections, Our Economy, and Our Health—and How We Must Adapt.* New York: Currency, 2020.

Arbesman, Samuel. *The Half-Life of Facts: Why Everything We Know Has an Expiration Date.* Bethesda, MD: Current, 2012.

Armoudian, Maria. *Kill the Messenger: The Media's Role in the Fate of the World.* Amherst, NY: Prometheus, 2011.

Aronson, Elliot. *The Social Animal.* 8th ed. New York: Worth, 1999.

Ashton, Kevin. *How to Fly a Horse: The Secret History of Creation, Invention, and Discovery.* New York: Doubleday, 2015.

Axe, David. "America Is Stuck With a $400 Billion Stealth Fighter That Can't Fight." *Daily Beast,* June 13, 2019. https://www.thedailybeast.com/america-is-stuck-with-a-dollar400-billion-stealth-fighter-that-cant-fight.

Bachrach, Susan, and Steven Luckert. *State of Deception: The Power of Nazi Propaganda.* Washington, DC: US Holocaust Memorial Museum, 2009.

Bakan, Joel. *The Corporation: The Pathological Pursuit of Profit and Power.* New York: Free Press, 2004.

Balonon-Rosen, Peter. "From Cringeworthy to Scary: A History of Anti-drug PSAs." *Marketplace,* March 26, 2019. https://www.marketplace.org/2019/03/26/advertisings-war-drugs-also-failed.

Banaji, Mahzarin R., and Anthony G. Greenwald. *Blindspot: Hidden Biases of Good People.* New York: Bantam, 2013.

Bargh, John. *Before You Know It: The Unconscious Reasons We Do What We Do.* New York: Atria Books, 2017.

Barkow, Rachel Elise. *Prisoners of Politics: Breaking the Cycle of Mass Incarceration.* Cambridge, MA: Harvard University Press, 2019.

Barlett, Donald L., and James B. Steele. *The Betrayal of the American Dream.* New York: PublicAffairs, 2012.

Bartlett, Bruce. "Bruce Bartlett on the Straw Man of Socialism." Physicians for a National Health Program, August 17, 2020. https://pnhp.org/news/bruce-bartlett-on-the-strawman-of-socialism.

———. "I Helped Create the GOP Tax Myth. Trump Is Wrong: Tax Cuts Don't Equal Growth." *Washington Post,* September 28, 2017. https://www.washingtonpost.com/news/posteverything/wp/2017/09/28/i-helped-create-the-gop-tax-myth-trump-is-wrong-tax-cuts-dont-equal-growth.

Bass, Jack, and Walter DeVries. *The Transformation of Southern Politics: Social Change and Consequence Since 1945.* New York: Basic Books, 1976.

Baum, Dan. "Legalize It All: How to Win the War on Drugs." *Harper's* magazine, April 2016. http://harpers.org/archive/2016/04/legalize-it-all.

———. *Smoke and Mirrors: The War on Drugs and the Politics of Failure.* Boston: Little Brown & Co., 1996.

Beauchamp, Zack. "America Doesn't Have More Crime than Other Rich Countries. It Just Has More Guns." *Vox,* updated February 15, 2018. https://www.vox.com/2015/8/27/9217163/america-guns-europe.

Beck, Eckardt C. "The Love Canal Tragedy." *EPA Journal,* January 1979. https://archive.epa.gov/epa/aboutepa/love-canal-tragedy.html.

Beckhusen, Julia. "About 13M U.S. Workers Have More Than One Job." United States Census Bureau, June 18, 2019. https://www.census.gov/library/stories/2019/06/about-thirteen-million-united-states-workers-work-more-than-one-job.html.

Bell, Mary. *Conversations with Hitler or Quid Est Veritas?: Apostles & Victims Volume 1.* Bloomington, IN: AuthorHouse UK, 2018.

Benforado, Adam. *Unfair: The New Science of Criminal Justice.* New York: Crown, 2015.

Benkler, Yochai, Robert Faris, and Hal Roberts. *Network Propaganda: Manipulation, Disinformation, and Radicalization in American Politics.* Oxford University Press, 2018.

Berger, Jonah. *Contagious: Why Things Catch On.* New York: Simon & Schuster, 2013.

Bergstrom, Carl T., and Jevin D. West. *Calling Bullshit: The Art of Skepticism in a Data-Driven World.* New York: Random House, 2020.

Berman, Robby. "90% of US Primary Care Offers Lower Pain Relief Doses to Black Patients." *Medical News Today,* July 30, 2021. https://www.medicalnewstoday.com/articles/90-us-primary-care-offers-lower-pain-relief

doses-black-patients.

Bernays, Edward. "The Engineering of Consent." *Annals of the Academy of Political and Social Sciences* 250, no. 1 (March 1, 1947): 113–20.

———. "The Minority Rules." *Bookman*, April 1927: 151–155.

———. *The New York World's Fair, a Symbol for Democracy*. New York: Wickersham Press, Inc., April 7, 1937. https://collections.library.yale.edu/catalog/11915254.

———. *Propaganda*. New York: Horace Liveright, 1928.

Berry, Jeffrey M., and Sarah Sobieraj. *The Outrage Industry: Political Opinion Media and the New Incivility*. Oxford University Press, 2014.

Bertram, Bonnie, producer. "The Misunderstood McDonald's Hot Coffee Lawsuit." Edited by David Feinberg and Sandrine Isambert. *Retro Report*. Aired October 28, 2019, on PBS. 10 min. https://www.retroreport.org/video/taking-the-lid-off-the-mcdonalds-coffee-case.

Biddle, W. W. "A Psychological Definition of Propaganda." *Journal of Abnormal and Social Psychology* 26 no. 3 (1931): 283–95. https://doi.apa.org/doiLanding?doi=10.1037%2Fh0074944.

Bluestone, Gabrielle. *Hype: How Scammers, Grifters, and Con Artists Are Taking Over the Internet—and Why We're Following*. New York: Hanover Square Press, 2021.

Blumenthal, Sidney. *The Permanent Campaign: Inside the World of Elite Political Operatives*. Boston: Beacon Press, 1980.

Bonekemper III, Edward H. *The Myth of the Lost Cause: Why the South Fought the Civil War and Why the North Won*. Washington, DC: Regnery History, 2015.

Boorstin, Daniel J. *The Image: A Guide to Pseudo-Events in America*. New York: Atheneum, 1961.

Boot, Max. *The Corrosion of Conservatism: Why I Left the Right*. New York: Liveright, 2018.

"Bottled History." The World Counts. https://www.theworldcounts.com/stories/Bottled_Water_Waste_Facts.

Boyd, James. "Nixon's Southern Strategy." *New York Times*, May 17, 1970. https://www.nytimes.com/1970/05/17/archives/nixons-southern-strategy-its-all-in-the-charts.html.

Boykin, Keith. *Race Against Time: The Politics of a Darkening America*. New York: Bold Type Books, 2021.

Bregman, Rutger. *Utopia for Realists: How We Can Build the Ideal World*. New York: Back Bay Books, 2018.

Bridge, Yael, dir. *The Big, Scary "S" Word*. Greenwich Entertainment, 2021. 1 hr. 22 min.

Brill, Steven. *Tailspin: The People and Forces Behind America's Fifty-Year Fall—and Those Fighting to Reverse It*. New York: Knopf, 2018.

Brock, David. *The Fox Effect: How Roger Ailes Turned a Network into a Propaganda Machine*. Norwell, MA: Anchor, 2012.

———. *The Republican Noise Machine: Right-Wing Media and How It Corrupts Democracy*. New York: Crown Publishers, 2004.

Brodwin, Erin, and Aylin Woodward. "Twelve Facts that Show Why Bottled Water Is One of the Biggest Scams of the Century." *Business Insider*, updated March 20, 2019. https://www.businessinsider.com/bottled-water-facts-science-healthy-2017-4.

Brooks, Rosa. *How Everything Became War and the Military Became Everything: Tales from the Pentagon*. New York: Simon & Schuster, 2016.

Brown, Stephen E., Finn-Aage Esbensen, and Gilbert Geis. *Criminology: Explaining Crime and Its Context*. 7th ed. Burlington, NJ: Elsevier Science, 2010.

Brownstein, Ronald. "Federal Anti-Poverty Programs Primarily Help the GOP's Base." *Atlantic*, February 16, 2017. https://www.theatlantic.com/politics/archive/2017/02/gop-base-poverty-snap-social-security/516861.

Bunch, Will. *Tear Down this Myth: The Right-Wing Distortion of the Reagan Legacy*. New York: Free Press, 2010.

Burroway, Jim. "'Something twisted mentally': McCarthy links 'flagrantly homosexuals' to communism." *[Emphasis Mine]*, May 11, 2018. http://jimburroway.com/history/something-twisted-mentally-mccarthy-links-flagrantly-homosexuals-to-communism.

Business Consultants, Inc. "The Human Relations Movement." Human Element, July 7, 2020. https://thehumanelement.bcglobal.com/resources/the-human-relations-movement-1.

Busse, Ryan. *Gunfight: My Battle Against the Industry that Radicalized America*. New York: PublicAffairs, 2021.

Butler, Stephanie. "How Chocolate Became a Valentine's Day Staple." History.com, February 8, 2013. https://www.history.com/news/valentines-day-chocolate-box-history-cadbury.

Cain, Kevin G. "And Now, the Rest of the Story . . . The McDonald's Coffee Lawsuit." *Journal of Consumer & Commercial Law* 11 no. 1 (Fall 2007): 14–19. https://pdf4pro.com/view/the-mcdonald-s-coffee-lawsuit-15ddf0.html.

Carey, Alex. *Taking the Risk Out of Democracy: Corporate Propaganda Versus Freedom and Liberty*. University of Illinois Press, 1997.

Carlsen, Laura. "Open Borders and Trump's False Narrative." Truthout, February 10, 2018. https://truthout.org/articles/open-borders-and-trumps-false-narrative.

Carter, Dan. *From George Wallace to Newt Gingrich: Race in the Conservative Counterrevolution, 1963–1994*. Baton Rouge: Louisiana State University Press, 1996.

———. *The Politics of Rage: George Wallace, the Origins of the New Conservatism, and the Transformation of American Politics*. New York: Simon & Schuster, 1995.

Cawley, Laurence. "De Beers Myth: Do People Spend a Month's Salary on a Diamond Engagement Ring?" BBC, May 16, 2014. https://www.bbc.com/news/magazine-27371208.

Cazenave, Noel A. *The Urban Racial State: Managing Race Relations in American Cities*. Lanham, MD: Rowman & Littlefield, 2011.

"Check Yourself: The White Privilege Test." Monitor Racism. http://monitoracism.eu/check-yourself-the-white-privilege-test.

Cheeseman, Nic, and Brian Klaas. *How to Rig an Election*. New Haven: Yale University Press, 2018.

Cialdini, Robert B. *Pre-Suasion: A Revolutionary Way to Influence and Persuade*. New York: Simon & Schuster, 2016.

Chomsky, Aviva. *They Take Our Jobs! And 20 Other Myths About Immigration*. Boston: Beacon Press, 2018.

"The Classics." Ad Council. https://www.adcouncil.org/our-story/our-history/the-classics.

Clifton, Jim. "The Big Lie: 5.6% Unemployment." Gallup, February 3, 2015. https://news.gallup.com/opinion/chairman/181469/big-lie-unemployment.aspx.

Collier, Kevin. "Fact Check: Renewable Energy Is Not to Blame for the Texas Energy Crisis." NBC News, February 17, 2021. https://www.nbcnews.com/news/us-news/fact-check-renewable-energy-not-blame-texas-energy-crisis-n1258185.

Conason, Joe. *Big Lies: The Right-Wing Propaganda Machine and How It Distorts the Truth*. New York: Thomas Dunne Books, 2003.

Conley, Chip. *Emotional Equations: Simple Truths for Creating Happiness and Success*. New York: Atria Books, 2012.

Conley, Lucas. *OBD: Obsessive Branding Disorder: The Illusion of Business and the Business of Illusion*. New York: PublicAffairs, 2008.

Coontz, Stephanie. *The Way We Never Were: American Families and the Nostalgia Trap*. New York: Basic Books, 2016.

Coppins, McKay. "The Billion-Dollar Disinformation Campaign to Reelect the President: How New Technologies and Techniques Pioneered by Dictators Will Shape the 2020 Election." *Atlantic*, March 2020. https://www.theatlantic.com/magazine/archive/2020/03/the-2020-disinformation-war/605530.

Corwin, Andrew, dir. "The Plot to Overthrow FDR." *History's Mysteries*. Weller/

Grossman Productions, History Channel, 1998. 46 min.

Cronquist, Kathryn. "Office of Policy Support, Characteristics of Supplemental Nutrition Assistance Program Households: Fiscal Year 2019." US Department of Agriculture, Food and Nutrition Service. Barbara Murphy, project officer. Alexandria, VA: 2021. https://www.fns.usda.gov/sites/default/files/resource-files/Characteristics2019.pdf.

Curtis, Adam, dir. *The Century of the Self*. RDF Television, BBC, 2002.

"Debunking the Voter Fraud Myth." Brennan Center for Justice, January 31, 2017. https://www.brennancenter.org/our-work/research-reports/debunking-voter-fraud-myth.

DeGroot, Gerard. *Selling Ronald Reagan: The Emergence of a President*. London: I. B. Tauris, 2015.

Denvir, Daniel. "A Short History of the War on Christmas." *Politico* magazine, December 16, 2013. https://www.politico.com/magazine/story/2013/12/war-on-christmas-short-history-101222.

DiAngelo, Robin. *White Fragility: Why It's So Hard for White People to Talk About Racism*. Boston: Beacon Press, 2018.

Dill-Shackleford, Karen. *How Fantasy Becomes Reality: Information and Entertainment Media in Everyday Life*. Oxford University Press, 2015.

Dionne, E. J., Jr. *Why the Right Went Wrong: Conservatism—from Goldwater to the Tea Party and Beyond*. New York: Simon & Schuster, 2016.

Dionne, E. J., Jr., Norman J. Ornstein, and Thomas E. Mann. *One Nation After Trump: A Guide for the Perplexed, the Disillusioned, the Desperate, and the Not-Yet Deported*. New York: St. Martin's Press, 2017.

Disinformation: A Primer in Russian Active Measures and Influence Campaigns, Panel I: Hearing Before the Select Comm. on Intelligence of the United States Senate, 115nth Cong. 40 (2017) (Clint Watts, Robert Fox Fellow at the Center for Cyber and Homeland Security at George Washington University). https://www.govinfo.gov/content/pkg/CHRG-115shrg25362/pdf/CHRG-115shrg25362.pdf.

Domonoske, Camila. "Fifty Years Ago, Sugar Industry Quietly Paid Scientists to Point Blame at Fat." *The Two-Way* (blog) NPR, September 13, 2016. https://www.npr.org/sections/thetwo-way/2016/09/13/493739074/50-years-ago-sugar-industry-quietly-paid-scientists-to-point-blame-at-fat.

"Donald Trump's Pending Lawsuits and His Presidency." BBC News, November 18, 2016. https://www.bbc.com/news/election-us-2016-37956018.

Doss, Dan. "Growing Consensus that the United States Is Experiencing Democratic Backsliding." Democratic Erosion, November 30, 2021. https://www.democratic-erosion.com/2021/11/30/growing-consensus-that-the-united-states-is-experiencing-democratic-backsliding.

Draut, Tamara. *Strapped: Why America's 20- and 30-Somethings Can't Get Ahead*. New York: Doubleday, 2006.

Drum, Kevin. "Why Did Democrats Lose the White South?" *Kevin Drum* (blog), *Mother Jones*, November 25, 2015. https://www.motherjones.com/kevin-drum/2015/11/why-did-democrats-lose-white-south.

Dunbar-Ortiz, Roxanne. *Loaded: A Disarming History of the Second Amendment*. San Francisco: City Lights Books 2018.

Dutta, Pradyuth. "How Advertising Invented 'Coffee Break' in 1950s?" LinkedIn, November 14, 2019. https://www.linkedin.com/pulse/how-advertising-invented-coffee-break-1950s-pradyuth-dutta.

Dutton, Kevin. *Black-and-White Thinking: The Burden of a Binary Brain in a Complex World*. New York: Farrar, Straus and Giroux, 2021.

DuVernay, Ava, dir. *13th*. Kandoo Films, 2016. 1 hr. 40 min.

Eddy, Bill. *Why We Elect Narcissists and Sociopaths and How We Can Stop!* Oakland, CA: Berrett-Koehler Publishers, 2019.

Edsall, Thomas Byrne, and Mary D. Edsall. *Chain Reaction: The Impact of Race, Rights, and Taxes on American Politics*. New York: W. W. Norton, 1991.

Ehrenreich, Barbara. *Fear of Falling: The Inner Life of the Middle Class*. New York: Pantheon, 1989.

———. *This Land Is Their Land: Reports from a Divided Nation*. New York: Metropolitan Books, 2008.

Ehrlichman, John. *Witness to Power: The Nixon Years*. New York: Simon and Schuster, 1982.

"EPA Actions to Protect the Public from Exposure to Asbestos." United States Environmental Protection Agency. https://www.epa.gov/asbestos/epa-actions-protect-public-exposure-asbestos.

Ewen, Stuart. *PR! A Social History of Spin*. New York: Basic Books, 1996.

"The Faces of Asbestos Exposure." Asbestos.com. https://www.asbestos.com/featured-stories/the-faces-of-asbestos-exposure.

Fahel, Dianna. "Chronic Lead Exposure: A Non-Traumatic Brain Injury." Brain Injury Association of America, May 3, 2017. https://www.biausa.org/public-affairs/public-awareness/news/chronic-lead-exposure-a-non-traumatic-brain-injury.

Falk, William. "Why Fox News Was Created." *Week*, November 22, 2019. https://theweek.com/articles/880107/why-fox-news-created.

Faludi, Susan. *Backlash: The Undeclared War Against Women*. New York: Crown Books, 1991.

Fergus, Devin. "My Students Pay Too Much for College. Blame Reagan." *Washington Post*, September 2, 2014. https://www.washingtonpost.com/posteverything/wp/2014/09/02/my-students-pay-too-much-for-college-blame-reagan.

Filipovic, Jill. *OK, Boomer, Let's Talk: How My Generation Got Left Behind*. New York: Atria, 2020.

Florida, Richard. *The New Urban Crisis: How Our Cities Are Increasing Inequality, Deepening Segregation, and Failing the Middle Class—and What We Can Do About It*. New York: Basic Books, 2017.

———. *The Rise of the Creative Class: And How It's Transforming Work, Leisure, Community and Everyday Life*. New York: Basic Books, 2002.

Forbes, Stefan, dir. *Boogie Man: The Lee Atwater Story*. Inter Positivity Media, 2008, 1 hr. 27 min.

Foroohar, Rana. *Makers and Takers: The Rise of Finance and the Fall of American Business*. New York: Crown Business, 2016.

Forsyth, Mark. *Etymologicon: A Circular Stroll Through the Hidden Connections of the English Language*. London: Icon Books, 2011.

Fox, Elaine. *Rainy Brain, Sunny Brain: How to Retrain Your Brain to Overcome Pessimism and Achieve a More Positive Outlook*. New York: Basic Books, 2012.

Frakt, Austin. "Reagan, Deregulation and America's Exceptional Rise in Health Care Costs." *New York Times*, June 4, 2018. https://www.nytimes.com/2018/06/04/upshot/reagan-deregulation-and-americas-exceptional-rise-in-health-care-costs.html.

Frances, Allen. *Twilight of American Sanity: A Psychiatrist Analyzes the Age of Trump*. New York: William Morrow, 2017.

Frank, Robert H. *Under the Influence: Putting Peer Pressure to Work*. Princeton University Press, 2020.

Frank, Thomas. *What's the Matter with Kansas? How Conservatives Won the Heart of America*. New York: Metropolitan Books, 2004.

Friedman, Benjamin M. *Religion and the Rise of Capitalism*. New York: Knopf, 2021.

Gallagher, Gary W., and Alan T. Nolan. *The Myth of the Lost Cause and Civil War History*. Bloomington: Indiana University Press, 2000.

Gardner, Daniel. *The Science of Fear: Why We Fear Things We Shouldn't*. New York: Dutton, 2008.

Gates, Henry Louis, Jr. *Stony the Road: Reconstruction, White Supremacy, and the Rise of Jim Crow*. New York: Penguin, 2019.

Gidfar, Mansur. "Corruption is Legal in America." RepresentUs. https://www.youtube.com/watch?v=5tu32CCA_lg&list=PLKePI0ZbnT69klhhdVXnd9-eF-dx5ilh5W&t=1s.

Gladstone, Brooke, host. "Hot Coffee." On the Media, NPR, July 7, 2011. https://www.wnycstudios.org/podcasts/otm/segments/145272-hot-coffee.

Glassner, Barry. *The Culture of Fear: Why Americans Are Afraid of the Wrong Things*. 10th anniversary ed. New York: Basic Books, 2009.

Gomez, Alan. "Fact-checking Trump Officials: Most Drugs Enter Us Through Legal Ports of Entry, Not Vast, Open Border." *USA Today*, January 26, 2019. https://www.usatoday.com/story/news/politics/2019/01/16/fact-check-mike-pence-donald-trump-drugs-crossing-southern-border-wall/2591279002.

Gonick, Larry, and Tim Kasser. *Hyper-Capitalism: The Modern Economy, Its Values, and How to Change Them.* New York: New Press, 2018.

Goodwin, Michael. *Economix: How Our Economy Works (and Doesn't Work), in Words and Pictures.* New York: Abrams ComicArts 2012.

Gordon, Linda. *The Second Coming of the KKK: The Ku Klux Klan of the 1920s and the American Political Tradition.* New York: Liveright, 2017.

Gottschall, Jonathan. *The Story Paradox: How Our Love of Storytelling Builds Societies and Tears Them Down.* New York: Basic Books, 2021.

———. *The Storytelling Animal: How Stories Make Us Human.* Boston: Houghton Mifflin Harcourt, 2012.

Grandin, Greg. *The End of the Myth: From the Frontier to the Border Wall in the Mind of America.* New York: Metropolitan Books, 2019.

Grant, Adam. *Think Again: The Power of Knowing What You Don't Know.* New York: Viking, 2021.

Grant, John. *Debunk It! How to Stay Sane in a World of Misinformation.* Minneapolis: Zest Books, 2015.

Gray, Glenn. "Why Public Relations Agencies Are Evolving." *Forbes,* July, 21, 2017. https://www.forbes.com/sites/forbescommunicationscouncil/2017/07/21/why-public-relations-agencies-are-evolving/?sh=2a0e1d2217f4.

Green, Mark, and Gail MacColl. *Reagan's Reign of Error: The Instant Nostalgia Edition.* New York: Pantheon Books, 1987.

Green, Matthew. "Reefer Madness! The Twisted History of America's Marijuana Laws." KQED, January 5, 2018. https://www.kqed.org/lowdown/24153/reefer-madness-the-twisted-history-of-americas-weed-laws.

Greenberg, David. *Republic of Spin: An Inside History of the American Presidency.* New York: W. W. Norton, 2016.

Greenberg, Stanley B. *R.I.P. G.O.P.: How the New America Is Dooming the Republicans.* New York: Thomas Dunne Books, 2019.

Greenblatt, Jonathan. *It Could Happen Here: Why America Is Tipping from Hate to the Unthinkable—And How We Can Stop It.* Boston: Mariner Books, 2022.

Griffith, Robert. "The Selling of America: The Advertising Council and American Politics, 1942–1960." *Business History Review* 57 no. 3 (Autumn 1983): 388–412. Published online by Cambridge University Press, June 11, 2012. https://www.cambridge.org/core/journals/business-history-review/article/abs/selling-of-america-the-advertising-council-and-american-politics-19421960/FD882140447065C31D46F1118A486C7A.

Grimberg, Sharon, dir. "McCarthy: Power Feeds on Fear." *American Experience*, PBS, 2020. 1 hr. 50 min.

Gross, Terry, host. "Book Chronicles the Building of Roger Ailes' Fox News Empire." *Fresh Air*, NPR, January 16, 2014. https://www.npr.org/2014/01/16/263063731/book-chronicles-the-building-of-roger-ailes-fox-news-empire.

Gutstein, Donald. *Not a Conspiracy Theory: How Business Propaganda Hijacks Democracy.* Toronto: Key Porter Books, 2009.

Guynn, Jessica. "From COVID-19 to Voting: Trump Is Nation's Single Largest Spreader of Disinformation, Studies Say." *USA Today*, updated October 6, 2020. https://www.usatoday.com/story/tech/2020/10/05/trump-covid-19-coronavirus-disinformation-facebook-twitter-election/3632194001.

Haag, Pamela. *The Gunning of America: Business and the Making of American Gun Culture.* New York: Basic Books, 2016.

Hacker, Jacob S., and Paul Pierson. *American Amnesia: How the War on Government Led Us to Forget What Made America Prosper.* New York: Simon & Schuster, 2016.

Haidt, Jonathan. *The Righteous Mind: Why Good People Are Divided by Politics and Religion.* New York: Pantheon Books, 2012.

Hanauer, Nick. "The Pitchforks Are Coming . . . For Us Plutocrats." *Politico* magazine, July/August 2014. https://www.politico.com/magazine/story/2014/06/the-pitchforks-are-coming-for-us-plutocrats-108014.

Handel, Steven. "The Us vs. Them Mentality: How Group Thinking Can Irrationally Divide Us." The Emotion Machine. https://www.theemotionmachine.com/the-us-vs-them-mentality-how-group-thinking-can-irrationally-divide-us.

Harari, Yuval Noah. *Sapiens: A Brief History of Humankind.* New York: Harper, 2015.

Hartmann, Thom. *The Crash of 2016: The Plot to Destroy America—and What We Can Do to Stop It.* New York: Twelve, 2013.

———. *Screwed: The Undeclared War Against the Middle Class—and What We Can Do About It.* San Francisco: Berrett-Koehler Publishers, 2006.

Harvey, David. *A Brief History of Neoliberalism.* Oxford University Press, 2007.

Hayes, Adam. "Important Features of Capitalism." Investopedia, updated June 1, 2021. https://www.investopedia.com/ask/answers/040715/what-are-most-important-aspects-capitalist-system.asp.

Hayes, Chris. *Twilight of the Elites: America After Meritocracy.* New York: Crown, 2012.

"Health Consequences of Smoking, Surgeon General Fact Sheet." Office of the Surgeon General, U.S. Department of Health and Human Services. https://www.hhs.gov/surgeongeneral/reports-and-publications/tobacco/consequences-smoking-factsheet/index.html.

Heath, Chip, and Karla Starr. *Making Numbers Count: The Art and Science of Communicating Numbers.* New York: Simon & Schuster, 2022.

Hedges, Chris. *America: The Farewell Tour.* New York: Simon & Schuster, 2018.

———. *Empire of Illusion: The End of Literacy and the Triumph of Spectacle.* New York: Nation Books, 2010.

———. *Wages of Rebellion: The Moral Imperative of Revolt.* New York: Nation Books, 2015.

Hedges, Chris, with David Talbot. *Unspeakable: Chris Hedges on the Most Forbidden Topics in America.* New York: Hot Books, 2016.

Heffernan, Margaret. *Willful Blindness: Why We Ignore the Obvious at Our Peril.* London: Walker, 2012.

Henderson, Rebecca. *Reimagining Capitalism in a World on Fire.* New York: PublicAffairs, 2020.

Herman, Edward S. *Beyond Hypocrisy: Decoding the News in an Age of Propaganda.* Boston: South End Press, 1992.

Hernandez, Tony. "A Brief History of Anti-Immigrant Propaganda." Immigrant Archive Project. https://immigrantarchiveproject.org/brief-history-anti-immigrant-propaganda.

Hertsgaard, Mark. *On Bended Knee: The Press and the Reagan Presidency.* New York: Farrar, Straus & Giroux, 1988.

Hester, Jessica. "A Brief History of the Coffee Break." *CityLab* (blog), Bloomberg, September 29, 2015. https://www.bloomberg.com/news/articles/2015-09-29/a-brief-history-of-the-office-coffee-break.

Hett, Benjamin Carter. *The Death of Democracy: Hitler's Rise to Power and the Downfall of the Weimar Republic.* New York: Henry Holt, 2018.

Higdon, Nolan, and Mickey Huff. *United States of Distraction: Media Manipulation in Post-Truth America (and What We Can Do About It).* San Francisco: City Lights Books, 2019.

Higgs, Kerryn. "A Brief History of Consumer Culture." MIT Press Reader, January 11, 2021. https://thereader.mitpress.mit.edu/a-brief-history-of-consumer-culture.

Hinton, Elizabeth. *America on Fire: The Untold History of Police Violence and Black Rebellion Since the 1960s.* New York: Liveright, 2021.

———. *From the War on Poverty to the War on Crime: The Making of Mass Incarceration in America.* Cambridge, MA: Harvard University Press, 2016.

Hirschman, David. "A New Wave of Affluence." Ad Age Insights white paper, 2011. https://s3-prod.adage.com/s3fs-public/the_new_wave_of_affluence.

pdf.

Hitchens, Christopher. "Not Even a Hedgehog: The Stupidity of Ronald Reagan." *Slate*, June 7, 2004. https://slate.com/news-and-politics/2004/06/the-stupidity-of-ronald-reagan.html.

Hitler, Adolf. *Mein Kampf*, trans. James Murphy. Elite Minds Inc., 2010.

Hofstadter, Richard. *Anti-Intellectualism in American Life*. New York: Vintage, 1966.

———. *The Paranoid Style in American Politics*. New York: Alfred A. Knopf, 1966.

Holiday, Ryan. *Trust Me, I'm Lying: Confessions of a Media Manipulator*.

New York: Portfolio, 2012.

Holzer, Harold. *The Presidents vs. the Press: The Endless Battle Between the White House and the Media—from the Founding Fathers to Fake News*. New York: Dutton, 2020.

Howard, Philip N. *Lie Machines: How to Save Democracy from Troll Armies, Deceitful Robots, Junk News Operations, and Political Operatives*. New Haven, CT: Yale University Press, 2020.

"How Many People Pay the Estate Tax?" Tax Policy Center, May 2020. https://www.taxpolicycenter.org/briefing-book/how-many-people-pay-estate-tax.

Huft, Randall. "The Second Greatest Story Ever Sold." *MG* magazine, April 1, 2020. https://mgretailer.com/business/marketing-promo/the-second-greatest-story-ever-sold.

Hunter, Rosie, and Chuck Collins. "'Death Tax' Deception." *Dollars & Sense*, January/February 2003. http://www.dollarsandsense.org/archives/2003/0103hunter.html.

"Inside the Tobacco Deal: Full Chronology." *Frontline*. PBS https://www.pbs.org/wgbh/pages/frontline/shows/settlement/timelines/fullindex.html.

"Interview: Frank Luntz." *Frontline*. PBS, November 9, 2004. https://www.pbs.org/wgbh/pages/frontline/shows/persuaders/interviews/luntz.html.

Isenberg, Nancy. *White Trash: The 400-Year Untold History of Class in America*. New York: Viking, 2016.

Jack, Albert. *Loch Ness Monsters and Raining Frogs: The World's Most Puzzling Mysteries Solved*. New York: Random House, 2009.

Jackson, Brooks, and Kathleen Hall Jamieson. *Unspun: Finding Facts in a World of Disinformation*. New York: Random House, 2007.

Jaffe, Sarah. *Necessary Trouble: Americans in Revolt*. New York: Nation Books, 2016.

Jardina, Ashley. *White Identity Politics*. Cambridge Studies in Public Opinion and Political Psychology. Cambridge University Press, 2019.

Jennings, Ken. *Because I Said So: The Truth Behind the Myths, Tales, and Warnings Every Generation Passes Down to Its Kids*. New York: Scribner, 2012.

Johnson, Daryl. *Hateland: A Long, Hard Look at America's Extremist Heart*. Amherst, NY: Prometheus, 2019.

Johnson, Haynes. *Sleepwalking Through History: America in the Reagan Years*. New York: W. W. Norton, 1991.

Johnson, Steven. *Future Perfect: The Case for Progress in a Networked Age*. New York: Riverhead Books, 2012.

Johnson, Theodore R., and Max Feldman "The New Voter Suppression." Brennan Center for Justice, January 16, 2020. https://www.brennancenter.org/our-work/research-reports/new-voter-suppression.

Johnston, Carla B. *Screened Out: How the Media Control Us and What We Can Do About It*. Florence, KY: Taylor & Francis, 2016.

Johnston, David Cay. *The Big Cheat: How Donald Trump Fleeced America and Enriched Himself and His Family*. New York: Simon & Schuster, 2021.

———. *Divided: The Perils of Our Growing Inequality*. New York: New Press, 2014.

———. *The Fine Print: How Big Companies Use Plain English to Rob You Blind*. New York: Portfolio, 2012.

———. *It's Even Worse Than You Think: What the Trump Administration Is Doing to America*. New York: Simon & Schuster, 2018.

Jones, Reece. *White Borders: The History of Race and Immigration in the United States from Chinese Exclusion to the Border Wall*. Boston: Beacon Press, 2021.

Jones, Robert P. "Racism Among White Christians Is Higher Than Among the Nonreligious. That's No Coincidence." NBC News, July 27, 2020. https://www.nbcnews.com/think/opinion/racism-among-white-christians-higher-among-nonreligious-s-no-coincidence-ncna1235045.

———. *White Too Long: The Legacy of White Supremacy in American Christianity*. New York: Simon & Schuster, 2020.

Jones, Sarah. "How to Manufacture a Moral Panic: Christopher Rufo Helped Incite an Uproar over Racism Education with Dramatic, Dodgy Reporting. *New York* magazine, July 11, 2021. https://nymag.com/intelligencer/2021/07/christopher-rufo-and-the-critical-race-theory-moral-panic.html.

Jordan, Mary. "Was Loch Ness Monster Actually an Elephant?" NBC News, March 7, 2006. https://www.nbcnews.com/id/wbna11718476.

Kahneman, Daniel. *Thinking, Fast and Slow*. New York: Farrar, Strauss, and Giroux, 2011.

Kakutani, Michiko. *The Death of Truth: Notes on Falsehood in the Age of Trump*. New York: Tim Duggan Books, 2018.

Katz, Alyssa. *The Influence Machine: The U.S. Chamber of Commerce and the Corporate Capture of American Life*. New York: Random House, 2015.

Kavanagh, Jennifer, and Michael D. Rich. *Truth Decay: An Initial Exploration of the Diminishing Role of Facts and Analysis in American Public Life*. Santa Monica, CA: Rand Corporation, 2018.

Kavoussi, Bonnie. "How Market Power Has Increased US Inequality." Washington Center for Equitable Growth, May 3, 2019. https://equitablegrowth.org/how-market-power-has-increased-u-s-inequality.

Keane, John. *The Life and Death of Democracy*. New York: W. W. Norton, 2009.

Keltner, Dacher. *The Power Paradox: How We Gain and Lose Influence*. New York: Penguin, 2016.

Kendzior, Sarah. *Hiding in Plain Sight: The Invention of Donald Trump and the Erosion of America*. New York: Flatiron Books, 2020.

———. *The View from Flyover Country: Dispatches from the Forgotten America*. New York: Flatiron Books, 2018.

Kitman, Jamie Lincoln. "The Secret History of Lead." *Nation*, July 3, 2000. https://www.thenation.com/article/archive/secret-history-lead.

Kitty, Alexandra. *Outfoxed: Rupert Murdoch's War on Journalism*. New York: Disinformation, 2005.

Klaas, Brian. *Corruptible: Who Gets Power and How It Changes Us*. New York: Scribner, 2021.

———. *The Despot's Apprentice: Donald Trump's Attack on Democracy*. New York: Hot Books, 2017.

Klein, Ezra. *Why We're Polarized*. New York: Avid Reader, 2020.

Klein, Naomi. *The Shock Doctrine: The Rise of Disaster Capitalism*. New York: Picador, 2008.

Kleinknecht, William. *The Man Who Sold the World: Ronald Reagan and the Betrayal of Main Street America*. New York: Nation Books, 2010.

Klobuchar, Amy. *Antitrust: Taking on Monopoly Power from the Gilded Age to the Digital Age*. New York: Knopf, 2021.

Klosterman, Chuck. *But What If We're Wrong?: Thinking About the Present As If It Were the Past*. New York: Blue Rider Press, 2016.

Konish, Lorie. "This Is the Real Reason Most Americans File for Bankruptcy." CNBC, February 11, 2019. https://www.cnbc.com/2019/02/11/this-is-the-real-reason-most-americans-file-for-bankruptcy.html.

Kornbluth, Jacob, dir. *Inequality for All*. 72 Productions, 2013. 1 hr. 30 min.

Kovach, Bill, and Tom Rosenstiel. *Blur: How to Know What's True in the Age of Information Overload*. New York: Bloomsbury, 2010.

Kucharski, Adam. *The Rules of Contagion: Why Things Spread—and Why They Stop.* New York: Basic Books, 2020.

Kwak, James. *Economism: Bad Economics and the Rise of Inequality.* New York: Pantheon, 2016.

Laackman, Dale W. *Selling Hate: Marketing the Ku Klux Klan.* Athens: University of Georgia Press, 2020.

Lakoff, George. *The Political Mind: A Cognitive Scientist's Guide to Your Brain and Its Politics.* London: Penguin, 2008.

Lee, Bandy. *The Dangerous Case of Donald Trump: 27 Psychiatrists and Mental Health Experts Assess a President.* New York: Thomas Dunne Books, 2017.

Leonard, Christopher. *Kochland: The Secret History of Koch Industries and Corporate Power in America.* New York: Simon & Schuster, 2019.

Leslie, Ian. "The Sugar Conspiracy." *Guardian*, April 7, 2016. https://www.theguardian.com/society/2016/apr/07/the-sugar-conspiracy-robert-lustig-john-yudkin.

Levin, Josh. *The Queen: The Forgotten Life Behind an American Myth.* New York: Little, Brown and Company, 2019.

———. "The Welfare Queen." *Slate*, December 19, 2013. http://www.slate.com/articles/news_and_politics/history/2013/12/linda_taylor_welfare_queen_ronald_reagan_made_her_a_notorious_american_villain.html.

Levinson, Cynthia, and Sanford Levinson. *Fault Lines in the Constitution: The Framers, Their Fights, and the Flaws That Affect Us Today.* Atlanta: Peachtree Publishing, 2019.

Levitsky, Steven, and Daniel Ziblatt. *How Democracies Die.* New York: Crown, 2018.

Levy, Jonathan. *Ages of American Capitalism: A History of the United States.* New York: Random House, 2021.

Lewis, Charles. *935 Lies: The Future of Truth and the Decline of America's Moral Integrity.* New York: PublicAffairs, 2014.

Lewis, Jason. "Why Asbestos Is Still in Use: A Political History of Asbestos in the US." Environmental Testing and Training NorthWest, March 25, 2019. https://ettnw.com/asbestos/political-history.

Lichtblau, Eric, and David E. Sanger. "August '01 Brief Is Said to Warn of Attack Plans." *New York Times*, April 10, 2004. https://www.nytimes.com/2004/04/10/us/august-01-brief-is-said-to-warn-of-attack-plans.html.

Lieber, Mark. "US Deaths from Lead Exposure 10 Times Higher Than Thought, Study Suggests." CNN, March 12, 2018. https://www.cnn.com/2018/03/12/health/lead-exposure-cardiovascular-disease-study/index.html.

Lippmann, Walter. *Public Opinion.* New York: Harcourt, Brace and Company, 1922.

Litt, David. *Democracy in One Book or Less: How It Works, Why It Doesn't, and Why Fixing It Is Easier Than You Think.* New York: Ecco, 2020.

Longley, Kyle, Jeremy D. Mayer, Michael Schaller, and John W. Sloan. *Deconstructing Reagan: Conservative Mythology and America's Fortieth President.* Armonk, NY: M. E. Sharpe, 2007.

López, Ian Haney. *Dog Whistle Politics: How Coded Racial Appeals Have Reinvented Racism and Wrecked the Middle Class.* New York: Oxford University Press, 2014.

———. "How the GOP Became the 'White Man's Party.'" *Salon*, December 22, 2013. https://www.salon.com/2013/12/22/how_the_gop_became_the_white_mans_party.

———. *Merge Left: Fusing Race and Class, Winning Elections, and Saving America.* New York: New Press, 2019.

Lucks, Daniel S. *Reconsidering Reagan: Racism, Republicans, and the Road to Trump.* Boston: Beacon Press, 2020.

Lukianoff, Greg, and Jonathan Haidt. *The Coddling of the American Mind: How Good Intentions and Bad Ideas Are Setting Up a Generation for Failure.* London: Allen Lane, 2018.

Luntz, Frank. "The New American Lexicon." Memorandum, 2006.

———. "Winning the Global Warming Debate - An Overview." Memorandum, 2002. https://www.sourcewatch.org/images/4/45/LuntzResearch.Memo.pdf.

———. *Words that Work: It's Not What You Say, It's What People Hear.* New York: Hyperion, 2007.

Lustig, Robert H. *The Hacking of the American Mind: The Science Behind the Corporate Takeover of Our Bodies and Brains.* New York: Avery, 2017.

Lutz, William. *Doublespeak: From Revenue Enhancement to Terminal Living: How Government, Business, Advertisers, and Others Use Language to Deceive You.* New York: Harper & Row, 1989.

MacLean, Nancy. *Democracy in Chains: The Deep History of the Radical Right's Stealth Plan for America.* New York: Viking, 2017.

Mann, Michael E. *The New Climate War: The Fight to Take Back Our Planet.* New York: PublicAffairs, 2021.

Mann, Ron, dir. *Grass: The History of Marijuana.* HVE Entertainment, 1999. 1 hr. 18 min.

Mansfield, Matt. "Startup Statistics—The Numbers You Need to Know." Small Business Trends, updated December 27, 2021. https://smallbiztrends.com/2019/03/startup-statistics-small-business.html.

Manson, Mark. *Everything Is F*cked: A Book About Hope.* New York: Harper, 2019.

Marano, Hara Estroff. "Our Brain's Negative Bias." *Psychology Today*, June 20, 2003. https://www.psychologytoday.com/intl/articles/200306/our-brains-negative-bias.

"Marijuana Timeline." *Frontline.* PBS. https://www.pbs.org/wgbh/pages/frontline/shows/dope/etc/cron.html.

Markovits, Daniel. *The Meritocracy Trap: How America's Foundational Myth Feeds Inequality, Dismantles the Middle Class, and Devours the Elite.* London: Penguin, 2019.

Markowitz, Gerald, and David Rosner. "'Cater to the Children': The Role of the Lead Industry in a Public Health Tragedy, 1900–1955." *American Journal of Public Health* 90, no. 1 (January 2000): 36–46. https://ajph.aphapublications.org/doi/pdf/10.2105/AJPH.90.1.36.

———. "'Unleashed on an Unsuspecting World': The Asbestos Information Association and Its Role in Perpetuating a National Epidemic." *American Journal of Public Health* 106, no. 5 (May 2016): 834–40. https://www.ncbi.nlm.nih.gov/pmc/articles/PMC4985074.

Mason, Lilliana. *Uncivil Agreement: How Politics Became Our Identity.* University of Chicago Press, 2018.

Massey, Douglas. "Donald Trump's Mexican Border Wall Is a Moronic Idea." *Foreign Policy*, August 18, 2015. https://foreignpolicy.com/2015/08/18/donald-trump-immigration-border.

"Master Settlement Agreement." Truth Initiative. https://truthinitiative.org/who-we-are/our-history/master-settlement-agreement.

Matthews, Dylan. "No, Really, George W. Bush Lied About WMDs." *Vox*, July 9, 2016. https://www.vox.com/2016/7/9/12123022/george-w-bush-lies-iraq-war.

Maxwell, Angie. *The Indicted South: Public Criticism, Southern Inferiority, and the Politics of Whiteness.* Chapel Hill: University of North Carolina Press, 2014.

Maxwell, Angie, and Todd Shields. *The Long Southern Strategy: How Chasing White Voters in the South Changed American Politics.* New York: Oxford University Press, 2019.

Mayer, Jane. *Dark Money: The Hidden History of the Billionaires Behind the Rise of the Radical Right.* New York: Doubleday, 2016.

———. "The Secrets of Charles Koch's Political Ascent." *Politico*, January 18, 2016. https://www.politico.com/magazine/story/2016/01/charles-koch-political-ascent-jane-mayer-213541.

Mayer, Jeremy D. *Running on Race: Racial Politics in Presidential Campaigns, 1960–2000.* New York: Random House, 2002.

Mazzucato, Mariana. *The Value of Everything: Making and Taking in the Global Economy.* New York: PublicAffairs, 2018.

McCarthy, Niall. "The War on Terror Has Cost Taxpayers $1.7 Trillion." *Forbes*, February 3, 2015. https://www.forbes.com/sites/niallmccarthy/2015/02/03/the-war-on-terror-has-cost-taxpayers-1-7-trillion-infographic.

McChesney, Robert. *Rich Media, Poor Democracy: Communication Politics in Dubious Times*. 2nd ed. New York: New Press, 2016.

McClellan, Scott. *What Happened: Inside the Bush White House and Washington's Culture of Deception*. New York: PublicAffairs, 2008.

McGinniss, Joe. *The Selling of the President: 1968*. San Francisco: Byliner, 2012.

McIntosh, Peggy. "White Privilege: Unpacking the Invisible Knapsack." https://hd.ingham.org/Portals/HD/White%20Priviledge%20Unpacking%20the%20Invisible%20Knapsack.pdf.

McIntyre, Lee. *Post-Truth*. MIT Press Essential Knowledge Series. Cambridge, MA: MIT Press, 2018.

McKee, Robert. *Story: Substance, Structure, Style, and the Principles of Screenwriting*. Los Angeles: ReganBooks, 1997.

McRaney, David. *You Are Not So Smart: Why You Have Too Many Friends on Facebook, Why Your Memory Is Mostly Fiction, and 46 Other Ways You're Deluding Yourself*. New York: Dutton, 2011.

Mekelburg, Madlin. "United States Racks Up $100 Million in Debt Every Hour." *Austin American-Statesman*, February 28, 2019. https://www.statesman.com/story/news/state/2019/02/28/fact-check-how-much-does-national-debt-grow-by-hour/5787864007.

Melillo, Wendy. *How McGruff and the Crying Indian Changed America: A History of Iconic Ad Council Campaigns*. Washington, DC: Smithsonian Books, 2013.

Mendelberg, Tali. *The Race Card: Campaign Strategy, Implicit Messages, and the Norm of Equality*. Princeton University Press, 2001.

Metzl, Jonathan M. *Dying of Whiteness: How the Politics of Racial Resentment Is Killing America's Heartland*. New York: Basic Books, 2019.

Michaels, David. *Doubt Is Their Product: How Industry's Assault on Science Threatens Your Health*. Oxford University Press, 2008.

———. *The Triumph of Doubt: Dark Money and the Science of Deception*. New York: Oxford University Press, 2020.

Miller, Edward H. *Nut Country: Right-Wing Dallas and the Birth of the Southern Strategy*. University of Chicago Press, 2015.

Misra, Tanvi. "Mapping the Difference Between Minimum Wage and Cost of Living." *CityLab* (blog), Bloomberg, September 10, 2015. https://www.bloomberg.com/news/articles/2015-09-10/mapping-the-gap-between-minimum-wage-and-cost-of-living-in-u-s-counties-and-cities.

Mixed Signals: The Administration's Policy on Marijuana, Part Two: Hearing before the Subcommittee on Government Operations of the Committee on Oversight and Government Reform, House of Representatives, 113nth Cong. 2 (March 4, 2014). https://www.govinfo.gov/content/pkg/CHRG-113hhrg91225/html/CHRG-113hhrg91225.htm.

Molloy, Parker. "A War on Christmas Story: How Fox News Built the Dumbest Part of America's Culture War." Media Matters for America, December 23, 2019. https://www.mediamatters.org/war-christmas/war-christmas-story-how-fox-news-built-dumbest-part-americas-culture-war.

Monbiot, George. "Neoliberalism—the Ideology at the Root of All Our Problems." *Guardian*, April 15, 2016. https://www.theguardian.com/books/2016/apr/15/neoliberalism-ideology-problem-george-monbiot.

"Monopoly by the Numbers." Open Markets Institute. https://www.openmarketsinstitute.org/learn/monopoly-by-the-numbers.

Mooney, Chris. *The Republican Brain: The Science of Why They Deny Science—and Reality*. Hoboken, NJ: Wiley Publishing, 2012.

Moskowitz, P. E. *The Case Against Free Speech: The First Amendment, Fascism, and the Future of Dissent*. New York: Bold Type Books, 2019.

Natapoff, Alexandra. *Punishment Without Crime: How Our Massive Misdemeanor System Traps the Innocent and Makes America More Unequal*. New York: Basic Books, 2018.

Neiwert, David. *Alt-America: The Rise of the Radical Right in the Age of Trump*. London: Verso, 2017.

———. *Red Pill, Blue Pill: How to Counteract Conspiracy Theories That Are Killing Us*. Lanham, MD: Prometheus, 2020.

Nelson, Joyce. *Sultans of Sleaze: Public Relations and the Media*. Toronto: Between the Lines, 1989.

Nesbit, Jeff. *This Is the Way the World Ends: How Droughts and Die-Offs, Heat Waves and Hurricanes Are Converging on America*. New York: Thomas Dunne, 2018.

Nestle, Marion. *Unsavory Truth: How Food Companies Skew the Science of What We Eat*. New York: Basic Books, 2018.

"New Docs Detail How Feds Downplayed Ground Zero Health Risks." *ProPublica*, September 8, 2011. https://www.propublica.org/article/new-docs-detail-how-feds-downplayed-ground-zero-health-risks.

Newman, Daniel G. *Unrig: How to Fix Our Broken Democracy*. New York: First Second, 2020.

Nichols, Tom. *The Death of Expertise: The Campaign against Established Knowledge and Why It Matters*. New York: Oxford University Press, 2017.

"9/11 FAQs." 9/11 Memorial & Museum. https://www.911memorial.org/911-faqs.

Nosek, B. A., F. L. Smyth, J. J. Hansen, T. Devos, N. M. Lindner, K. A. Ratliff (Ranganath), C. T. Smith, et al. (2007). "Pervasiveness and correlates of implicit attitudes and stereotypes." *European Review of Social Psychology* 18: 36–88.

Nuccitelli, Dana. "Survey Finds 97% of Climate Science Papers Agree Warming Is Man-Made." *Guardian*, May 16, 2013. https://www.theguardian.com/environment/climate-consensus-97-per-cent/2013/may/16/climate-change-scienceofclimatechange.

O'Connor, Anahad. "How the Sugar Industry Shifted Blame to Fat." *New York Times*, September 12, 2016. https://www.nytimes.com/2016/09/13/well/eat/how-the-sugar-industry-shifted-blame-to-fat.html.

O'Connor, Cailin, and James Owen Weatherall. *The Misinformation Age: How False Beliefs Spread*. New Haven, CT: Yale University Press, 2019.

O'Donnell, Lawrence. *Playing with Fire: The 1968 Election and the Transformation of American Politics*. New York: Penguin, 2017.

Offit, Paul. *Pandora's Lab: Seven Stories of Science Gone Wrong*. Washington, DC: National Geographic, 2017.

Oluo, Ijeoma. *So You Want to Talk About Race*. New York: Seal Press, 2019.

O'Neil, Cathy. *Weapons of Math Destruction: How Big Data Increases Inequality and Threatens Democracy*. New York: Crown, 2016.

Oreskes, Naomi, and Erik M. Conway. *Merchants of Doubt: How a Handful of Scientists Obscured the Truth on Issues from Tobacco Smoke to Global Warming*. London: Bloomsbury Press, 2011.

Osnos, Evan. *Wildland: The Making of America's Fury*. New York: Farrar, Straus and Giroux, 2021.

Otis, Cindy L. *True or False: A CIA Analyst's Guide to Spotting Fake News*. New York: Feiwel & Friends, 2020.

Pacific Standard Staff. "Why It Took the U.S. Almost 80 Years to Ban Lead Pipes." *Pacific Standard*, updated June 14, 2017. https://psmag.com/news/why-it-took-the-u-s-almost-80-years-to-ban-lead-pipes.

Palast, Greg. *Billionaires and Ballot Bandits: How to Steal an Election in 9 Easy Steps*. New York: Seven Stories Press, 2012.

Papillion, Natalie. "Reefer Madness: The Racist Origins of Marijuana Prohibition." *The Equity Organization*, Medium, June 1, 2020. https://medium.com/equityorg/reefer-madness-the-racist-roots-of-marijuana-prohibition-37b9e7fb7d6c.

Parenti, Michael. *Inventing Reality: The Politics of News Media*. 2nd edition. New York: St Martin's Press, 1993.

Parry, Robert. "The Rise of the Right-Wing Media Machine." Fair.org, March 1995. https://fair.org/home/the-rise-of-the-right-wing-media-machine.

Paxton, Robert O. *The Anatomy of Fascism*. New York: Knopf, 2004.

Pearce, Matt. "A Brief History of How the American Public Was Sold on Toxic Lead." *Los Angeles Times*, February 5, 2016. https://www.latimes.com/nation/la-na-lead-pipes-20160204-story.html.

Perlstein, Rick. *Before the Storm: Barry Goldwater and the Unmaking of the American Consensus*. New York: Hill and Wang, 2001.

———. "Exclusive: Lee Atwater's Infamous 1981 Interview on the Southern Strategy." *Nation*, November 13, 2012. https://www.thenation.com/article/archive/exclusive-lee-atwaters-infamous-1981-interview-southern-strategy.

———. *The Invisible Bridge: The Fall of Nixon and the Rise of Reagan*. New York: Simon & Schuster, 2014.

———. *Reaganland: America's Right Turn 1976–1980*. New York: Simon & Schuster, 2020.

Perry, Roland. *Hidden Power: The Programming of a President*. New York: Beaufort Books, 1984.

Pettengill, Sierra, and Pacho Velez, dirs. *The Reagan Show*. CNN Films, 2017, 1 hr. 14 min.

Picciolini, Christian. *Breaking Hate: Confronting the New Culture of Extremism*. New York: Hachette Books, 2020.

Pierce, Charles P. *Idiot America: How Stupidity Became a Virtue in the Land of the Free*. New York: Doubleday, 2009.

Philippon, Thomas. *The Great Reversal: How America Gave Up on Free Markets*. Cambridge, MA: The Belknap Press of Harvard University Press, 2019.

Phillips, Tom. *Humans: A Brief History of How We F---ed It All Up*. Toronto: Hanover Square Press, 2019.

———. *Truth: A Brief History of Total Bullsh-t*. London: Wildfire, 2019.

Phillips-Fein, Kim. *Invisible Hands: The Making of the Conservative Movement from the New Deal to Reagan*. New York: W. W. Norton, 2009.

Pianin, Eric. "Why So Many Americans Are Trapped in 'Deep Poverty.'" *Fiscal Times*, May 8, 2015. https://www.thefiscaltimes.com/2015/05/08/Why-So-Many-Americans-Are-Trapped-Deep-Poverty.

Pinker, Steven. *Enlightenment Now: The Case for Reason, Science, Humanism, and Progress*. New York: Viking, 2018.

Plumer, Brad. "OECD: 'The Benefits of Economic Growth Do Not Trickle Down.'" *Washington Post*, December 5, 2011. https://www.washingtonpost.com/blogs/ezra-klein/post/oecd-inequality-is-growing-almost-everywhere/2011/12/05/gIQAqSbqWO_blog.html.

Pomerantsev, Peter. *This Is Not Propaganda: Adventures in the War Against Reality*. New York: PublicAffairs, 2019.

Porter, Eduardo. *American Poison: How Racial Hostility Destroyed Our Promise*. New York: Knopf, 2020.

———. *The Price of Everything: Finding Method in the Madness of What Things Cost*. New York: Portfolio, 2011.

Posner, Eric A. *The Demagogue's Playbook: The Battle for American Democracy from the Founders to Trump*. New York: All Points Books, 2020.

Powell, Lewis. "Attack on American Free Enterprise System." Memorandum, August 23, 1971. https://law2.wlu.edu/deptimages/Powell%20Archives/PowellMemorandumTypescript.pdf.

Pratkanis, Anthony, and Elliot Aronson. *Age of Propaganda: The Everyday Use and Abuse of Persuasion*. New York: Holt, 2001.

Proctor, Robert N. *Cancer Wars: How Politics Shapes What We Know and Don't Know About Cancer*. New York: Basic Books, 1995.

Proctor, Robert N., and Londa Schiebinger. *Agnotology: The Making and Unmaking of Ignorance*. Stanford University Press, 2008.

Putnam, Robert, and Shaylyn Romney Garrett. *The Upswing: How America Came Together a Century Ago and How We Can Do It Again*. New York: Simon & Schuster, 2020.

Rabin-Havt, Ari, and Media Matters. *Lies, Incorporated: The World of Post-Truth Politics*. New York: Anchor Books, 2016.

Rampton, Sheldon, and John Stauber. *Banana Republicans: How the Right Wing Is Turning America into a One-Party System*. New York: Jeremy P. Tarcher, 2004.

———. *Trust Us, We're Experts! How Industry Manipulates Science and Gambles with Your Future*. New York: Jeremy P. Tarcher, 2001.

Rank, Mark Robert, Lawrence M. Eppard, and Heather E. Bullock. *Poorly Understood: What America Gets Wrong About Poverty*. New York: Oxford University Press, 2021.

Ray, Michael. "Were the Nazis Socialists?" *Encyclopedia Britannica*. https://www.britannica.com/story/were-the-nazis-socialists.

Reid, Joy-Ann. *The Man Who Sold America: Trump and the Unraveling of the American Story*. New York: William Morrow, 2019.

Reich, Robert. *The Common Good*. New York: Knopf, 2018.

———. *Supercapitalism: The Transformation of Business, Democracy, and Everyday Life*. New York: Knopf, 2007.

———. *The System: Who Rigged It, How We Fix It*. New York: Knopf, 2020.

Rich, Andrew. "War of Ideas: Why Mainstream and Liberal Foundations and the Think Tanks They Support Are Losing in the War of Ideas in American Politics." *Stanford Social Innovation Review*, Spring 2005. https://www.ncfp.org/wp-content/uploads/2018/09/War-of-Ideas-SSIR-2005-war-of-ideas.pdf.

Rich, Frank Kelly. *The Greatest Story Ever Sold: The Decline and Fall of Truth in Bush's America*. London: Penguin, 2006.

Richardson, Heather Cox. *How the South Won the Civil War: Oligarchy, Democracy, and the Continuing Fight for the Soul of America*. New York: Oxford University Press, 2020.

Ritchie, Stuart. *Science Fictions: How Fraud, Bias, Negligence, and Hype Undermine the Search for Truth*. New York: Metropolitan Books, 2020.

Robin, Corey. *The Reactionary Mind: Conservatism from Edmund Burke to Sarah Palin*. New York: Oxford University Press, 2011.

Robinson, Nathan J. *Why You Should Be a Socialist*. New York: All Points Books, 2019.

Rosling, Hans, with Ola Rosling and Anna Rosling Rönnlund. *Factfulness: Ten Reasons We're Wrong About the World—and Why Things Are Better Than You Think*. New York: Flatiron Books, 2018.

Ross, Howard. *Everyday Bias: Identifying and Navigating Unconscious Judgments in Our Daily Lives*. Lanham, MD: Rowman & Littlefield, 2014.

Rude, Emelyn. "The Very Short History of Food Stamp Fraud in America." *Time*, March 30, 2017. https://time.com/4711668/history-food-stamp-fraud.

Rushkoff, Douglas. *Life, Inc.: How the World Became a Corporation and How to Take It Back*. New York: Random House, 2009.

———. *Throwing Rocks at the Google Bus: How Growth Became the Enemy of Prosperity*. New York: Portfolio, 2016.

Russert, Tim. "Interview with Vice President Dick Cheney." *Meet the Press*. NBC News. September 8, 2002. https://www.leadingtowar.com/PDFsources_claims_aluminum/2002_09_08_NBC.pdf.

Sachs, Jeffrey D. *The Price of Civilization: Reawakening American Virtue and Prosperity*. New York: Random House, 2011.

Safire, William. *Safire's Political Dictionary: An Enlarged, Up-to-Date Edition of The New Language of Politics*. New York: Random House, 1978.

Saladoff, Susan, dir. *Hot Coffee*. HBO Documentary Films, 2011. 1 hr. 28 min.

Sandel, Michael J. *Justice: What's the Right Thing to Do?* New York: Farrar, Straus and Giroux, 2009.

———. *The Tyranny of Merit: What's Become of the Common Good?* New York: Farrar, Straus and Giroux, 2020.

Sapolsky, Robert. *Behave: The Biology of Humans at Our Best and Worst*. New York: Penguin, 2017.

Sargent, Greg. *An Uncivil War: Taking Back Our Democracy in an Age of Trumpian Disinformation and Thunderdome Politics*. New York: Custom House, 2018.

Sarokin, David, and Jay Schulkin. *Missed Information: Better Information for Building a Wealthier, More Sustainable Future*. Cambridge, MA: MIT Press,

2016.

Satia, Priya. *Empire of Guns: The Violent Making of the Industrial Revolution.* New York: Penguin, 2018.

Schick, Nina. *Deepfakes: The Coming Infocalypse.* New York: Twelve, 2020.

Schwarz, Jon. "Nixon's Revenge: This Time, Republicans Are Ready to Fight Impeachment." *Intercept*, September 28, 2019. https://theintercept.com/2019/09/28/impeachment-republicans-nixon-watergate.

Seidel, Andrew L. *The Founding Myth: Why Christian Nationalism is Un-American.* New York: Sterling, 2019.

"Sept. 11 Attacks Are Still Killing First Responders 19 Years Later." ABC11 Eyewitness News, September 11, 2020. https://abc11.com/911-illness-deaths-after-new-york-firefighter/6418931.

Serwer, Adam. *The Cruelty Is the Point: The Past, Present, and Future of Trump's America.* London: One World, 2021.

Shalby, Colleen. "What's the Difference Between 'Looting' and 'Finding'? 12 Years After Katrina, Harvey Sparks a New Debate." *Los Angeles Times*, August 29, 2017. https://www.latimes.com/nation/la-na-harvey-20170829-story.html.

Shenkman, Rick. *Just How Stupid Are We? Facing the Truth About the American Voter.* New York: Basic Books, 2008.

Sherman, Gabriel. *The Loudest Voice in the Room: How the Brilliant, Bombastic Roger Ailes Built Fox News—and Divided a Country.* New York: Random House, 2014.

Shermer, Michael. *The Believing Brain: From Ghosts and Gods to Politics and Conspiracies—How We Construct Beliefs and Reinforce Them as Truths.* New York: Times Books, 2012.

Singal, Jesse. *The Quick Fix: Why Fad Psychology Can't Cure Our Social Ills.* New York: Farrar, Straus and Giroux, 2021.

Singer, Jessie. *There Are No Accidents: The Deadly Rise of Injury and Disaster—Who Profits and Who Pays the Price.* New York: Simon & Schuster, 2022.

Sitaraman, Ganesh. *The Crisis of the Middle-Class Constitution: Why Economic Inequality Threatens Our Republic.* New York: Knopf, 2017.

Smith, Ben. "Exclusive: RNC Document Mocks Donors, Plays on 'Fear.'" *Politico*, March 3, 2010. https://www.politico.com/story/2010/03/exclusive-rnc-document-mocks-donors-plays-on-fear-033866.

Smith, Ben, and Byron Tau. "Birtherism: Where It All Began." *Politico*, April 22, 2011. https://www.politico.com/story/2011/04/birtherism-where-it-all-began-053563.

Smith, Hedrick. *Who Stole the American Dream?* New York: Random House, 2012.

Smith, Tobin. *Foxocracy: Inside the Network's Playbook of Tribal Warfare.* New York: Diversion Books, 2019.

Smyth, Frank. *The NRA: The Unauthorized History.* New York: Flatiron Books, 2020.

Snyder, Timothy. *On Tyranny: Twenty Lessons from the Twentieth Century.* New York: Tim Duggan Books, 2017.

———. *The Road to Unfreedom: Russia, Europe, America.* New York: Tim Duggan Books, 2018.

Soechtig, Stephanie, dir. *Fed Up.* Atlas Films, 2014. 1 hr. 35 min.

Sorgatz, Rex. *The Encyclopedia of Misinformation: A Compendium of Imitations, Spoofs, Delusions, [. . .].* New York: Abrams, 2018.

Southwell, Brian G., Emily A. Thorson, and Laura Sheble, eds. *Misinformation and Mass Audiences.* Austin: University of Texas Press, 2018.

Sperling, John, Suzanne Helburn, Samuel George, John Morris, and Carl Hunt. *The Great Divide: Retro vs. Metro America.* Sausalito, CA: PoliPoint Press, 2004.

Sperling, John, Samuel George, and Suzanne Helburn. "The Great Divide: Retro vs. Metro America" C-SPAN, August 24, 2004. https://www.c-span.org/video/?154107-1/the-great-divide-retro-vs-metro-america.

Srinivasan, Bhu. *Americana: A 400-Year History of American Capitalism.* New York: Penguin, 2017.

Stack, Liam. "How the 'War on Christmas' Controversy Was Created." *New York Times*, December 19, 2016. https://www.nytimes.com/2016/12/19/us/war-on-christmas-controversy.html.

Stanley, Jason. *How Fascism Works: The Politics of Us and Them.* New York: Random House, 2018.

———. *How Propaganda Works.* Princeton University Press, 2015.

"Statistics From 9/11 and 15 Years Later." Never Forget Project. http://never-forgetproject.com/statistics.

Stauber, John, and Sheldon Rampton. *Toxic Sludge Is Good for You: Lies, Damn Lies, and the Public Relations Industry.* Monroe, ME: Common Courage Press, 1995.

Stelter, Brian. *Hoax: Donald Trump, Fox News, and the Dangerous Distortion of Truth.* New York: Atria/One Signal Publishers, 2020.

Stengel, Richard. *Information Wars: How We Lost the Global Battle Against Disinformation and What We Can Do About It.* New York: Atlantic Monthly Press, 2019.

Stevens, Stuart. *It Was All a Lie: How the Republican Party Became Donald Trump.* New York: Knopf, 2020.

Stevens-Davidowitz, Seth. *Everybody Lies: Big Data, New Data, and What the Internet Can Tell Us About Who We Really Are.* New York: Dey Street Books, 2017.

Stoller, Matt. *Goliath: The 100-Year War Between Monopoly Power and Democracy.* New York: Simon & Schuster, 2019.

Stone, Michael. "What Happened When American States Tried Providing Tuition-Free College." *Time*, April 4, 2016. https://time.com/4276222/free-college.

Strickland, Patrick. "Inside Owsley: America's poorest white county." *Al Jazeera*, November 8, 2016. https://www.aljazeera.com/features/2016/11/8/inside-owsley-americas-poorest-white-county.

Sullivan, Katie. "The Fox 'News' Lie." Media Matters for America, May 13, 2019. https://www.mediamatters.org/fox-news/fox-news-lie.

Sullivan, Margaret. *Ghosting the News: Local Journalism and the Crisis of American Democracy.* New York: Columbia Global Reports, 2020.

Sunstein, Cass R. *Can It Happen Here? Authoritarianism in America.* New York: Dey Street Books, 2018.

Suzuki, Wendy, with Billie Fitzpatrick. *Healthy Brain, Happy Life: A Personal Program to Activate Your Brain and Do Everything Better.* New York: Dey Street Books, 2015.

Taibbi, Matt. *Hate Inc.: Why Today's Media Makes Us Despise One Another.* New York: OR Books, 2019.

Tavris, Carol, and Elliot Aronson. *Mistakes Were Made (but Not by Me): Why We Justify Foolish Beliefs, Bad Decisions, and Hurtful Acts.* Orlando: Harcourt, 2007.

Teachout, Zephyr. *Break 'Em Up: Recovering Our Freedom from Big Ag, Big Tech, and Big Money.* New York: All Points Books, 2020.

———. *Corruption in America: From Benjamin Franklin's Snuff Box to Citizens United.* Cambridge, MA: Harvard University Press, 2014.

Teicholz, Nina. *The Big Fat Surprise: Why Butter, Meat, and Cheese Belong in a Healthy Diet.* New York: Simon & Schuster, 2014.

Temin, Peter. *The Vanishing Middle Class: Prejudice and Power in a Dual Economy.* Cambridge, MA: MIT Press, 2017.

"Ten Days After: Harassment and Intimidation in the Aftermath of the Election." Southern Poverty Law Center, November 29, 2016. https://www.splcenter.org/20161129/ten-days-after-harassment-and-intimidation-aftermath-election.

Tepper, Jonathan, with Denise Hearn. *The Myth of Capitalism: Monopolies and the Death of Competition.* Hoboken, NJ: John Wiley & Sons, 2019.

Tepperman, Jonathan. *The Fix: How Nations Survive and Thrive in a World in Decline.* New York: Crown, 2016.

Thompson, Derek. *Hit Makers: The Science of Popularity in an Age of Distraction.* London: Penguin, 2017.

Thompson, Matt. "The Mysterious History of 'Marijuana.'" *Code Switch.* NPR, July 22, 2013. https://www.npr.org/sections/codeswitch/2013/07/14/201981025/the-mysterious-history-of-marijuana.

"Tobacco Control Milestones." American Lung Association. https://www.lung.org/research/sotc/tobacco-timeline.

"Tobacco Facts." American Lung Association. https://www.lung.org/research/sotc/facts.

Tobacco Industry Research Committee. "A Frank Statement to Cigarette Smokers," January 4, 1954. https://www.industrydocuments.ucsf.edu/tobacco/docs/#id=zkph0129.

TruTV with Adam Conover. *Adam Ruins Everything.* Brentwood, TN: Post Hill Press, 2018.

Tuerkheimer, Deborah. *Credible: Why We Doubt Accusers and Protect Abusers.* New York: Harper Wave, 2021.

Twenge, Jean M., and W. Keith Campbell. *The Narcissism Epidemic: Living in the Age of Entitlement.* New York: Atria Books, 2009.

Tye, Larry. *The Father of Spin: Edward L. Bernays and the Birth of Public Relations.* New York: Crown Publishing, 1998.

Unnever, James D., and Shaun L. Gabbidon. *A Theory of African American Offending: Race, Racism, and Crime.* London: Routledge, 2011.

US Department of Homeland Security Office of Intelligence and Analysis Assessment. "Rightwing Extremism: Current Economic and Political Climate Fueling Resurgence in Radicalization and Recruitment." April 7, 2009. https://irp.fas.org/eprint/rightwing.pdf.

"US Federal Individual Income Tax Rates History, 1862–2013." Tax Foundation, October 17, 2013. https://taxfoundation.org/us-federal-individual-income-tax-rates-history-1913-2013-nominal-and-inflation-adjusted-brackets.

Vedantam, Shankar. *The Hidden Brain: How Our Unconscious Minds Elect Presidents, Control Markets, Wage Wars, and Save Our Lives.* New York: Spiegel & Grau, 2010.

"Voting Laws Roundup: March 2021." Brennan Center for Justice, April 1, 2021. https://www.brennancenter.org/our-work/research-reports/voting-laws-roundup-march-2021.

Waldman, Michael. *The Fight to Vote.* New York: Simon & Schuster, 2016.

Walker, Rob. *Buying In: What We Buy and Who We Are.* New York: Random House, 2008.

Wallace, Lewis Raven. *The View from Somewhere: Undoing the Myth of Journalistic Objectivity.* University of Chicago Press, 2019.

Wallace-Wells, Benjamin. "How a Conservative Activist Invented the Conflict Over Critical Race Theory." *New Yorker*, June 18, 2021. https://www.newyorker.com/news/annals-of-inquiry/how-a-conservative-activist-invented-the-conflict-over-critical-race-theory.

Wallis, Jim. *America's Original Sin: Racism, White Privilege, and the Bridge to a New America.* Grand Rapids, MI: Brazos Press, 2016.

Walsh, Kenneth T. "50 Years After Race Riots, Issues Remain the Same." *US News and World Report*, July 12, 2017. https://www.usnews.com/news/national-news/articles/2017-07-12/50-years-later-causes-of-1967-summer-riots-remain-largely-the-same.

Walter, Barbara. *How Civil Wars Start: And How to Stop Them.* New York: Crown, 2022.

Wartzman, Rick. *The End of Loyalty: The Rise and Fall of Good Jobs in America.* New York: PublicAffairs, 2017.

Weathers, Cliff. "Bottled Water Is a Scam: PepsiCo, Coca-Cola and the Beverage Industry's Greatest Con." Alternet, March 14, 2015. https://www.salon.com/2015/03/14/bottled_water_is_a_scam_pepsico_coca_cola_and_the_beverage_industrys_greatest_con_partner.

Weber, Paul J., and Nomaan Merchant. "Texas Governor's Biggest Donors: Energy Industry That Failed." Associated Press, February 19, 2021. https://apnews.com/article/business-greg-abbott-energy-industry-weather-austin-e2fe851121e86c7399c6a01e051a8079.

Welch, Bryant. *State of Confusion: Political Manipulation and the Assault on the American Mind.* New York: Thomas Dunne Books, 2008.

West, Mick. *Escaping the Rabbit Hole: How to Debunk Conspiracy Theories Using Facts, Logic, and Respect.* New York: Skyhorse, 2018.

Westen, Drew. *The Political Brain: The Role of Emotion in Deciding the Fate of the Nation.* New York: PublicAffairs, 2007.

Whitman, James Q. *Hitler's American Model: The United States and the Making of Nazi Race Law.* Princeton University Press, 2017.

Whitmer, Michelle. "Asbestos, 9/11 and the World Trade Center." Asbestos.com, April 5, 2021. https://www.asbestos.com/world-trade-center.

Wilkerson, Isabel. *Caste: The Origins of Our Discontents.* New York: Random House, 2020.

Williams, Joan C. *White Working Class: Overcoming Class Cluelessness in America.* Boston: Harvard Business Review Press, 2017.

Wilson, Chris, and Alex Rogers. "Interactive: Republicans More Likely to Have Constituents Who Use Food Stamps." *Time*, December 4, 2013. https://swampland.time.com/2013/12/04/interactive-republicans-more-likely-to-have-constituents-who-use-food-stamps.

Wilson, John K. *The Myth of Political Correctness: The Conservative Attack on Higher Education.* Durham, NC: Duke University Press Books, 1995.

Wilson, Timothy. *Redirect: The Surprising New Science of Psychological Change.* New York: Little, Brown and Company, 2011.

Winkler, Adam. *We the Corporations: How American Businesses Won Their Civil Rights.* New York: Liveright, 2018.

Wu, Tim. *The Attention Merchants: The Epic Scramble to Get Inside Our Heads.* New York: Knopf, 2016.

———. *The Curse of Bigness: Antitrust in the New Gilded Age.* New York: Columbia Global Reports, 2018.

Wytsma, Ken. *The Myth of Equality: Uncovering the Roots of Injustice and Privilege.* Downers Grove, IL: IVP Books, 2017.

Yang, Andrew. *The War on Normal People: The Truth About America's Disappearing Jobs and Why Universal Basic Income Is Our Future.* New York: Hachette Books, 2018.

"You Can Grow Your Intelligence." National Association of Independent Schools, Winter 2008. https://www.nais.org/magazine/independent-school/winter-2008/you-can-grow-your-intelligence.

Yunus, Muhammad, with Karl Weber. *A World of Three Zeroes: The New Economics of Zero Poverty, Zero Unemployment, and Zero Net Carbon Emissions.* New York: PublicAffairs, 2017.

Zinn, Howard. *A People's History of the United States, 1492–Present.* New York: HarperAudio, 2009.

Zuckerman, Phil. "Secularism, Religion, and Racism." *Psychology Today*, August 20, 2014. https://www.psychologytoday.com/us/blog/the-secular-life/201408/secularism-religion-and-racism.

致謝

感謝我的經紀人 Veronica Goldstein 相信我找的這些資料，以及為此書找到 Quirk Books 出版社這個完美的歸宿。

感謝 Quirk Books 出版社的工作人員以破記錄的速度實現這個企畫案。特別感謝 Jhanteigh Kupihea 大力支持，並容許我在最後一刻繼續補充資料。感謝核稿編輯 Jane Morley 對細節的敏銳觀察力，以及 Andie Reid 在每頁擠進盡可能多的資料。

感謝亞倫‧溫卡帕超讚的插圖讓此書更加活靈活現，以超高效率完成每個藝術作品，並忍受我無止境的修改、微調以及在最後一刻加入內容。感謝 Dave Myatt 將我介紹給亞倫。感謝 Dalton Vaughn 把我最初的願景化成文案，儘管一開始連提案都算不太上。

感謝 Angie Maxwell 和 David Ozonoff 允許我們以漫畫的形式呈現資料，並謝謝 Stacie deBlieux 的引薦。

感謝所有朋友耐心聽我講完整個（非常長的）簡報，後來才有這本書的誕生：Hector 與 Melissa Gonzalez、Stacey Simmons、Karen Mizell、Karen Plauche、Anna Prostrollo 以及 Kumars Moghtader。感謝 Cheryl Wellingham 幫我看手寫的初稿，以及幫我讀過所有作品的初稿。

感謝 Frank Supiot 幫我收集、整理無數的參考資料。

感謝 Book Pipeline 團隊，尤其感謝 Peter Elliott 和 Matt Misetich 看出這個企畫案的潛力。

最後要特別感謝 Mahzarin Banaji 博士、Ryan Holiday、Annie Bomke、Christine Taylor、Angie Wilson、Sean Montgomery、Cindy Enderlein、Leo Eide 與 Julie Gold。

LOCUS

LOCUS

LOCUS

LOCUS